KUNSTHISTORISCHES MUSEUM · WIEN

KATALOG DER ANTIKENSAMMLUNG II

WOLFGANG OBERLEITNER

KURT GSCHWANTLER
ALFRED BERNHARD-WALCHER
ANTON BAMMER

FUNDE AUS EPHESOS UND SAMOTHRAKE

PHOTOS ERICH LESSING

WIEN 1978

CIP-Kurztitelaufnahme der Deutschen Bibliothek

Antikensammlung ⟨Wien⟩:
Katalog der Antikensammlung/Kunsthistor.
Museum Wien. – Wien: Kunsthistorisches Museum;
Wien: Ueberreuter
Bd. 1 im Verl. Schroll, Wien.
2. → Funde aus Ephesos und Samothrake

Funde aus Ephesos und Samothrake/Kunsthistor.
Museum Wien. Wolfgang Oberleitner . . . Photos: Erich
Lessing. – Wien: Kunsthistorisches Museum;
Wien: Ueberreuter, 1978.
(Katalog der Antikensammlung; 2)
ISBN 3-8000-3157-4
NE: Oberleitner, Wolfgang, Kunsthistorisches
Museum (Wien).

Umschlagbild Vs.: *Amazone von einem Relieffries des Artemisionaltares (Kat.-Nr. 6)*

Umschlagbild Rs.: *Detail aus dem Maskenfries vom Theater (Kat.-Nr. 46)*

1 *Kopf der Bronzestatue eines Athleten (Kat.-Nr. 129)*

J 1190/1

Umschlag von Dieter Josef

Papier und Gesamtherstellung: Salzer – Ueberreuter, Wien
Printed in Austria
Führer durch das Kunsthistorische Museum
Nr. 28

VORWORT

Die archäologische Arbeit in Ephesos, die vor mehr als einem Jahrhundert begann, hat viele Höhepunkte zu verzeichnen. Zweifellos zählt zu diesen auch das Jahr 1978: die Aufbauarbeiten an der Fassade der Celsusbibliothek sind beendet, das Gebäude ist der türkischen Öffentlichkeit übergeben. Ein Buch ist erschienen – mit dem Titel „Ephesos, Weltstadt der Antike" –, in dem erstmals versucht wird, textlich und photographisch ein alle Aspekte umfassendes Bild der Metropole am Kaystros zu zeichnen. Und in Wien wurde gleichzeitig, nachdem es seit nahezu achtzig Jahren zum ersten Mal und seither immer wieder gefordert worden war, das Ephesos-Museum in der Neuen Hofburg als Teil der Antikensammlung des Kunsthistorischen Museums eröffnet. Hier ist mit wenigen Ausnahmen das in Wien vorhandene ephesische Fundmaterial konzentriert und öffentlich zugänglich gemacht: aus den Schauräumen der Antikensammlung, aus dem Säulenhof des Corps de Logis, insbesondere aber aus Depot- und Kellerräumen, in denen die Objekte bereits die ersten Schäden durch Feuchtigkeit erlitten hatten.

Es entstand ein Museum, das – allein von der Fülle und Qualität des dargebotenen Materials gesehen – zweifellos zu den bedeutendsten seiner Art gehört. Allen Institutionen und Persönlichkeiten, die an seinem Zustandekommen Anteil haben, sei deshalb aufrichtig gedankt:
Dem Bundesministerium für Wissenschaft und Forschung, insbesondere dem Bundesminister für Wissenschaft und Forschung, Frau Dr. Hertha Firnberg, für die Genehmigung des Projektes und dessen Finanzierung; dem Leiter der Sektion III des Bundesministeriums für Wissenschaft und Forschung, Dr. W. Schlag, und dem Leiter der Abteilung III/2, Dr. C. Blaha, für die Förderung des Projektes; dem Bundesministerium für Landesverteidigung und der Luftschutztruppenschule Wien für die Transporthilfe; der Burghauptmannschaft und dem Burghauptmann Dipl.-Ing. K. Bayer für die bauliche Instandsetzung der Säle; der Feuerwehr der Stadt Wien und ihrem Direktor Dipl.-Ing. A. Sanytr für die Beistellung eines Autokranes; dem Ersten Direktor des Kunsthistorischen Museums, Frau Dr. F. Klauner, für die Unterstützung und Förderung des Unternehmens. Das Ephesos-Museum der Antikensammlung wäre ohne die Hilfe vieler Kollegen und Freunde nicht zustande gekommen: in erster Linie möchte ich den gestaltenden Architekten, Dipl.-Ing. H. Puchhammer und Dipl.-Ing. G. Wawrik, sowie meinen engsten Mitarbeitern in der Antikensammlung danken: Dr. A. Bernhard-Walcher, Dr. K. Gschwantler und M. Widhalm; den Restauratoren der Antikensammlung, Akad. Bildhauer A. Heidel und O. Helm; den Kollegen der Reproduktionsabteilung des Kunsthistorischen Museums, Dr. H. Haupt, Dr. G. Kugler, U. Sitzenfrey, K. Traum und G. Trübswasser; Dr. G. Dembski, Univ.-Doz. Dr. B. Koch, Dr. K. Schulz und K. Sauer vom Münzkabinett; Dr. H. Satzinger von der Ägyptisch-orientalischen Sammlung des Kunsthistorischen Museums; den Kollegen des Österreichischen archäologischen Instituts, die uns vor allem bei den Vorarbeiten an den Modellen unterstützt haben: Univ.-Prof. Dr. W. Alzinger, Dr. Dipl.-Ing. A. Bammer, Dipl.-Ing. E. Fossel, Dr. Dipl.-Ing. F. Hueber, Univ.-Doz. Dr. W. Jobst, Dr. St. Karwiese, Dr. D. Knibbe, Dr. G. Langmann, F. Prascaits und dem Direktor des Österreichischen archäologischen Instituts, Univ.-Prof. Dr. H. Vetters, der das Projekt des Ephesos-Museums von Anfang an unterstützte. Univ.-Prof. Dr. H. Kenner, Universität Wien, für die Leihgebung der Sphinxrekonstruktion; Univ.-Prof. Dr. R. Fleischer, Universität Mainz; Dr. G. Seiterle, Antikenmuseum Basel; den türkischen Kollegen Recep Meriç und Sabahattin Türkoğlu, Arkeoloji Müzesi Selçuk; den Leitern und Mitarbeitern der amerikanischen Ausgrabungen auf Samothrake, Ph. W. Lehmann, J. R. McCredie, A. K. Frazer und D. Spittle; für schriftliche Auskünfte, Photographier- und Reproduktionsgenehmigungen danke ich den Kollegen B. F. Cook, London, und Hikmet Gürçay, Ankara. Dem Verlag Ueberreuter und seinen Mitarbeitern darf ich für die gute Zusammenarbeit danken. Insbesondere danke ich im Namen der Antikensammlung Prof. E. Lessing, Wien, der den Großteil der Photos für den Katalog und die Dokumentation zur Verfügung stellte.
Die Errichtung des Ephesos-Museums wurde finanziell unterstützt von:
Gebr. Böhler & Co. AG
Wiener Börsekammer
Creditanstalt-Bankverein
Österreichisches Credit-Institut AG
Dkfm. H. Edlinger
Elektrobau AG Linz
Österreichische Länderbank

Oberösterreichische Landesregierung
Österreichische Nationalbank
Senator Dipl.-Ing. A. Prskawetz
Österreichische Volksbanken AG
Oberösterreichische Volkskreditbank
Schweizerische Unfallversicherungs-Gesellschaft in Winterthur
Ihnen sei im Namen des Kunsthistorischen Museums besonders herzlich gedankt.
Da die umfangreichen Restaurierungsarbeiten aus Personalmangel nicht zur Gänze von den Restauratoren der Antikensammlung bewältigt werden konnten, mußten einige besonders zeitaufwendige Objekte außer Haus vergeben werden: den Philosophenkopf Kat.-Nr. 165 restaurierte Prof. F. Klee, das Mosaik Kat.-Nr. 41 L. Kottulinsky, die Bronzelampe Kat.-Nr. 140 und die Bronzekleinfunde Kat.-Nr. 181, 184–189, 220–221 W. Müller. Für Architekturaufbauten und Steinmetzarbeiten, insbesondere die Montagen der Partherreliefs, zeichnet das Bildhaueratelier W. Schmeiser verantwortlich.
Die Rekonstruktionen der Partherreliefs (Abb. 50–56) wurden von W. Oberleitner durchgeführt und von A. Mladek gezeichnet. Die Gesamtrekonstruktionen des Parthermonuments (Abb. 72, 73) wurden von W. Oberleitner durchgeführt (wobei W. Graschopf, A. Mladek und H. Puchhammer beratend mitwirkten) und von W. Graschopf gezeichnet, der auch die Zeichnungen für Abb. 129, 130, 137, 138 durchführte.
Die Vorarbeiten für die Modelle, die teils in Ephesos, teils im Planarchiv des Österreichischen archäologischen Instituts geleistet wurden und die hinsichtlich der Rekonstruktionen zahlreiche neue Ergebnisse brachten, führten A. Bernhard-Walcher, G. Huber, G. Jenewein, A. Mladek, W. Oberleitner, H. Puchhammer, H. Tanzer und J. Ziegler durch. Die Einzelmodelle baute H. Kropf Modellbau, Graz; das Stadtmodell war eine Teamarbeit, wobei die Tischlerei H. Kremer, Wien, die Terrainplatte, Euro-Modellbau (H. Prihoda) und Atelier Hann, beide Wien, die Baukörper herstellten.
Der neue Stadtplan von Ephesos (Abb. 5) basiert auf den Plänen für das Stadtmodell. Der Karte „Ephesos und Umgebung" liegt die von A. Schindler aufgenommene, in FiE I veröffentlichte Karte zugrunde. Sie wurde von W. Oberleitner auf den neuesten Stand gebracht und von K. Röschl gezeichnet.
Für den Katalog waren umfangreiche Archivstudien notwendig, die A. Bernhard-Walcher (Photoarchiv, Grabungstagebücher im Österreichischen archäologischen Institut), K. Gschwantler (Archiv der Antikensammlung, Österreichisches Haus-, Hof- und Staatsarchiv, Kriegsarchiv) und W. Oberleitner (Archiv der Antikensammlung, Archiv des Österreichischen archäologischen Instituts) durchführten.
Nahezu auf den Tag genau 75 Jahre nach Auffindung der besterhaltenen Partherplatten (und damit auch 75 Jahre nach der Entdeckung der Celsusbibliothek), 80 Jahre nach der Bergung der Erotenreliefs aus dem ephesischen Theater und 105 Jahre nach der Freilegung des Hierons und des Arsinoeions in Samothrake haben diese bedeutenden Funde griechischer und römischer Zeit zusammen mit den übrigen Skulpturen und Architekturstücken aus Ephesos und Samothrake ein repräsentatives und (hoffentlich) endgültiges Domizil gefunden. Es bleibt der Wunsch, daß diese marmornen und bronzenen Kostbarkeiten zu einem Anziehungspunkt für viele in- und ausländische Besucher Wiens und zu einem Zentrum der Ephesosforschung werden.

Wien, im August 1978 Wolfgang Oberleitner

VORBEMERKUNGEN ZUM KATALOG

Der vorliegende Katalog ist in erster Linie dem Nichtfachmann gewidmet, dem Museumsbesucher, der ein intensives Interesse an der klassischen Antike im allgemeinen und an Ephesos und Samothrake im besonderen hat. Für ihn sind die Texte im **Normaldruck** gedacht. Der Fachmann wird jedoch nicht nur eine große Zahl bisher unpublizierter Stücke vorfinden, primär für ihn sind auch die im **Kleindruck** gehaltenen Angaben bestimmt, wobei die Grenzen selbstverständlich fließend sind. Parallelen werden unter **Vgl.** meist nur bei unpublizierten Objekten oder neuen Deutungen gegeben. Das Parthermonument ist diesbezüglich zurückhaltend behandelt, da von W. Oberleitner eine wissenschaftliche Gesamtpublikation vorbereitet wird. Das **Material** wird nur dort angegeben, wo es sich nicht um ephesischen Marmor bzw. thasischen bei Objekten aus Samothrake handelt. An **Literatur** wird in den meisten Fällen nur die Letztpublikation angegeben, wenn – von dieser ausgehend – ältere Literatur aufgefunden werden kann. Bei **„Fundort:** ohne genaue Angabe" ist Ephesos bzw. Samothrake zu ergänzen. Hinweise auf den Standort von Objekten bzw. auf Gehrichtungen sind kursiv (gerahmt) angegeben.

Die Verfasser des Kataloges sind für die Texte verantwortlich wie folgt:

A. Bammer, Österreichisches archäologisches Institut: die gesamte ephesische Architektur; Kat.-Nr. 1–15, 31, 33–40, 51–57, 86–127, 158.

A. Bernhard-Walcher, Antikensammlung: Idealskulptur, Reliefs, ephesische Kleinfunde; Kat.-Nr. 16–21, 24–29, 32, 41, 50, 128, 130–138, 142–157, 159–164, 176–179, 182–183, 190–212. Ephesos: „Die Ruinen" bis zur Celsusbibliothek.

K. Gschwantler, Antikensammlung: ephesische Architekturreliefs, Bronzen, Samothrakeobjekte; Kat.-Nr. 22–23, 42–49, 129, 139–141, 181, 184–189, 213–272. „Die österreichischen Ausgrabungen und die nach Wien gelangten Funde." Samothrake: „Die Geschichte der Insel." „Der Mysterienkult der Großen Götter." „Das Heiligtum und seine Bauten".

D. Knibbe, Österreichisches archäologisches Institut: Übersetzung und Kommentar der Inschriften Kat.-Nr. 30, 172.

W. Oberleitner, Antikensammlung: Partherdenkmal, Porträtskulptur; Kat.-Nr. 59–85, 165–171, 173–175, 180. „Die Entstehung des Ephesosmuseums." Ephesos: „Stadtgeschichte", „Die Ruinen" ab der Kuretenstraße.

DIE ENTSTEHUNG DES EPHESOS-MUSEUM

Die Idee einer Konzentration der ephesischen Funde, die nach Wien gelangt waren, ist fast so alt wie die österreichischen Ausgrabungen in Ephesos; eines Ephesos-Museums, das allerdings – als Teil der Antikensammlung – nur außerhalb des Haupthauses des Kunsthistorischen Museums verwirklicht werden konnte; denn das im Jahr 1891 eröffnete Haus auf dem Maria-Theresien-Platz hatte für die zahlreichen großformatigen Objekte keine Räume zur Verfügung (s. S. 36 ff.). So war das Untere Belvedere für ein Ephesos-Museum vorgesehen, waren im Theseustempel, im Prunkstall des Prinzen Eugen und in den Räumen der Antikensammlung für kürzere oder längere Zeiträume Teile der Ephesosfunde öffentlich zugänglich, während umfangreiche wesentliche Teile in Depoträumen untergebracht werden mußten. Seit 1947 standen die besterhaltenen Partherplatten und eine Anzahl von Skulpturen im Säulenhof des Corps de Logis der Neuen Burg. Zu einer endgültigen, repräsentativen Aufstellung kam es jedoch nicht. Fritz Eichler, bis 1952 Direktor der Antikensammlung, der große Kenner des ephesischen Fundmaterials, bedauerte immer wieder das typisch österreichische und – wie er meinte – immerwährende Provisorium der Aufstellung der Partherplatten, und der Ordinarius für Klassische Archäologie und Direktor des Österreichischen archäologischen Instituts, Camillo Praschniker, sprach es in seinem Festvortrag anläßlich des fünfzigjährigen Bestandes des Instituts am 9. Dezember 1948 öffentlich aus: „Fast jede Kampagne brachte eine reiche Ernte an Skulpturen . . ., die, vereint aufgestellt, ein schönes Ephesos-Museum ergeben würden."

Wenn man an Ausgrabungen in Ephesos teilgenommen

hat, als Assistent und später als Direktor der Antikensammlung durch viele Jahre hindurch mit ephesischen Funden zu tun hatte, wenn man sich wissenschaftlich und museal mit ihnen beschäftigte und als Schüler Eichlers dessen Arbeiten an den Partherreliefs verfolgen konnte, liegt es nahe, den Gedanken an ein Ephesos-Museum wieder aufzugreifen. Im Jahr 1971 wurde daher mit einer Grobplanung begonnen und am 27. November 1972 mit Zl. 28/AS/72 dem Bundesminister für Wissenschaft und Forschung, Frau Dr. Hertha Firnberg, ein ausführliches Memorandum unterbreitet mit dem Ansuchen, die Einrichtung eines Ephesos-Museums zu genehmigen. Am 5. April 1973 gab der Minister dem Antrag statt (BMWF Zl. 355.828-III/2/72). Damit war die Finanzierung des Projektes gesichert. Vorerst war an eine totale Umgestaltung und Modernisierung der Aufstellung im Säulenhof des Corps de Logis und in den umliegenden Räumen unter Einbeziehung bisher deponierter ephesischer Architektur gedacht. Als sich jedoch durch die Bemühungen des Ersten Direktors des Kunsthistorischen Museums, Friderike Klauner, die Möglichkeit ergab, die Ephesosfunde im Hemizykelbau der Neuen Burg aufzustellen, wurde sofort umdisponiert. Boten doch die neuen Räume nicht nur Platz für sämtliche ausstellungswürdigen Objekte, war doch hier auch eine direkte Verbindung zu weiteren Sammlungen des Kunsthistorischen Museums – zur Waffensammlung und zur Sammlung alter Musikinstrumente – gegeben. Darüber hinaus waren die Ephesos-Räume nun nicht mehr – wie dies im Säulenhof des Corps de Logis der Fall war – Vorzimmer des Museums für Völkerkunde.

Der Flügel der Neuen Hofburg am Heldenplatz wurde nach dem Konzept Gottfried von Sempers und dem Entwurf Karl Hasenauers errichtet; Baubeginn war 1881. Nach Hasenauer übernahmen nacheinander Emil von Förster, Friedrich Ohmann und Ludwig Baumann die Bauleitung. 1915 mußten die Arbeiten abgebrochen werden. Ab 1920 wurden im Zuge der Fertigstellung, die sich über Jahrzehnte erstreckte, die Räume sukzessive für Museumszwecke adaptiert.

Vom Sommer 1974 an – bis dahin waren andere Ausstellungsprojekte der Antikensammlung zu Ende zu führen – wurde die Verwirklichung des Ephesos-Museums intensiv vorangetrieben. Schon zuvor hatte man Kostenschätzungen und das erste statische Gutachten über die Tragfähigkeit der Böden eingeholt. Die Auswahl der Objekte wurde getroffen (in einem Ephesos-Depot verblieb lediglich stark zerstörtes Material, in erster Linie kleine, nicht zuweisbare Fragmente der Parther- und Erotenreliefs), das Prinzip der Aufteilung auf die einzelnen Säle festgelegt, auf Räume, die nicht scharf voneinander abgegrenzt, sondern durch Stiegen, Balustraden und Säulenstellungen miteinander verbunden sind. Architektur und Skulpturen wurden getrennt, soweit letztere nicht – wie beispielsweise Masken- und Erotenreliefs (Kat.-Nr. 42–46) und die Partherfriese (Kat.-Nr. 59–85) – Bestandteile von Gebäuden waren. Innerhalb der zwei großen Gruppen Architektur und Skulptur sollte in chronologischer Reihe aufgestellt werden; ein Grundsatz, der allerdings manchmal durchbrochen werden mußte, weil man sich bei den Architekturaufbauten – Oktogon, Rundbau (Kat.-Nr. 86–104, 106–121) – nach den Gegebenheiten der Räume zu richten hatte. Die Plastik – geschieden in Ideal- und Porträtskulptur – gruppiert sich um ihr bedeutendstes Zentrum, die Bronzestatue des Athleten (Kat.-Nr. 129).

Im Zuge der Vorbereitungsarbeiten wurde bald eines klar: die Architekturfunde aus Samothrake mußten der Ephesossammlung angegliedert werden. Nicht nur, weil diese qualitätvollen Architekturstücke bisher größtenteils deponiert waren. Sie stammen – wie die ephesischen Funde – aus dem ägäischen Raum und kamen durch österreichische Grabungen ans Tageslicht (s. S. 32 ff.).

Da einerseits alles mit den Wiener Objekten in Beziehung stehende Fundmaterial erfaßt werden, anderseits die Gestaltung der Ephesossammlung nach modernen Gesichtspunkten durchgeführt werden sollte, waren Reisen notwendig geworden: nach Rom und Köln, um die dortigen Museumsneubauten zu besichtigen, nach Selçuk-Ephesos, Samothrake und London, um die Grabungsareale nochmals eingehend zu studieren und die Depots nach einschlägigem Material zu durchsuchen. Tatsächlich konnten zahlreiche Architekturglieder und Skulpturenteile, die an Wiener Stücke anpaßten, aufgefunden werden. Davon stellte man Abgüsse her, die den Originalen in Wien angefügt wurden und diese vervollständigten.

Obwohl R. Heberdey, der Ausgräber der Partherreliefs, und F. Eichler sich mit der Zusammensetzung der zum Teil stark verbrochenen Partherplatten eingehend beschäftigt hatten, mußten auch jetzt noch einmal in jahrelanger Arbeit hunderte Fragmente in den Depots der Antikensammlung gesichtet werden. Nicht nur, daß zahlreiche Bruchstücke angepaßt und verschiedene Figuren zu Platten vereinigt werden konnten (wo der Reliefgrund größtenteils fehlte, mehrere Figuren oder Fragmente als zu einer Platte gehörig erkannt wurden, montierte man die Stücke auf hellgrau getönte Holzplatten), es kam darüber hinaus zu „Neuentdeckungen": das bedeutendste Stück ist zweifellos der Kopf des Lucius Verus (Kat.-

2, 3, 4 *Entstehung des Ephesos-Museums. Transport und Aufbauarbeiten*

Nr. 78), des römischen Kaisers, der im Partherkrieg den Oberbefehl innehatte. Schließlich mußte als wesentlichste Aufgabe für die endgültige Aufstellung eine – wenn auch teilweise hypothetische – Reihung der Reliefs vorgenommen werden. Auf eine Aufstellung der Platten im Viereck mit Ansicht von außen – wie sie die hypothetische Rekonstruktion (Abb. 72, 73) fordert – mußte verzichtet werden, weil einerseits die Form des Altares und die Verteilung auf dessen Seiten eben doch nur Annahme sind und anderseits der dazu nötige riesige Raum fehlt. So sind die Themen der Reliefs durch größere, die fehlenden Platten durch kleinere Abstände angedeutet. Seitlich fehlende Figurenpartien einer Reliefplatte sind durch die 10 cm über das Reliefende hinausragende Hintergrundplatte gekennzeichnet.

Breiten Raum nahmen die Restaurierungen ein: fast sämtliche Ergänzungen an den Skulpturen wurden entfernt (nur dort, wo es aus optischen oder statischen Gründen nötig war – wie beispielsweise bei Kat.-Nr. 140 –, nahm man neue Ergänzungen vor), zahlreiche alte Zusammensetzungen mußten zur Gänze (z. B. Kat.-Nr. 147) oder zum Teil (z. B. Kat.-Nr. 129) gelöst und neu durchgeführt werden.

Daß im Laufe einer sich über Jahre erstreckenden Aufstellung von Objekten neue Gedanken auftauchen, ist selbstverständlich. H. Puchhammer, dem leitenden Architekten, ist die Idee der Modelle zu verdanken: eines Stadtmodells von Ephesos im Maßstab 1 : 500, in dem die Bauwerke der verschiedenen Perioden in rekonstruiertem Zustand vereint sind; ausgeführt in Finnischer Birke (Terrainplatte) und Ahorn (Baukörper). Aus Plexiglas im Maßstab 1 : 25 entstanden Einzelmodelle dreier Bauwerke, von denen die vorhandenen Originale zu eindrucksvollen Komplexen zusammengefügt wurden (Artemisionaltar s. S. 50 ff.; Oktogon s. S. 95 ff.; Rundbau s. S. 99 ff.).

Vollständigkeit wurde hinsichtlich der in Wien befindlichen Objekte aus Ephesos angestrebt. Die archäologische Sammlung des Instituts für Alte Geschichte, Archäologie und Epigraphik der Universität Wien stellte dankenswerterweise die dreidimensionale Rekonstruktion der Sphinxgruppe (Kat.-Nr. 150) als Dauerleihgabe zur Verfügung. Leider ist es nicht gelungen, die in der Hochschule der Akademie der bildenden Künste, Wien, verwahrte Marmorstatue der Hera als Dauerleihgabe der Ephesossammlung einzugliedern. Nicht in das Ephesos-Museum übernommen wurden die spätantiken und frühchristlichen Objekte, die in den Sälen XVI und XVII im Hauptgebäude des Kunsthistorischen Museums ausgestellt sind, weil sie dort in den Komplex „Vom Altertum zum Mittelalter" eingefügt sind, in dem Ephesos eine gewichtige Rolle spielt.

Eines der größten Probleme stellte der Transport der bis zu 4,5 Tonnen schweren Objekte der Architektur, der Statuen und der Partherplatten dar, die überdies wegen der zahlreichen geklebten Brüche äußerst gefährdet wa-

ren. Aber nicht nur technische, sondern auch finanzielle Transportprobleme ergaben sich, da die Kostenschätzungen enorm hoch waren. Aus diesem Grund richtete das Bundesministerium für Wissenschaft und Forschung an das Bundesministerium für Landesverteidigung das Ersuchen um Hilfestellung. Diesem Antrag wurde stattgegeben und mit der Aufgabe die Luftschutztruppenschule des Österreichischen Bundesheeres unter dem Kommando von Oberst R. Schlauss betraut. Die Exponate mußten zum Teil aus schwer zugänglichen Kellerräumen des Kunsthistorischen Museums gehoben, zum Heldenplatz geschafft und dort – da die Stiegen in der Neuen Burg dem Gewicht nicht standgehalten hätten – über einen Transportturm durch ein Fenster in die Ausstellungsräume des 1. Stockwerkes gebracht werden; hierbei sprang wiederum ein Mäzen in die Bresche: die Feuerwehr der Stadt Wien stellte den 40-Tonnen-Autokran kostenlos zur Verfügung (Abb. 2). Die Arbeiten der Luftschutztruppenschule gliederten sich in zwei Phasen, wobei jedesmal umfangreiche Vorbereitungen (Bau von Transportbühnen, Verstärkung der Fußböden) zu leisten waren. Im Frühjahr 1976 begann unter der technischen Leitung von Oberstleutnant A. Bernscherer die Verlagerung der Statuen und Architekturteile, hierauf wurden die beiden großen Baukomplexe des Oktogons und des Rundbaues aufgestellt (Abb. 3). Wegen des Gesamtgewichtes von ca. 13 Tonnen mußte die Architektur des Oktogons auf Stahlträger gestellt werden. Die Aufbauten erreichen beim Rundbau, von dem je eine Säule des dorischen Untergeschosses und des ionischen Obergeschosses mit Teilen des Gebälks übereinandergestellt wurden, eine Höhe von 9 Metern, beim Oktogon, von dem eine Seite des Achtecks – sowohl der korinthischen Säulenstellung als auch der Cella – aufgebaut wurde, eine Höhe von 6,5 Metern. Die Einzelteile wurden mittels Chromnickelstahldübeln und -klammern sowie Epoxyharz miteinander verbunden.
Die aus optischen und statischen Gründen eingefügten Abgüsse nach Originalen in Ephesos, desgleichen die wenigen aus statischen Gründen vorgenommenen Ergänzungen aus Polyester bzw. Kunststein sind farblich (hellgrau) von den Originalen abgesetzt.
Die zweite Arbeitsphase der Luftschutztruppenschule lief im Frühjahr und Sommer 1977 ab, wobei die Partherreliefs an ihren endgültigen Bestimmungsort transportiert und dort – ihrer Reihung entsprechend – auf Stahlgestelle gehievt wurden (Abb. 4). Die durch das Bundesheer schadens- und unfallsfrei durchgeführten Verlagerungsarbeiten erbrachten einerseits beachtliche finanzielle Einsparungen an öffentlichen Mitteln, anderseits war die Aktion für die Luftschutztruppenschule eine Bergungsübung im Sinne der Haager Konvention von 1954 zum Schutz von Kulturgütern im Falle bewaffneter Konflikte, eine Aktion, die auch aus internationaler Sicht als einzigartiger Modellfal beurteilt werden kann.
In einem bisher ungenützten Raum wurde ein Buffet und eine Dokumentation eingerichtet, die mit Landschafts- und Architekturphotos, mit Angaben zur Stadt- und Grabungsgeschichte, mit Karten, Plänen und graphischen Rekonstruktionen ein möglichst anschauliches Bild von Ephesos vermitteln soll. Über die Entstehung des Ephesos-Museums wurde ein Film gedreht.
Zusätzliche Ideen – die der Modelle und einer beträchtlich erweiterten Dokumentation, der Einbeziehung von deponierten Objekten, deren Restaurierung besonders aufwendig ist – kosten Geld. Den Großteil der Finanzierung übernahm das Bundesministerium für Wissenschaft und Forschung, ein beachtlicher Betrag konnte jedoch aus privaten Spenden zugeschossen werden.
Ein zentrales Problem war natürlich die Art der Präsentation der Exponate. Technische Schwierigkeiten bereitete die überwiegende Ausstattung der Saalwände mit Stukkolustro. Da dieser keinesfalls beschädigt werden durfte, mußten die schwergewichtigen Stücke häufig an schmalen, mörtelgeputzten Friesen unter der Raumdecke aufgehängt werden. Vor allem aber galt es, große antike Marmorwerke, teils Skulptur, teils Architektur, in Sälen aufzustellen, deren historisierende Architektur mit Säulenreihen, Balustraden, farbigem Stukkolustro und reicher Stukkatur selbst den Trend zum Dominieren hat. Es mußte also versucht werden, die antiken Statuen, Friese und Bauteile in den Vordergrund zu stellen, die umgebende Architektur zwar nicht zum Verschwinden, aber doch zum Zurücktreten zu bringen. Das war einerseits mit den Ausstellungsbehelfen zu bewerkstelligen: anstelle von großflächigen, das hohe Gewicht der Objekte vervielfachenden Sockeln sind Stahlrohrgestelle verwendet, die infolge ihrer Leichtigkeit und Transparenz optisch zurückstehen und durch den Kontrast des Materials den Stein der Kunstwerke betonen; anderseits und primär ist es das Licht, das, ausschließlich auf die Exponate gerichtet, diese in besonderem Maß aus ihrer Umgebung hervorhebt. Nicht nur aus diesem Grunde jedoch war es nötig, starkes, strahlendes Licht zu verwenden, ein Licht, das helle Flächen und dunkle Schatten erzeugt und damit den Figuren Dreidimensionalität gibt: eine Illusion des Sonnenlichtes; denn die antike Architektur und ein Großteil der Skulptur sind dafür bestimmt, in der grellen Sonne des Mittelmeeres zu stehen.

EPHESOS

STADTGESCHICHTE

Ephesos war im 2. Jahrtausend v. Chr. eine Siedlung des ägäischen Kulturkreises, die vielleicht den hethitischen Namen „Apašaš" trug (Stadt der Bienengöttin?). Im 14. Jahrhundert existierte hier vermutlich eine mykenische Handelsniederlassung.

Um 1000 v. Chr. landeten ionische Griechen, nachdem sie von Athen aus die Ägäis überquert hatten, unter der Führung des mythischen Königssohnes Androklos in der Bucht von Ephesos, wo sie eine Siedlung der Karer und Leleger und das Heiligtum einer lokalen Muttergottheit vorfanden, die später zur Artemis Ephesia wurde. Am Nordhang des Panayirdağ gründeten sie eine neue Stadt. Schon im 9. Jahrhundert schlossen sich die Ionier, die längst die Führung über die anderen griechischen Stämme in Kleinasien übernommen hatten, zu einer Amphiktionie, einem Bündnis, zusammen, an dessen Spitze der Basileus, der Wahlkönig, stand. Im Lauf der Zeit wurde seine Macht jedoch mehr und mehr beschränkt, so daß schließlich die tatsächliche Gewalt in Händen der Aristokratie lag. Um die Mitte des 7. Jahrhunderts zerstörten die Kimmerier, ein iranisch-thrakisches Reitervolk, das Heiligtum der Artemis. Am Ende des 7. Jahrhunderts riß Pythagoras die Macht an sich und führte die Tyrannis in Ephesos ein. Der Lyderkönig Kroisos eroberte 560 die Stadt, ließ jedoch Milde walten und stiftete für den Bau des ersten kolossalen Tempels der Artemis skulpierte Säulen. Die Bewohner zwang er, vom Panayirdağ in das Gebiet um das Artemision zu übersiedeln. 546 unterlag Kroisos den Persern. Ephesos unterstand nun der Befehlsgewalt persischer Satrapen, die Stadt selbst wurde wieder von Tyrannen regiert.

Den ersten kulturellen Höhepunkt erreichten Ionien und Ephesos in der archaischen Epoche des 7. und 6. Jahrhunderts v. Chr. Ionische Großtempel entstanden auf Samos, in Ephesos und Didyma, die Lyrik hatte bedeutende Vertreter in Ionien, hier begann die Naturphilosophie den Mythos und das Wunderbare auf physikalischer Grundlage zu erklären. Heraklit ist in Ephesos geboren, der um 500 v. Chr. seine Lehre vom immerwährenden Wandel aller Dinge, von der aus Gegensätzen entstehenden Harmonie und vom Logos als dem göttlichen Gesetz verkündete.

Während Athen die Demokratie einführte und in Griechenland die Perserkriege tobten, brach in Ionien eine Revolte gegen die persische Herrschaft aus, die blutig niedergeschlagen wurde. Erst 480/79 brachte der Sieg der mutterländischen Griechen über den persischen Erzfeind auch Ionien die Befreiung. Ephesos gewann seine Unabhängigkeit zurück; die Regierungsform wurde demokratisch. Unter Perikles strebte Athen dem kulturellen Höhepunkt, der Klassik, zu; die Vorherrschaft Ioniens war gebrochen; für längere Zeit erlahmte hier die schöpferische Kraft. Aber auch politisch kündigte sich die Hegemonie Athens an, nachdem Ephesos 467 dem Attischen Seebund beigetreten war.

Während des Peloponnesischen Krieges schloß sich die Stadt dem Gegenspieler Athens, Sparta, an, wechselte zu Beginn des 4. Jahrhunderts zu Athen über, trat wieder auf die Seite Spartas; schließlich wurde die Stadt von den Persern eingenommen. Zur politischen kam 356 eine religiöse Katastrophe: um seinen Namen unsterblich zu machen, steckte Herostrat das Artemision, das Allerheiligste der Ephesier, in Brand. 334 vertrieb Alexander d. Gr. die Perser. Der Artemistempel und sein Opferaltar wurden in der gleichen Größe prunkvoll wieder aufgebaut (s. S. 50 ff., Abb. 11). Um 300 geriet Ionien in den Machtbereich des Diadochen Lysimachos, der Ephesos wegen der fortschreitenden Verlandung des Hafens einerseits unnd wegen der häufigen Überschwemmungen anderseits an die Hänge der beiden Stadtberge Panayirdağ und Bülbüldağ und in die Ebene davor verlegte. Er baute die Stadt großzügig aus und umschloß sie mit einem 22 km langen Mauergürtel. Nach seinem Tod waren Seleukiden und Ptolemäer die Herrscher in Ephesos, bis schließlich Rom eingriff und das ephesische Gebiet dem pergamenischen Reich einverleibte, das im Jahr 133 durch das Testament Attalos' III. dem römischen Reich zufiel. Andronikos, ein Sohn Eumenes' II. von Pergamon, focht die römische Herrschaft an. In der Schlacht bei Kyma wurde er mit ephesischer Hilfe entscheidend geschlagen. Ephesos war diesmal auf der richtigen Seite gestanden und hatte auch seinen Teil zum römischen Sieg beigetragen. Der Lohn blieb nicht aus; Geldnot und Verschuldung wichen, italische Kaufleute strömten ins Land, der Lebensstandard stieg; damit begann aber auch eine hemmungslose Ausbeutung durch die von Rom bestellten Steuerpächter; aus Unwillen wurde Haß gegen alles Römische. Als Mithridates, König von Pontos, in Asia einfiel, ergriff Ephesos seine Partei. Es kam zur „Ephesischen Ves-

per", zur Ermordung aller lateinisch sprechenden Bewohner der Stadt. Nachdem der römische Konsul Sulla das mithridatische Heer geschlagen hatte, hielt er Strafgericht über Ephesos: die Soldateska plünderte die Stadt, hohe Geldbußen wurden eingetrieben.
An den Iden des März 44 fiel Cäsar einem Attentat zum Opfer. Seine Mörder Brutus und Cassius fanden Zuflucht im Asyl des Artemisions.
Mehrmals weilte Antonius in Ephesos, um die für die militärische Auseinandersetzung mit Oktavian benötigten finanziellen Mittel aufzutreiben und seine Streitkräfte zu sammeln. Durch den Aufenthalt seiner Gattin Kleopatra fanden ägyptische Kulte in Ephesos Eingang. In der Seeschlacht bei Actium (31 v. Chr.) siegte Oktavian. Als erster Kaiser des römischen Reiches mit dem Titel Augustus (der Erhabene) erhob er Ephesos zur neuen Hauptstadt der Provinz Asia. Nun begann eine zweihundertfünfzigjährige Friedenszeit, die der Stadt einen beispiellosen wirtschaftlichen Aufschwung brachte. Weitverzweigte Handelsbeziehungen und eine aufstrebende Industrie ließen die Wohlhabenheit zu einem ungeahnten Reichtum anwachsen. Die große Bank von Asien, die ihren Sitz im Artemisionbezirk hatte, war eine der bedeutendsten der Welt. Die Ausdehnung der Stadt nahm rapid zu. Eine rege Bautätigkeit setzte ein; man errichtete Tempel (Abb. 8), Gymnasien und Thermen, eine Bibliothek (s. S. 113 ff., Abb. 92) und Wohnhäuser, vergrößerte das Theater (s. S. 61 ff.), baute den Staatsmarkt aus (Abb. 9). Oft waren es vermögende ephesische Familien — wie die der Vedier — die solche Unternehmungen finanzierten. Die Stadt erhielt von Kaiser Domitian ihre erste Neokorie (s. Kat.-Nr. 28). Die Herrscher besuchten des öfteren die Stadt: Augustus, Hadrian (für den die zweite Neokorie eingerichtet wurde), Mark Aurel. Lucius Verus bezog hier während der Partherkriege (161—165 n. Chr.) für mehrere Jahre sein Hauptquartier (s. S. 66 ff.). Als das feindliche Heer geschlagen war, schleppte die römische Armee, die zum Teil im Hafen von Ephesos eingeschifft wurde, die Pest ein.
Das 2. Jahrhundert führte die Stadt auf einen kulturellen Höhepunkt, wenn sich auch die Ergebnisse hinsichtlich ihrer Qualität mit den Werken archaischer Zeit nicht messen konnten. Die römische Kunst hat in hohem Maß die berühmten Skulpturen der griechischen Bildhauer kopiert, in erster Linie also Götter- und Mythendarstellungen, und gerade Ephesos war zu dieser Zeit ein Zentrum der Kopistentätigkeit. Kleinformatige und monumentale Reliefbilder entstanden, die teils von griechischen Vorbildern beeinflußt sind, teils einen repräsentativen römischen Reichsstil zeigen (Abb. 57–60). Mosaiken und Fresken, welche die Fußböden und Wände der Luxusappartements in den Wohnhäusern schmückten, entlehnten ebenfalls ihre Figuren teilweise aus dem griechischen Typenschatz. Die großen schöpferischen Leistungen des Römischen liegen auf anderen Gebieten, vor allem in der Architektur und im Porträt: in den Amphitheatern und Theatern, den Wölbungsbauten der Thermen und den Basiliken einerseits und in der Bildnisproduktion anderseits, der oft ein radikaler Realismus zu eigen ist, in der die physische und psychische Individualität des Dargestellten im Vordergrund steht. Es zeigt den Menschen wie er ist, nicht wie er sein soll: nicht ein Idealbild menschlicher Schönheit ist — wie in der griechischen Klassik — Ziel künstlerischer Gestaltung; daher ist auch Häßlichkeit und Gemeinheit darstellungswürdig, gleichgültig ob es sich bei dem Porträtierten um einen Privatmann oder um den Kaiser handelt. Selbst in Stilperioden, die klassizistische Tendenzen zeigen, in denen also das Griechische durch den Einfluß des Hofes auch im Porträt Einfluß gewinnt, ist das Individuelle sehr deutlich vorhanden (Abb. 97–99). In Ephesos allerdings — wie im gesamten griechisch-mutterländischen und im ionischen Bereich — ist die griechische Hinterlassenschaft viel stärker spürbar als auf italischem Boden. Hier fehlt den Porträts eine übersteigerte Härte, der Realismus ist gemäßigter; sie haben Anteil am alten Schönheitsideal und an der Fähigkeit, Gesamt- und Einzelformen plastisch zu gestalten.
Die künstlerische Tätigkeit in Ephesos hatte ihren Schwerpunkt in der Architektur. Aber auch die Bildhauerkunst brachte neben mittelmäßiger Massenproduktion Werke von hoher Qualität hervor: einzelne Porträts, die Bronzestatue eines Athleten, die Marmorfigur eines Knaben mit einer Fuchsgans (Abb. 97; 1, 81; 88). Ephesos war Zentrum der Rhetorik und der sogenannten Zweiten Sophistik. Auch sie ahmte Altes, Bewunderungswürdiges nach, weil die kreative Kraft geschwächt war. In erster Linie griff man auf die großen Namen der attischen Klassik, auf Lysias und Demosthenes zurück, vor allem auf den Stil, weniger auf den Inhalt. Es entstanden Wortkunstwerke, bei denen es um Wortwahl, Fügung der Wörter und Lautkombinationen ging. Smyrna und Ephesos waren die kleinasiatischen Zentren dieser Zweiten Sophistik, deren profilierteste Persönlichkeit der Ephesier T. Flavius Damianus war.
Der Aufstieg der Stadt zum Höhepunkt basierte nicht zuletzt auf dem Wohlwollen, das ihr die Kaiser entgegenbrachten, vor allem Trajan, Hadrian, Antoninus Pius und Mark Aurel. Mit der Willkürherrschaft des haltlosen Mark Aurel-Sohnes Commodus ging die glückbringende Ära

der Stadt zu Ende. Das 3. Jahrhundert brachte den Niedergang des Imperium Romanum. Auch auf Ephesos wirkte sich der Militär- und Zwangsstaat, der allgemeine wirtschaftliche und finanzielle Bankrott und die ständigen Bedrohungen an den Grenzen, vor allem durch die Parther und später durch das Neupersische Reich äußerst ungünstig aus. Zur Katastrophe kam es jedoch, als die Goten 263 n. Chr. das Artemision niederbrannten. Damit ging nicht nur der letzte Reichtum der Stadt verloren (die Bank von Ephesos wurde geplündert), auch der Kult der großen Göttin, die nicht imstande gewesen war, ihr eigenes Heiligtum zu schützen, erhielt einen schweren Schlag. Viele, insbesondere die kleinen Bürger, wandten sich nun den großen Mysterienreligionen — Mithras-, Isis- und Serapiskult — vor allem aber dem Christentum zu.

Der Apostel Paulus hatte während seines zweijährigen Aufenthaltes in Ephesos die Zelle gegründet, die jetzt zu einer großen Gemeinde heranwuchs. Durch die Mailänder Vereinbarungen zwischen Konstantin und Licinius im Jahr 313 erhielt das Christentum die volle Gleichberechtigung mit den heidnischen Kulten, Theodosius I. erhob es 381 zur Staatsreligion. Mit dem Aufstieg des Christentums und der steigenden Macht der Kirche begannen die harten theologischen Kontroversen. Die Auseinandersetzung zwischen der antiochenischen und der alexandrinischen Theologenschule, in der es um die göttliche und menschliche Natur Christi und damit um die Verehrung Marias als Gottesgebärerin ging, führte im Jahr 431 n. Chr. zum 3. ökumenischen Konzil in der Marienbasilika von Ephesos. 449 trat am gleichen Tagungsort eine weitere Synode zusammen, die wegen wüster Streitigkeiten zwischen den zwei Parteien als Latrocinium (Räubersynode) in die Geschichte einging. Schon damals kündigte sich jener Zustand an, der schließlich zum Untergang der Stadt führte. Die ephesische Bucht verlandete mehr und mehr, da die Flüsse, vor allem der Kaystros, zur Zeit der Winterregen eine Unmenge von Schwemmaterial mit sich führten und an der Mündung absetzten, so daß die Küste sich immer weiter nach Westen verlagerte. Es gelang nicht mehr wie früher, den Hafen für eine florierende Handelsschiffahrt frei zu halten. Der Verbindung mit dem Meer beraubt, verließen die Bewohner nach und nach das gesundheitsschädliche Areal der hellenistisch-römischen Stadt und siedelten sich in Ayasoluk an. Dort entstand um die von Kaiser Justinian I. (527—565) erbaute Johannesbasilika (Abb. 12) ein Städtchen, das von einer Mauer umschlossen und durch eine mächtige Toranlage zu betreten war. Während sich der Niedergang der Altstadt abzeichnete, entfaltete sich in frühbyzantinischer Zeit die Kunst zu hoher Blüte. Die Porträtplastik erbrachte, vor allem im 5. Jahrhundert, Spitzenleistungen, unter denen das Bildnis des Eutropios den ersten Platz einnimmt (Abb. 105). Die asketische Hagerkeit seines Gesichtes, die großen, über den Beschauer hinwegblickenden Augen, der Verlust plastischer Valeurs, das Schwinden individueller Züge zugunsten einer ikonenhaften Typik sind Ausdruck des Geistes eines neuen Zeitalters. Im fortgeschrittenen 6. Jahrhundert hört die Großplastik auf zu existieren. Die byzantinische Kunst findet primär in der Baukunst und im Mosaik, in der Fresko-, Buch- und Tafelmalerei, also in einer polychromen Flächenkunst, ihre Ausdrucksmittel.

Im Zuge der arabischen Eroberungswelle wurde Ephesos zweimal eingenommen und die Marienkirche zerstört. In kleinerem Umfang baute man sie wieder auf, der Bischof jedoch verlegte seinen Sitz zur Johannesbasilika. Dann trat wieder Ruhe ein. Immer noch war Ephesos Hauptstadt, zuerst des von Herakleios 620 n. Chr. geschaffenen Themas (des Militärbezirkes) Anatolikon, später des verkleinerten Thrakesion. 890 nahm Leon VI. der Stadt auch dieses letzte Vorrecht. Samos wurde Hauptstadt eines neugegründeten Flottenthemas. Die ephesische Altstadt wurde aufgegeben.

Infolge der ständigen Kriege sank die Macht des byzantinischen Reiches, besonders als die türkischen Seldschuken in einem beispiellosen Siegeszug Kleinasien überfluteten. Am Fuß des Ayasolukhügels prallten 1097 Kreuzfahrer und Seldschuken aufeinander. Die Türken mußten zurückweichen, für das christliche Heer war der Weg nach Jerusalem offen. Als die Seldschuken jedoch ein zweites Mal Ephesos eroberten und ein Fürstentum unter der Herrschaft der Dynastie der Aydınoğlu errichteten, gelang der Stadt ein letzter bescheidener Aufstieg — eine Nachblüte, in der zahlreiche Bauten mittelalterlich-türkischer Kultur entstanden. Sultan Isa I. ließ die große Moschee bauen, die 1375 eingeweiht wurde (Abb. 10). 1390 eroberte der osmanische Sultan Beyazid I. Ephesos. 1403 fiel die Stadt in die Hände des Mongolenfürsten Tamerlan (Timur des Lahmen), 1426 geriet sie unter Sultan Murad II. in die dauernde Herrschaft der Osmanen. Die ehemalige Weltstadt und Metropole der Provinz Asia verödete und sank zu völliger Bedeutungslosigkeit herab.

1 Nördliches Hafentor △
2 Mittleres Hafentor △
3 Südliches Hafentor △
4 Hafenmagazine △
5 Arkadiane ▲
6 Byzantinische Stadtmauer ▲
7 Viersäulenbau ▲
8 Hafentherme △
9 Hafengymnasium △
10 Verulanushallen △
11 Atrium Thermarum Constantianarum ▲
12 Kolonnadenvorhof ▲
13 Konzilskirche △▲
14 Erzbischöfliches Palais △▲
15 Olympieion (?) △
16 Apollotempel (?) ○
17 Lysimachische Stadtmauer ●
18 Heroon (?) △
19 Vediusgymnasium △
20 Koressisches Stadttor (?)
21 Stadion ●△▲
22 Byzantinischer Statthalterpalast (?) ▲
23 Stadionstraße △
24 Theatergymnasium △
25 Straßentor △
26 Theater ●△
27 Brunnenhaus ●
28 Römischer Statthalterpalast (?) △
29 Marmorstraße △▲
30 Agora ●△▲
31 Agora-Westtor △
32 Weststraße △
33 Serapistempel △
34 Mazaeus-Mithridatestor △
35 Celsusbibliothek △
36 Monumentalaltar △
37 Nekropole ◆
38 Straßentor △
39 Wohnhaus △▲
40 Scholastikiatherme △▲

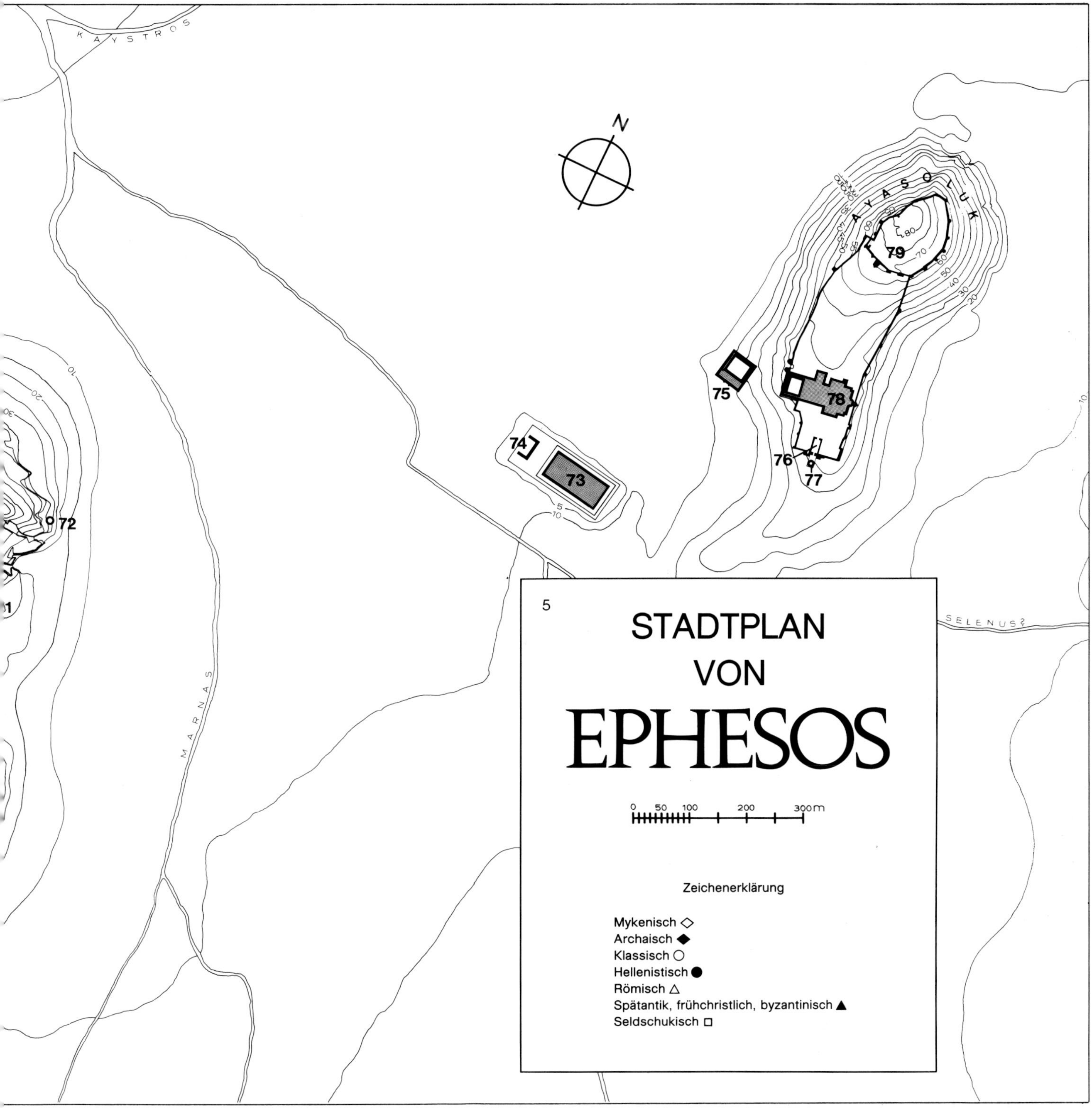

41 Hadriantempel △
42 Badgasse △
43 Heroon △▲
44 Oktogon △
45 Hanghaus 2 △▲
46 Hanghaus 1 △▲
47 Hanghausgasse △▲
48 Kuretenstraße △▲
49 Nymphaeum Traiani △
50 Rundbau △
51 Heraklestor ▲
52 Memmiusmonument △
53 Domitiantempel △
54 Rundgrab △
55 Paulusgrotte ▲
56 Staatsmarkt ●△▲
57 Nekropole ◆
58 Isistempel (?) △
59 Monument und Nymphäum des Sextilius Pollio △
60 Wasserschloß des C. Laecanius Bassus △
61 Prytaneion △▲
62 Tempel der Dea Roma und des Divus Iulius △
63 Bouleuterion ●△
64 Basilika ●△▲
65 Sog. Variusbad △
66 Fontäne △▲
67 Straßenbrunnen △
68 Sog. Lukasgrab △▲
69 Ostgymnasium △
70 Magnesisches Tor ●△
71 Siebenschläfercoemeterium ▲
72 Heiligtum der Göttermutter ○●△
73 Tempel der Artemis Ephesia ◆○
74 Opferaltar der Artemis Ephesia ◆○
75 Isamoschee □
76 Tor der Verfolgung ▲
77 Mykenisches Grab ◇
78 Johannesbasilika ▲
79 Zitadelle ▲

DIE RUINEN

Ephesos war – zumindest auf den Höhepunkten seiner Geschichte – eine der bedeutendsten und größten Städte der antiken Welt. Nicht nur, daß es in griechischer Zeit die führende Rolle unter den ionischen Städten Kleinasiens einnahm und Hauptstadt der Provinz Asia des römischen Imperiums war; Ephesos besaß auch dank seiner überaus günstigen Lage an einer schützenden Bucht der ägäischen Küste und am Ausgangspunkt wichtiger Fernstraßen ein weitverzweigtes Handelsnetz. Die Wirtschaftsbeziehungen zu aller Welt, der Ausbau der Industrie und das florierende Gewerbe hatten einen finanziellen Wohlstand zur Folge, der durch das internationale Ansehen der Bank von Ephesos augenfällig wird. Hinzu kommt, daß der Weltwundertempel der Artemis zu einem religiösen Zentrum wurde und das frühe Christentum durch das Wirken des Apostels Paulus sehr bald eine beachtliche Gemeinde besaß; die Stadt wurde Sitz eines Erzbischofs und war Tagungsort zweier Konzile.
Ephesos war zur Zeit seiner höchsten Blüte eine Großstadt mit etwa 300.000 Einwohnern; die Stadtmauer umschloß eine zum größten Teil verbaute Fläche von 316 Hektar. In diesem Territorium und im Gebiet um den Hügel von Ayasoluk-Selçuk führte – nachdem der Engländer J. T. Wood im Jahr 1869 das Artemision entdeckt hatte – das Österreichische archäologische Institut seit 1895 umfassende Ausgrabungen durch. Trotz dieser intensiven und aufwendigen Tätigkeit konnte bisher natürlich nur ein Teil des riesigen Areals freigelegt werden. In der Mehrzahl sind es offizielle oder öffentlich zugängliche Gebäude, die erforscht wurden: Tempel, Regierungsgebäude, Bäder, Gymnasien, das Theater, die Bibliothek. Von einer Unzahl privater Wohnhäuser sind nur wenige ausgegraben, obwohl gerade diesbezüglich den Arbeiten in den letzten Jahren verstärkte Aufmerksamkeit zugewendet wurde.
Die hellenistisch-römische Stadt breitet sich zwischen Bülbüldağ (Nachtigallenberg), Panayirdağ (Festesberg) und dem antiken Hafenbecken sowie auf den Hängen der beiden Berge aus (Abb. 13, 14). Der Stadtplan (Abb. 5) folgt in der Hauptsache dem Hippodamischen System: ein Netz von rechtwinkelig sich kreuzenden Straßen schließt quadratische oder rechtwinkelige Häuserblocks ein. Hauptstraßenzüge sind die vom Hafen zum Theater führende Arkadiane (Abb. 6), die „Marmorstraße", die vor dem Bibliotheksplatz in stumpfem Winkel abbiegt und als Kuretenstraße (Abb. 7) in den Sattel zwischen den beiden Hausbergen zum Staatsmarkt (Abb. 9) emporsteigt. Ein paar hundert Meter östlich davon trifft man auf die Ruinen des Magnesischen Tores. Das zweite uns bekannte Stadttor, das Koressische, liegt am Fuß des Panayirdağ-Nordhanges zwischen Vediusgymnasium und Stadion. Von hier stellt wiederum eine Straße die Verbindung zum Theaterplatz her.
Beim Koressischen Tor liegt das nach seinem Stifter benannte Vediusgymnasium, eine Bade- und Sportanlage, die in ihrer axialen Anordnung den römischen Kaiserthermen entspricht (s. S. 21). Die Palästra ist allseitig von Säulenhallen umgeben, im Süden befindet sich der Eingang von der Straße; daran anschließend ist noch die öffentliche Latrine erhalten. Gegen die Westhalle des Hofes liegt in der Mitte der prunkvoll ausgestattete Kaisersaal des Gymnasiums. Die Badeanlage mit Kaltbad, Laubad und Warmbad schließt hinter einer H-förmig gestalteten Wandelhalle an den Sportplatz an. Als Stiftung des P. Vedius Antoninus wurde die Anlage um 150 n. Chr. errichtet und der Artemis Ephesia, dem Kaiser Antoninus Pius und der Stadt Ephesos geweiht. Südlich davon, an den NW-Hang des Panayirdağ gelehnt, erstreckt sich das Stadion in seiner hufeisenartigen Form, das der Abhaltung von athletischen Spielen, Gladiatorenkämpfen und Tierhetzen diente. An der Westseite befanden sich die Zugänge zum Kampfplatz; das noch heute aufragende Tor bildete den Aufgang zum südlichen Zuschauerraum. Die Anlage wurde im 1. Jh. n. Chr. umgebaut, in spätantiker Zeit erfolgte eine weitere Erneuerung.
Nur noch die Fundamente eines riesigen Tempelbaues – vielleicht des literarisch überlieferten Olympieions – sind westlich der Sportanlagen erhalten.
An der Straße zwischen Stadion und Theater liegt eine Palastanlage aus dem 6. Jh. n. Chr. In ihr ist wohl der Amts- und Wohnsitz des byzantinischen Statthalters zu erkennen. Das ausgedehnte Privatbad und die Wohnzimmer im Norden sind durch einen doppelapsidalen Langsaal mit den Empfangs- und Audienzräumen verbunden.
Die Marienkirche, der Versammlungsort des Konzils von 431 n. Chr., erstreckt sich nördlich des Hafengymnasiums. Die Kirche war eine dreischiffige Säulenbasilika mit einem breiten Narthex (Vorraum für die Ungetauften). Im Westen war ein von Säulenhallen umgebener Hof vorgelagert, an dessen Nordseite sich die Taufkapelle befand. Der dreischiffige Innenraum der Marienbasilika wurde im Osten durch eine Apsis abgeschlossen, vor der der Altartisch stand. Der Bau der Säulenbasilika erfolgte im 4. Jh. n. Chr. auf den Resten einer Markthalle aus dem

2. Jh. n. Chr. Nach dem Verfall des ersten Kirchenbaues wurde sie im 7. Jh. n. Chr. zuerst in eine Kuppelkirche und später in eine Pfeilerbasilika umgebaut.
Eine weitere Anlage für den Sport- und Badebetrieb liegt an der Nordseite des Theaterplatzes: das Theatergymnasium, ein Bau vom Ende des 2. Jh. n. Chr., entspricht in seiner Anordnung von Palästra und Therme dem Vediusgymnasium. Der Bäderbereich ist hufeisenförmig von Wandelhallen umgeben. Den nördlichen Abschluß stellt ein Komplex von fünf Räumen dar, deren mittlerer als Kult- oder Vortragssaal gedeutet wird.
Als Zentrum des kulturellen Lebens erhebt sich am Westabhang des Panayirdağ das Theater, ein Bauwerk von gewaltigen Dimensionen (s. S. 61 ff.). Die Anlage, ursprünglich aus hellenistischer Zeit, besteht aus den drei charakteristischen Teilen des griechischen Theaters: dem Bühnenhaus, der halbkreisförmigen Orchestra und dem Zuschauerraum. In römischer Zeit (1./2. Jh. n. Chr.) erfolgten mehrere Umgestaltungen des Bauwerkes (s. S. 62). In die westliche Terrassenmauer des Theaters wurde in hellenistischer Zeit ein kleines Brunnenhaus eingebaut.
Das stattliche Gebäude auf der Terrasse oberhalb des Theaters stellt möglicherweise den Wohn- und Amtssitz des Statthalters der römischen Kaiserzeit dar. Die Anlage mit den Wohnräumen und dem apsidenförmig gebildeteten Empfangssaal, entstand in der frühen Kaiserzeit und blieb bis in die christliche Zeit in Benützung.
Die Hauptverkehrsstraße vom Theaterplatz zum Hafen bildet eine 530 m lange Prachtstraße, die Arkadiane (Abb. 6), die am Ost- und Westende von triumphbogenartigen Schmucktoren abgeschlossen war. Die marmorgepflasterte Straße mit den Säulenhallen zu beiden Seiten ist uns heute in einer Umgestaltung aus der Zeit des Kaisers Arkadios (frühes 5. Jh. n. Chr.) erhalten.
An der Nordseite der Straße liegt, an das Theatergymnasium anschließend, der gewaltige Komplex der Hafentherme und des Hafengymnasiums. Er umfaßt ein Areal von 356 × 240 m und erstreckt sich bis 70 m östlich des Hafens. Der große Sportplatz (Verulanushallen), die Palästra und die Thermenanlage bilden eine bauliche Einheit; nach der streng axialen Gesamtkomposition ist eine gemeinsame Entstehung der Anlage am Ende des 1. Jh. n. Chr. anzunehmen. Die Verulanushallen – benannt nach dem Stifter ihrer Marmorverkleidung – umschließen allseitig einen großen freien Platz. Die Säulenhallen sind dreischiffig, die vertieften Mittelschiffe stellten vielleicht gedeckte Laufhallen dar. Hinter den Hallen der Palästra, die einen kleineren Platz umgeben, sind zahlreiche Räume angeordnet, darunter in der Querachse zwei große Säle: der nördliche mit einer Apsis war wahrscheinlich der Ort für den Kaiserkult. Der südliche, der sogenannte Marmorsaal, ist der Fundort zahlreicher im Ephesos-Museum aufgestellter Skulpturen (Kat.-Nr. 129, 139, 140, 141, 150, 151). Die Thermenanlage mit Kaltbad, Laubad und dem nach Westen vorspringenden Warmbad, war von der Palästra aus zugänglich. Nach einer Zerstörung der Anlage im 3. Jh. n. Chr. war die Palästra nicht mehr in Verwendung. Im 4. Jh. wurde die Therme renoviert; dabei wurde von der Arkadiane her ein neuer Zugang geschaffen: das Atrium Thermarum Constantianarum.
Den Abschluß der Arkadiane bildet im Westen ein Prunktor aus hadrianischer Zeit, das sogenannte Mittlere Hafentor (s. S. 60 f.), durch das man die Kaianlagen des Hafens erreichen konnte.
Nördlich und südlich werden Parallelstraßen der Arkadiane von Hafentoren abgeschlossen. Das Nördliche Hafentor, ein Bau vom Ende des 2. Jh. n. Chr., hatte die Form eines dreiteiligen Triumphbogens. Das Südliche Hafentor, um 200 n. Chr. entstanden, ist in der Form eines zweigeschossigen Säulenpropylons mit 5 Durchgängen ausgebildet (Kat.-Nr. 126).
Südlich davon erstreckt sich eine weitere Straße, von der man das von Säulenhallen umgebene Serapeion erreichen konnte. An der Südseite des Platzes steht der dem Serapis (s. Kat.-Nr. 145) und dem Kaiser Caracalla geweihte Tempel auf einem Podium, das über eine Treppe zu betreten ist. Es ist ein Tempel mit acht korinthischen Säulen an der 29 m breiten Front. Die Cella war von einem Tonnengewölbe überdeckt. Tempel, Vorhof und Propylon bilden eine einheitlich geplante Bauanlage und sind an den Beginn des 3. Jh. n. Chr. zu datieren. In christlicher Zeit wurde der Tempel in eine Kirche umgebaut.
Der Verkaufsmarkt der Stadt, die Tetragonos Agora, konnte durch Tore im Westen, Süden und Norden betreten werden. In ihrer quadratischen Anlage mit 110 m Seitenlänge ist sie allseitig von zweischiffigen Hallen umgeben, hinter denen sich die überwölbten Läden und Magazine befanden. Eine von den anderen Seiten abweichende Ausgestaltung zeigt nur die Osthalle durch ein Obergeschoß, die sog. Dorische Halle, die sich zur Marmorstraße nach Osten hin öffnete. In der Mitte des Platzes stand vermutlich ein monumentales Horologeion – eine Sonnen- und Wasseruhr. Die ältesten Teile der Anlage in der Nordwestecke stammen aus frühaugustei-

Folgende Doppelseite:
6 *Arkadiane. Um 400 n. Chr. Blick gegen Westen*

scher Zeit; die bauliche Ausgestaltung, die heute erhalten ist, geht auf einen gründlichen Umbau im 3. Jh. n. Chr. unter Kaiser Caracalla zurück. Das Mazaeus-Mithridatestor liegt im Süden der Agora. Die Anlage zeigt drei Durchgänge, die von Bogen überwölbt waren. Die hohe Attika war der Sockel für die Statuen der kaiserlichen Familie und zugleich Träger der Weiheinschrift, die besagt, daß die beiden Freigelassenen Mazaeus und Mithridates den Torbau in den Jahren 4/3 v. Chr. dem Agrippa, dem Schwiegersohn des Augustus, errichteten. Durch dieses Tor erreicht man einen kleinen marmorgepflasterten Platz, an dessen Westseite die Bibliothek, ein gewaltiger Grabbau für den Prokonsul Ti. I. Celsus Polemaeanus liegt (s. S. 113 ff., Abb. 92). Die Prunkfassade dieses aus der ersten Hälfte des 2. Jahrhunderts n. Chr. stammenden Bauwerks wurde in den letzten Jahren wieder aufgebaut. An der Südflanke des Bibliotheksplatzes wurden kürzlich die Reste eines Monumentalaltares mit einer marmornen Freitreppe angegraben. Über die Bestimmung des Bauwerkes kann – beim derzeitigen Stand der Untersuchungen – noch keine verbindliche Aussage gemacht werden.
Vom Theaterplatz führt die nach ihrer vorzüglichen Pflasterung benannte Marmorstraße entlang der Ostseite des Marktes nach Süden zur Kuretenstraße (Abb. 7). Beim Ausbau der Ostfront der Agora in neronischer Zeit (Mitte 1. Jh. n. Chr.) dürfte die Marmorstraße angelegt worden sein, in spätantiker Zeit erhielt sie – von einem Ephesier namens Eutropios gestiftet (Abb. 105) – eine neue Pflasterung.
Namentlich an der Kuretenstraße konzentrierten sich die Ausgrabungen auf große Wohnhauskomplexe. Der eine wurde am Knie Marmorstraße–Kuretenstraße freigelegt, zwei andere – die Hanghäuser 1 und 2 – säumen die Südflanke der Kuretenstraße. An der Straßenflucht reihen sich Geschäftslokale, die oberen Stockwerke der Hanghäuser enthalten neben Mittelstandswohnungen eine Anzahl von Luxusappartements, deren größtes eine Wohnfläche von 1.000 m^2 einnimmt. Häufig sind um einen Peristylhof, einen von Säulenhallen umstandenen Hof, Wohnzimmer und Repräsentationsräume, Erker mit Brunnennischen, Badeanlagen und kleine Heiligtümer der Hausgötter gruppiert, die mit Marmortäfelung, Fresken und Mosaiken ausgestattet sind. Am Beginn der Kuretenstraße stehen vor dem Hanghaus 2 die Reste von drei Grabbauten, deren mittlerer wegen seines achteckigen Grundrisses die Bezeichnung Oktogon erhielt. Eine Seite des Achteckes ist im Ephesos-Museum aufgebaut (s. S. 95 ff., Abb. 76).
Gegenüber dem östlichen Hanghaus breitet sich die Scholastikiatherme aus, ein öffentliches Badegebäude, das im 1. Jahrhundert n. Chr. entstand und am Ende des 4. Jahrhunderts nach einem Erdbeben renoviert und umgebaut wurde. Die Mittel hierfür wurden von einer Ephesierin namens Scholastikia zur Verfügung gestellt. Prunkvolle, tonnenüberwölbte Wandelhallen, Umkleideräume, Kaltbad, Laubad und das stark geheizte Warmbad sind ringförmig angeordnet, so daß der Besucher nach Benützung der verschiedenen Bäder wieder an den Ausgangspunkt, die Wandelhalle, zurückkehrte.
An der Kuretenstraße, vom Komplex der Scholastikiatherme umschlossen, steht ein kleiner, dem Kaiser Hadrian (117–138 n. Chr.) geweihter Tempel (Abb. 8). Pfeiler und Säulen tragen das reich geschmückte Gebälk und den Giebel der Vorhalle, in der ein Figurenfries die Gründungsgeschichte der Stadt darstellt. Dahinter liegt die Cella, in der auf einem Sockel das Kultbild – die Kaiserstatue – stand.
Ein Brunnenhaus folgt der Scholastikiatherme im Osten, das Nymphaeum Traiani. Das schmale Schöpfbecken und das große, dahinterliegende Sammelbassin sind an drei Seiten von einer zweigeschossigen Prunkarchitektur umgeben. In den von Säulen gebildeten Tabernakeln waren Statuen aufgestellt, meist römische Kopien griechischer Originale. In der Mittelnische der Rückwand stand die Kolossalfigur des Kaisers Trajan (98–117 n. Chr.), dem der Brunnen geweiht war. Auf der Höhe eines spätantiken Torbaues zweigt von der Kuretenstraße eine Gasse ab, die den Hang des Panayirdağ zu einem Heroon oder Siegesdenkmal, dem sogenannten Rundbau auf dem Panayirdağ, emporstieg. Eine Architekturprobe des unteren dorischen und des oberen ionischen Geschosses ist im Ephesos-Museum ausgestellt (s. S. 99 ff., Abb. 79). Die Kuretenstraße mündet in den „Domitianplatz", von dem zwei Straßen zum offiziellen Stadtzentrum, dem Staatsmarkt, führen: in Verlängerung der Kuretenstraße der Clivus sacer, der Heilige Weg, und nach Süden die „Domitiangasse"; von dieser kann man neben dem Wasserschloß des Laecanius Bassus, einer dem Nymphaeum Traiani ähnlichen Brunnenanlage, den Staatsmarkt betreten. Um den Domitianplatz reihen sich mehrere repräsentative Bauwerke: im Norden erhebt sich – einem vierseitigen Triumphbogen vergleichbar – das Denkmal des C. Memmius, eines Enkels des römischen Feldherrn, Konsuls und Diktators Sulla. An der Ostseite errichtete man dem C. Sextilius Pollio, einem der großen Mäzene der Stadt, ein Ehrenmal, das unter Kaiser Domitian (81–96 n. Chr.) verändert und um ein Nymphäum („Domitianbrunnen") erweitert wurde.

Als Ephesos von Domitian die erste Neokorie erhalten hatte (s. Kat.-Nr. 28), erbaute man dem Kaiser in unmittelbarer Nähe des Staatsmarktes einen Tempel, in dem das kolossale Kultbild thronte. Das Heiligtum lag auf einer von gewaltigen Substruktionen getragenen Terrasse, der eine zweigeschossige, den Domitianplatz im Süden begrenzende Fassade vorgeblendet war.
Der Staatsmarkt, politischer und religiöser Mittelpunkt von Ephesos, Sitz der Regierung und der Verwaltungsbehörden, war ein großer, rechteckiger, an den Längsseiten von Säulenhallen begleiteter Platz (Abb. 9). In seiner Achse stand ein Ringhallentempel, erbaut vermutlich von Antonius und Kleopatra und geweiht der ägyptischen Göttin Isis. Die Anlage des Platzes reicht in die Regierungsperiode des Lysimachos zurück. Die Mehrzahl der offiziellen Gebäude jedoch stammt aus augusteischer Zeit: die dreischiffige, langgestreckte Halle an der Nordflanke des Platzes, eine Basilika mit überhöhtem Mittelschiff (die Säulen, die es stützten, waren von Stierkopfkapitellen bekrönt – eines davon im Ephesos-Museum: Kat.-Nr. 122). Zu beiden Seiten bildeten Vorhallen (Chalkidiken) den Abschluß der Basilika, die nicht nur vor Hitze und Regen Schutz bot, sondern auch offiziellen Veranstaltungen der Stadt diente. Hinter der Halle lagen Prytaneion und Bouleuterion, das erstgenannte war Sitz der höchsten religiösen Instanz. Auf einen an drei Seiten von Säulenhallen umstandenen Vorhof mit Altar und Opfergrube folgte die Vorhalle des Hauptgebäudes, tempelartig mit wuchtigen, unkannelierten dorischen Säulen, in deren Oberflächen Namenslisten von Kureten (Mitglieder eines Priesterkollegiums) eingemeißelt sind. An die Vorhalle fügt sich ein großer quadratischer Saal, in dem Beratungen, vornehmlich aber offizielle Gastmähler stattfanden. Das Prytaneion entstand in augusteischer Zeit, der Bankettsaal wurde jedoch im 3. und 4. Jahrhundert n. Chr. umgebaut und in den Ekken Säulen mit herzförmigem Grundriß aufgerichtet, die heute noch das Bild des Raumes beherrschen. Später zugemauert wurde auch ein weitgespannter Keilsteinbogen, durch den man ursprünglich einen kleineren Raum betrat. Er war vermutlich der kultische Mittelpunkt der gesamten Anlage. Hier stand der Herd der Hestia, der alten griechischen Göttin des heiligen Herdfeuers. Als Hestia Boulaia war sie Sinnbild des Schutzes der Stadt; ihr Feuer, das auf dem Herd des Heiligtums brannte, durfte nicht verlöschen. Die Prytanen, die obersten Priester der Stadt, und die hohen Beamten, brachten hier ihre Opfer an die Gottheit dar. In einem Nebenraum wurde 1956 ein aufsehenerregender Fund gemacht: eine Statue der ephesischen Artemis (Abb. 139), die an dieser Stelle von ihren letzten Anhängern kultisch bestattet worden war, um sie dem Zugriff der Christen zu entziehen.
Vom Prytaneion führt die Straße an zwei kleinen Tempeln des Divus Iulius (des göttlichen Cäsar) und der Göttin Roma vorbei zum Bouleuterion. Der theaterähnliche Bau mit den halbkreisförmigen Sitzreihen und der Bühnenfassade wurde früher als Odeion (Konzerthalle) gedeutet. Höchstwahrscheinlich handelt es sich jedoch um das Rathaus, in dem die Boule, der Rat von Ephesos, tagte, während Vollsitzungen der Ekklesia (Volksversammlung) im großen Theater stattfanden.
An das Ostchalkidikum grenzt das sogenannte Variusbad, hinter der Südhalle des Staatsmarktes liegt die Ruine der „Fontäne“, einer großen Brunnenanlage, die von einem in augusteischer Zeit gebauten Aquädukt gespeist wurde. Von ihr verteilte ein Leitungssystem aus Tonröhren das Wasser zu den Gebäuden der näheren und weiteren Umgebung.
Vom Staatsmarkt führt in östlicher Richtung eine Straße zum Magnesischen Tor. Linker Hand breiten sich die mächtigen Ruinen des Ostgymnasiums aus. Die Raumanordnung der Badeanlage folgt dem Kaisertypus, Frigidarium, Tepidarium und Caldarium liegen also in der Hauptachse, die verdoppelten Nebenräume symmetrisch zu beiden Seiten derselben. Die Therme entstand um die Mitte des 2. Jahrhunderts n. Chr. Einen späteren Zubau, die Palästra mit einem Vortragsraum und einem Saal für den Kaiserkult, finanzierte der ephesische Mäzen und Sophist Flavius Damianus.
Das Magnesische Tor war der Beginn einer Überlandstraße nach Magnesia am Mäander. Von ihr führte eine Abzweigung, die Fortsetzung der Prozessionsstraße, am Ostfuß des Panayirdağ entlang zum Artemision. In einer Schlucht des Panayirdağhanges haben die ephesischen Christen eine Begräbnis- und Kultstätte angelegt, die heute als Siebenschläfercoemeterium bekannt ist. Die Legende berichtet, daß sieben fromme junge Männer während einer Christenverfolgung durch Kaiser Decius (249–251 n. Chr.) in einer Höhle eingemauert wurden und dort in einen heilsamen Schlaf fielen. Als sie in der Regierungszeit Theodosius' II. (408–450 n. Chr.) erwachten, wurde dieses Wunder als Beweis für die leibliche Auferstehung der Toten angesehen. Der Kaiser ließ die Jünglinge nach ihrem Tod in der Höhle begraben und darüber eine Kirche errichten. Bei den archäologischen Untersuchungen fand man als ältesten Komplex eine in

Folgende Doppelseite:
7 *Kuretenstraße. Blick gegen Westen*

8 *Tempel des Kaisers Hadrian. 1. Hälfte 2. Jh. n. Chr.*

den Felsen getriebene Katakombe mit zehn Grabkammern. Sie ist durch eine Treppe mit der darüberliegenden Kirche verbunden. Die Nekropole breitete sich immer mehr aus. Mausoleen, Krypten und andere Bestattungsräume, die in Böden und Wänden zahllose Gräber enthielten, wurden um die Märtyrerkatakombe angelegt.

Wenige hundert Meter südlich des Ayasolukhügels, der beherrschenden Erhebung der türkischen Stadt Selçuk, liegen in der Ebene die kärglichen Reste des Heiligtums, das den internationalen Ruf von Ephesos begründete: des Tempels der Artemis, der zu den sieben Weltwundern gezählt wurde (Abb. 11). In den frühen Epochen seiner Geschichte stand er nahe der Meeresküste, die sich jedoch infolge der Verlandung immer weiter nach Westen verschob. Als die ionischen Griechen um 1000 v. Chr. in der Bucht landeten, fanden sie ein Heiligtum der Göttin vor, die demnach nichtgriechischen Ursprungs ist. Ihr Kult hängt mit dem der Kybele, der alten anatolischen Fruchtbarkeitsgöttin, der mächtigen Herrin der Natur, eng zusammen. Daher fiel es den Griechen nicht allzu schwer, sie mit ihrer Jagdgöttin Artemis, die ebenfalls eine Naturgottheit war, zu identifizieren. Das Heiligtum, das der Stadtgründer Androklos antraf, war wohl ein heiliger Bezirk, in dem der Opferaltar und das Kultbild standen. Erst später errichtete man einen einfachen Tempel, dessen Cella vermutlich eine Säulenvorhalle hatte. In der Mitte des 6. Jahrhunderts v. Chr. entstand der erste Großtempel (125 m lang, 60 m breit) in der Form eines Dipteros. Eine zweifache Säulenhalle umgab das Allerheiligste. In der Cella, die nicht überdacht war, stand das alte hölzerne Kultbild (Xoanon), das der Sage nach Amazonen gestiftet hatten oder das — nach anderer Version — vom Himmel gefallen war. Gewand und Schmuck waren abnehmbar; die Statue wurde an Festtagen bekleidet und gespeist. Die hölzernen Teile des Götterbildes blieben bis in die Spätantike dieselben, die Garderobe jedoch veränderte sich im Lauf der Zeit. Die späteren, erhalten gebliebenen Statuen und Statuetten, Münz- und Gemmenbilder sind Nachbildungen des Xoanon im entwickelten Zustand der hellenistisch-römischen Epoche (Kat.-Nr. 19—29, Abb. 139). Der Kopf der Gottheit ist bekrönt von einem Polos, einer hohen Kopfbedeckung, die mit Fabeltieren und Tempelfassaden (als Zeichen der Schutzfunktion der Göttin) versehen ist (Kat.-Nr. 20). Hals und Brust sind mit Ketten, Tierkreiszeichen und einem Immortellenkranz geschmückt. Eine Deutung der vor dem Oberbauch hängenden, eiförmigen Gebilde ist bisher nicht gelungen. Sicher ist lediglich, daß es sich nicht um eine Vervielfachung weiblicher Brüste handelt. Der Unterkörper ist mit einem Schurz (Ependytes) bekleidet, der mehrere Reihen von Tieren und Fabelwesen aufweist. Sie hängen mit dem religiösen Programm des Artemiskultes zusammen. Die Hirsche zu beiden Seiten des Kultbildes – Begleittiere der griechischen Jagdgöttin – sind eine Zutat römischer Zeit.

Im Jahre 356 wurde das Heiligtum durch die Brandstiftung des pathologisch geltungssüchtigen Herostratos völlig zerstört. Über dem alten Grundriß, in gleicher Größe und noch prunkvoller, baute man den Tempel wieder auf, desgleichen den Opferaltar (s. S. 50 ff.). Seine Umfriedung war nun nicht mehr eine einfache Mauer, sondern ein U-förmiger, mit Ornament- und Figurenfriesen versehener Sockel, über dem sich eine ionische

9 *Staatsmarkt, Domitiantempel und „Variusbad" (Ausschnitt aus dem Stadtmodell, Kat.-Nr. 58)*

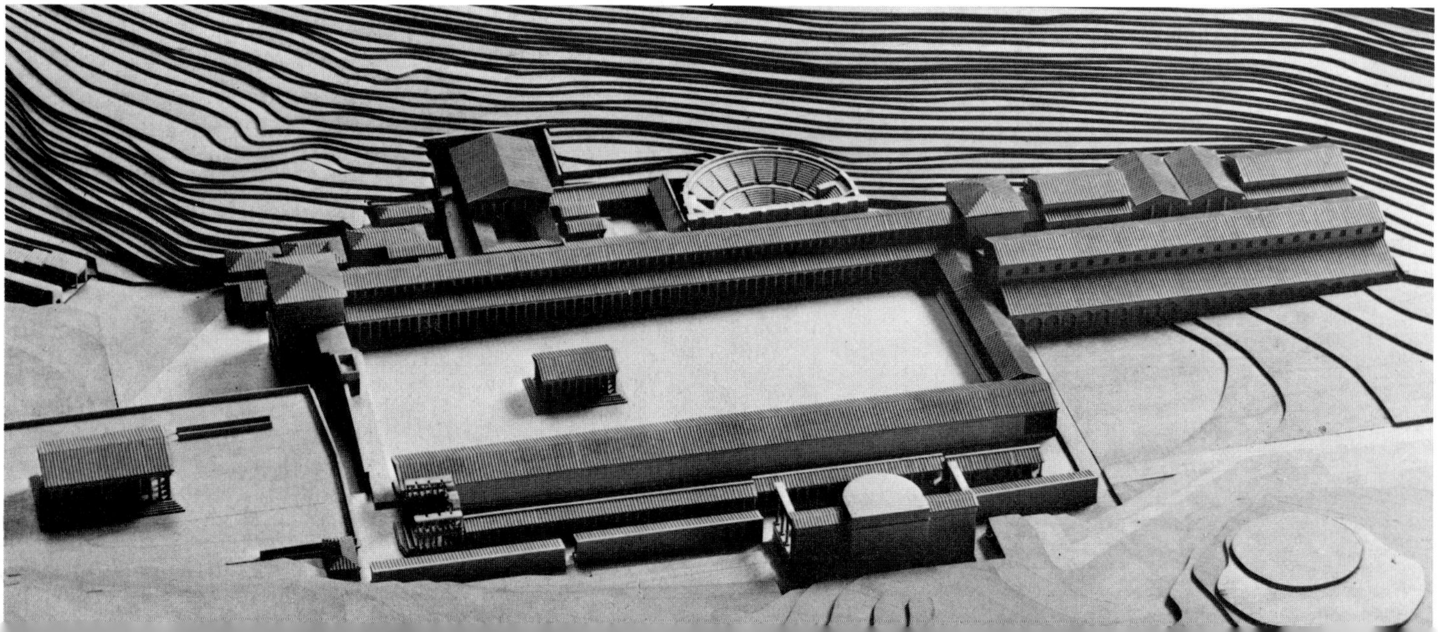

Säulenstellung erhob. Am Altar fanden die Opferhandlungen statt, bei denen wohl auch Früchte und Getreide dargebracht, in erster Linie jedoch Tiere geschlachtet wurden, vor allem Ziegen, Rinder, Schafe, Schweine, Hirsche und Gazellen. Der heilige Bezirk der Göttin, dessen Zentrum Tempel und Altar bildeten, war umfriedet. Auf seinem Areal standen nicht nur zahllose Weihegeschenke, welche die Gläubigen der Gottheit dargebracht hatten, sondern auch Werkstätten, Speisehäuser für die Opfermähler, Gebäude für Priester und Tempeldiener, eine Gemäldegalerie, das Münzamt und die Bank von Ephesos. Darüber hinaus war der heilige Bezirk Asylbereich, in dem Eigentum und Leben unantastbar waren. Aus diesem Grund wurde er immer wieder von Flüchtlingen, politischen wie kriminellen, aufgesucht.

Auf halber Höhe des Ayasolukhügels liegen die Ruinen der Johanneskirche (Abb. 12), auf seiner höchsten Kuppe die zinnenbewehrten, von 15 vorspringenden Türmen verstärkten Mauern der Zitadelle; vermutlich wurde sie in der Zeit der Araberstürme erbaut, um den Bewohnern des Städtchens um die Johannesbasilika Schutz zu bieten.

Der heilige Johannes von Ephesos, der „heilige Theologe", ist wohl der Verfasser der Apokalypse; fraglich hingegen ist, ob er mit dem Sohn des Zebedaios, dem Lieblingsjünger Jesu, identisch ist. An der Stelle, an der der Heilige bestattet wurde, entstand bald schon ein kleines Mausoleum. Im 4. Jahrhundert n. Chr. folgte eine holzgedeckte Kreuzarmbasilika, die Kaiser Justinian (527–565 n. Chr.) niederreißen und durch eine 130 Meter lange Kuppelbasilika ersetzen ließ. Im Westen war dem Gotteshaus ein Atrium, ein an drei Seiten von Säulenhallen umgebener Hof, vorgelagert. Von diesem gelangte man durch den schmalen Narthex in den dreischiffigen Kirchenraum. Mächtige Pfeiler trugen die mit Mosaiken geschmückten Kuppeln. Im Osten schloß das Langhaus mit einer Apsis. Im Schnittpunkt von Längs- und Querschiff lag über dem Grab des Heiligen der Altar. Im Norden erhob sich unmittelbar neben der Kirche das Baptisterium (Abb. 12).

Am Fuß des Ayasolukhügels liegt das letzte bedeutende Bauwerk ephesischer Geschichte, die am 13. Jänner 1375 eingeweihte Moschee des Seldschukenfürsten Isa (Abb. 10). Durch das reich verzierte Portal betritt man einen an drei Seiten von Säulenhallen umstandenen Hof, in dessen Mitte der Brunnen für rituelle Waschungen liegt. Im Süden schließt der Gebetssaal an. In seinem überkuppelten Mittelteil liegt – nach Mekka gerichtet – der Mihrab, die Gebetsnische.

In der Isamoschee sind Elemente der künstlerischen Vergangenheit der Stadt mit denen seldschukischer Gegenwart vereint. Nicht nur, daß Baumaterialien vom griechischen Artemision und von der römischen Hafentherme verwendet wurden – die antike Säulenhalle und das basilikale, überkuppelte Mittelschiff sind mit dem seldschukischen Baugedanken zur letzten großen Architekturschöpfung von Ephesos verschmolzen.

Folgende Doppelseite:

11 *Säule des spätklassischen Artemisions. Blick gegen Osten*

12 *Baptisterium der Johannesbasilika. Blick zum Mittelschiff der Kirche*

10 *Westfassade der Isamoschee. Eingeweiht am 13. Jänner 1375*

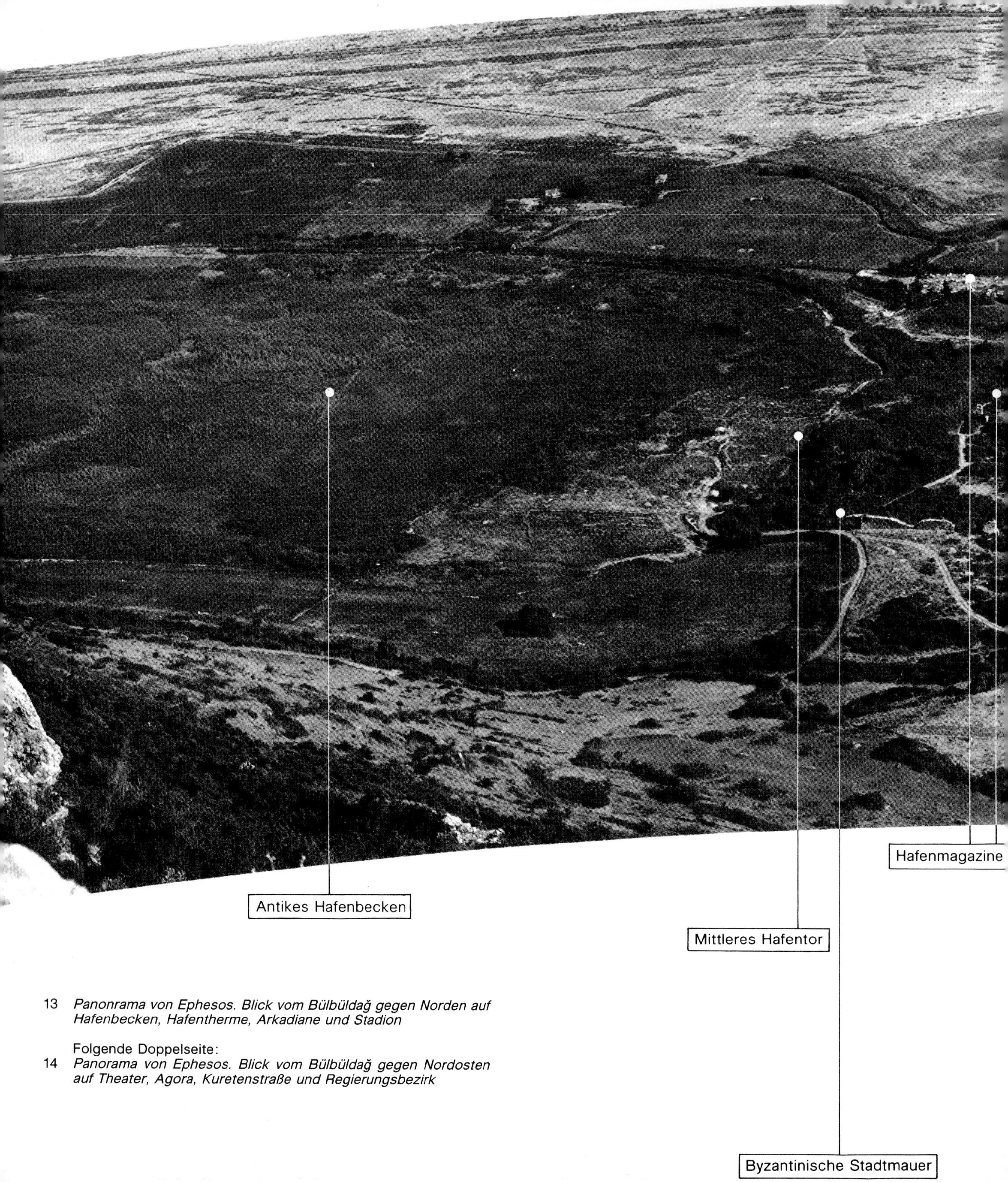

13 *Panonrama von Ephesos. Blick vom Bülbüldağ gegen Norden auf Hafenbecken, Hafentherme, Arkadiane und Stadion*

Folgende Doppelseite:
14 *Panorama von Ephesos. Blick vom Bülbüldağ gegen Nordosten auf Theater, Agora, Kuretenstraße und Regierungsbezirk*

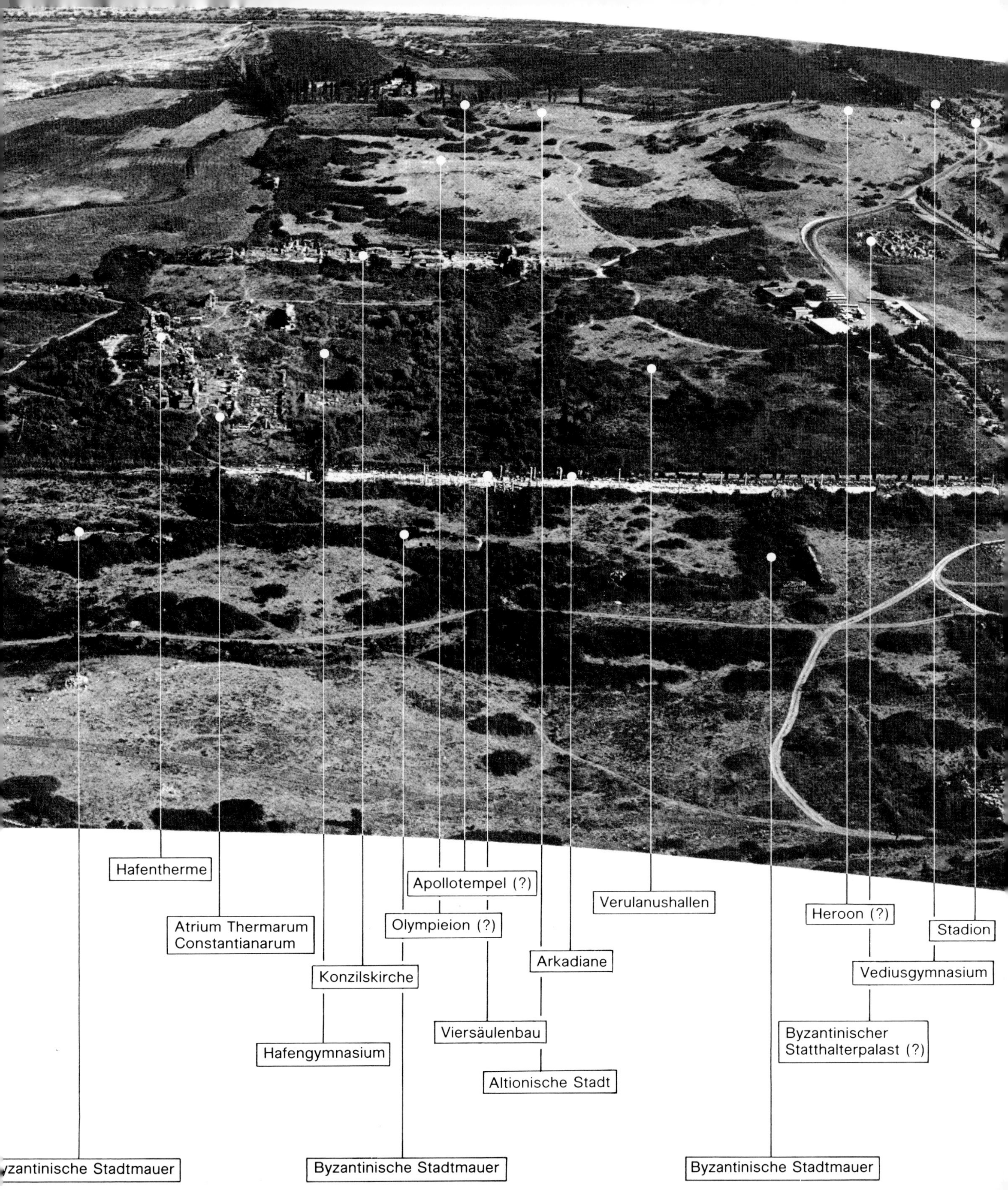

Hafentherme
Atrium Thermarum Constantianarum
Konzilskirche
Hafengymnasium
Apollotempel (?)
Olympieion (?)
Viersäulenbau
Arkadiane
Altionische Stadt
Verulanushallen
Heroon (?)
Stadion
Vediusgymnasium
Byzantinischer Statthalterpalast (?)
yzantinische Stadtmauer
Byzantinische Stadtmauer
Byzantinische Stadtmauer

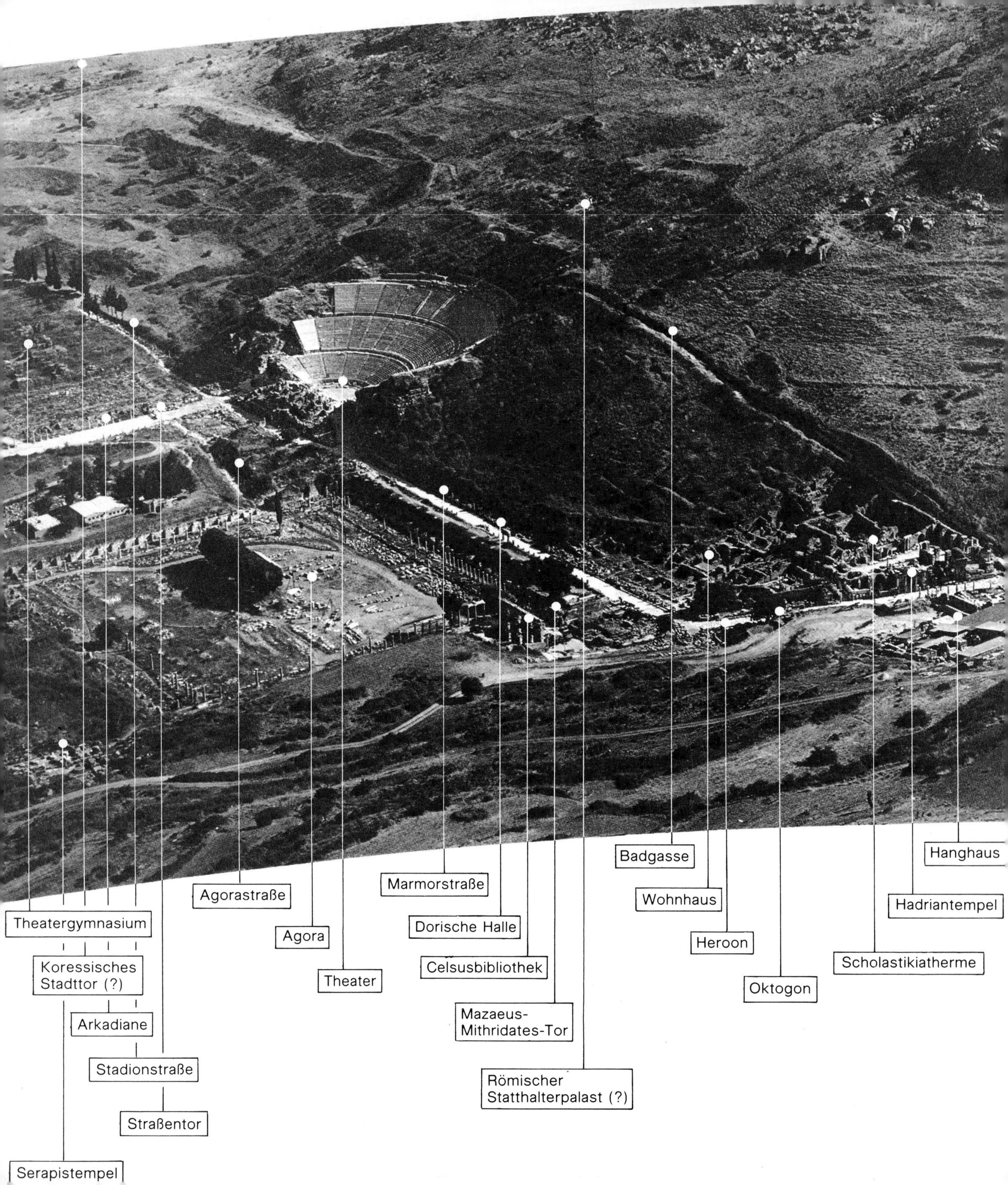
Theatergymnasium
Koressisches Stadttor (?)
Arkadiane
Stadionstraße
Straßentor
Serapistempel
Agorastraße
Agora
Theater
Marmorstraße
Dorische Halle
Celsusbibliothek
Mazaeus-Mithridates-Tor
Römischer Statthalterpalast (?)
Badgasse
Wohnhaus
Heroon
Oktogon
Scholastikiatherme
Hadriantempel
Hanghaus

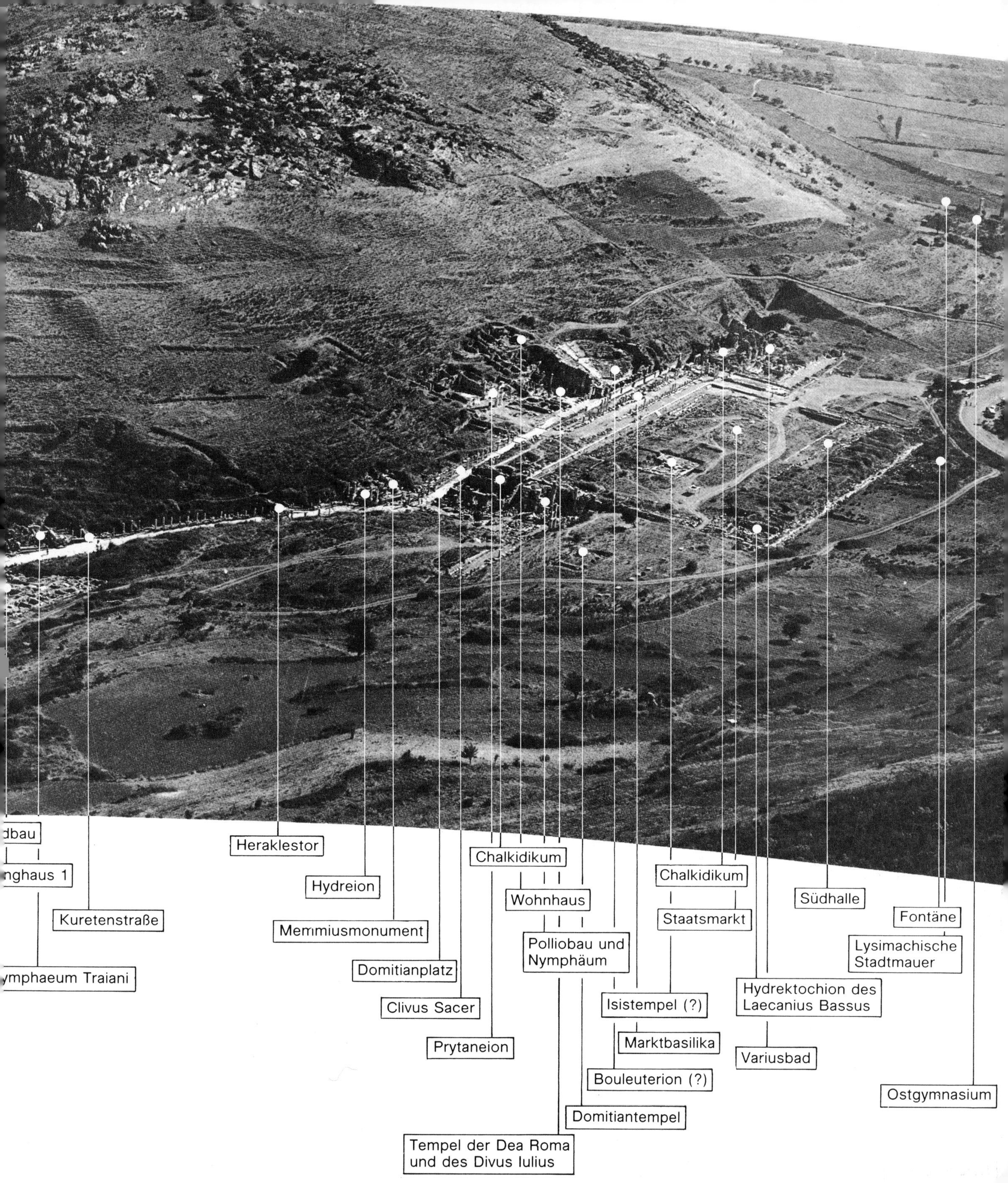

dbau
nghaus 1
ymphaeum Traiani
Kuretenstraße
Heraklestor
Hydreion
Memmiusmonument
Domitianplatz
Clivus Sacer
Prytaneion
Chalkidikum
Wohnhaus
Polliobau und Nymphäum
Tempel der Dea Roma und des Divus Iulius
Domitiantempel
Bouleuterion (?)
Isistempel (?)
Marktbasilika
Chalkidikum
Staatsmarkt
Hydrektochion des Laecanius Bassus
Variusbad
Südhalle
Fontäne
Lysimachische Stadtmauer
Ostgymnasium

DIE ÖSTERREICHISCHEN AUSGRABUNGEN UND DIE NACH WIEN GELANGTEN FUNDE

SAMOTHRAKE

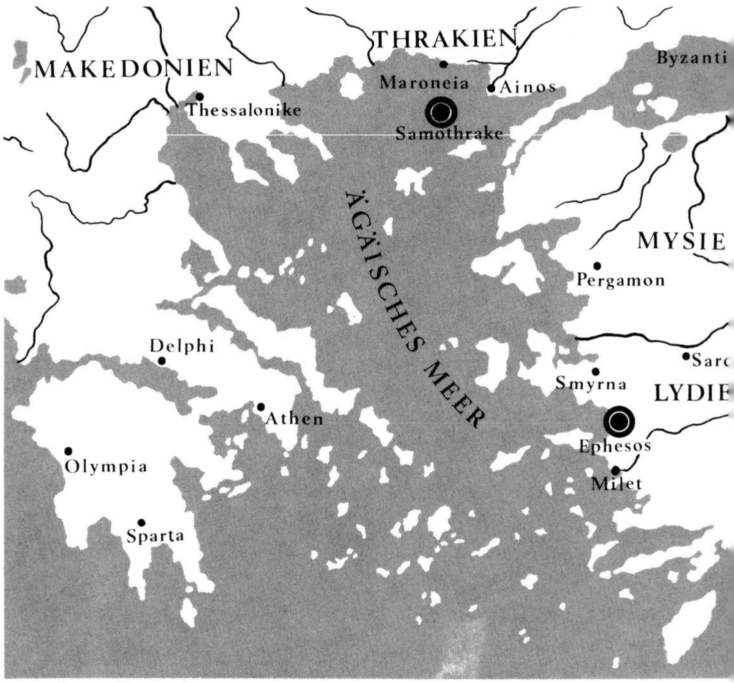

Die österreichischen archäologischen Unternehmungen in der Levante wurden 1873 und 1875 von Alexander Conze mit seinen beiden Expeditionen nach Samothrake (Abb. 15) eingeleitet. Der aus Hannover gebürtige Conze hatte schon 1858 die durch ihren Mysterienkult im Altertum berühmte Insel ein erstes Mal besucht und in der Publikation dieser Reise die Meinung geäußert, „man würde bei solchen Ausgrabungen auf reiche Ergebnisse auch außer der Entdeckung von Fundamenten der Gebäude rechnen können." Diese Anregung blieb nicht unbeachtet. 1863 führten Versuchsgrabungen des französischen Vizekonsuls M. Champoiseau durch Zufall zur Auffindung der Nike von Samothrake, deren Bruchstücke mit einigen anderen Skulpturen nach Paris in den Louvre gelangten. 1866 folgten im Auftrag der französischen Regierung durch G. Deville und E. Coquart weitere Untersuchungen, die als wichtigstes Ergebnis einen von Coquart gezeichneten Plan des Heiligtums mit den damals sichtbaren Bauresten zeitigten.
1869 wurde Conze auf den neugegründeten Lehrstuhl für klassische Archäologie der Wiener Universität berufen. Diese Position bot ihm Gelegenheit, sich beim Ministerium für Cultus und Unterricht für österreichische Ausgrabungen auf Samothrake einzusetzen. Sein Projekt wurde genehmigt und vom Reichsrat mit einem besonderen Kredit finanziert. Der Botschafter in Konstantinopel, Emanuel Graf Ludolf, erwirkte bei der Hohen Pforte die Erlaubnis zur Grabung auf der damals noch türkischen Insel und das Anrecht auf Teilung der Funde. Die Marinesektion des Reichs-Kriegsministeriums stellte der Expedition die in der Levante stationierten Corvetten Zrinyi (1873) und Frundsberg (1875) zur Verfügung.
Mit den Architekten Alois Hauser und George Niemann als Mitarbeitern verfolgte Conze eine damals für archäologische Untersuchungen völlig neue Zielsetzung: man begnügte sich nämlich nicht damit, eine möglichst reiche Ausbeute an Funden zu erzielen, vielmehr sollte durch genaue Vermessungen und Zeichnungen, durch das Studium der Architekturteile und der Bautechnik der Versuch gemacht werden, einen größeren antiken Bezirk durch Rekonstruktion wiederzugewinnen. Diese Methode und die erstmalige Verwertung der Photographie ließen die zweibändige Samothrakepublikation, die im Anschluß an die Grabung 1875 bzw. 1880 erschien, für die Zukunft beispielgebend werden.
Die Grabungscampagne im Frühjahr 1873 dauerte 6 Wochen. In Çanakkale an den Dardanellen gingen die Expeditionsmitglieder an Bord der Zrinyi, nachdem man vorher noch die in aller Munde stehende Ausgrabung H. Schliemanns in Troja besucht hatte. Über Ainos (türk. Enez), wo die von den Franzosen deponierten samothrakischen Architekturstücke einem Studium unterzogen wurden, ging die Fahrt nach Samothrake. Das Zeltlager wurde inmitten der Palaiopolis (die Alte Stadt), wie die Ruinenstätte auf der Insel auch heute genannt wird, aufgeschlagen. Den Kontakt mit der Außenwelt hielt der wöchentliche Besuch der Zrinyi aufrecht. Die Grabungen konzentrierten sich auf den sog. Dorischen Marmortempel (= Hieron) und den Rundbau (s. S. 130 ff.; 139 ff.), wo von den französischen Vorgängern schon Sondierungen vorgenommen worden waren. Nie-

mann leitete die Grabung am Rundbau, während Hauser jener am Hieron vorstand. Conze oblag die historische und kulturgeschichtliche Interpretation und die Auswertung der Funde. Dem Schiffsfähnrich der Zrinyi, J. Řiha, verdankte man einen Situationsplan der gesamten Palaiopolis. Beide Bauwerke wurden weitgehend in ihren Fundamenten freigelegt. Außer zahlreichen Architekturteilen von fast allen für die Rekonstruktion wichtigen Baugliedern fanden sich beim Hieron auch Reste der Giebelskulpturen, der Akroterien und eines Kassettenreliefs. Konnte man demnach mit den Ergebnissen dieser Expedition durchaus zufrieden sein, so hoffte man doch, in einer weiteren Campagne den eigentlichen „uralten Haupttempel" aufzufinden, für den das erst aus hellenistischer Zeit stammende Hieron nicht in Frage kam. Die Skulpturen und charakteristische Architekturproben, darunter die Nordost-Ecke des Hieron, die Hauser in Wien wiederaufzubauen beabsichtigte, wurden auf die Zrinyi verladen und gelangten über Triest nach Wien.
Infolge der Arbeit an der Herausgabe des ersten Bandes der Publikation kam es erst im Herbst 1875 zu dieser zweiten Expedition (Abb. 17). Die Stelle Niemanns, der an der Teilnahme verhindert war, nahm Otto Benndorf ein. Als Expeditionsschiff stand diesmal die Corvette Frundsberg (Abb. 16) zur Verfügung, und wieder erwarb sich ein Besatzungsmitglied besondere Verdienste um das Unternehmen: Linienschiffsleutnant A. Ritter von Becker verfaßte einen Plan des Heiligtums, der jenen von Coquart ersetzte.
Mit einem Großeinsatz von Arbeitskräften — die Höchstzahl war 117, darunter ein in Pola angeheuerter Spezialtrupp — wurde wiederum in nur 6 Wochen Erstaunliches geleistet. Am sog. Ruinenfeld A auf der Anhöhe im Westen wurde man zunächst enttäuscht: das dort erwartete alte kultische Zentrum entpuppte sich als eine langgestreckte Stoa (s. S. 138 f.). In mühevoller, zeitraubender Arbeit wurde das Fundament freigelegt; die Gliederung des Aufbaues ließ sich aus den gefundenen Architekturteilen allerdings nicht klären. Erfolgreicher verlief die Grabung am Ptolemaion (s. S. 142 ff.). Den gewölbten Gang im Fundament, dessentwegen die Ruine im Volksmund Phylaki, das Gefängnis, hieß, hatte schon Champoiseau teilweise ausgeräumt. Hauser gelang die Zweckbestimmung des Baues als Torbau und auch eine im wesentlichen richtige Vorstellung von seinem Aufbau. Daneben liefen kleinere Untersuchungen am Großen Tor der Stadtmauer, im sog. Ruinenviereck, Nachgrabungen am Hieron, Rundbau und am Nike-Monument. In den dort von Champoiseau achtlos liegengelassenen Marmortrümmern erkannte Hauser die Basis der Nike in

Linke Seite:
15 *Karte Griechenlands und der kleinasiatischen Westküste mit Angabe der Lage von Ephesos und Samothrake*

16 *Corvette „Frundsberg". Expeditionsschiff des Jahres 1875*

Form eines Schiffsvorderteils. Gegen Ende der Campagne glaubte man doch noch, das erhoffte Grabungsziel erreicht zu haben: nordöstlich vom Hieron war man schon 1873 auf Architekturteile und eine Fundamentecke gestoßen. Als man dieses Fundament jetzt verfolgte, ergab sich eine rechteckige Anlage, in deren Innerem zwei Opfergruben aufgedeckt wurden. Man war sicher, darin den „Alten Tempel" erblicken zu dürfen (was später widerlegt wurde: s. S. 126 ff.), weshalb man das Hieron jetzt den „Neuen Tempel" nannte. Nur weniges wurde diesmal nach Wien mitgenommen, anderes vereinbarungsgemäß den türkischen Behörden in Gallipoli übergeben, doch erreichten nur einige Architekturstücke das Museum in Istanbul, das meiste ist verschollen.
Die nach Wien gebrachten Antiken aus Samothrake wurden zunächst als Staatseigentum betrachtet, da beide Expeditionen auch aus Staatsmitteln finanziert worden waren. Erst durch ihren von Kaiser Franz Joseph bewilligten Ankauf gingen sie in den Besitz der Hofsammlungen, die kaiserliches Privateigentum darstellten, über. Die Funde von 1873 wurden nach ihrer Restaurierung im Atelier des Bildhauers K. Zumbusch, dem auch die Rekonstruktion der Kentaurenplatte aus wenigen Fragmen-

17 *Grabungsstab 1875: O. Benndorf, A. Conze (2., 3. von links)*

Unten:

18 *Das „Cyprische Zimmer“ im Unteren Belvedere, links auf dem Boden Architekturstücke des Ptolemaions (Kat.-Nr. 269, 271). Aquarell von C. Goebel, um 1888*

ten gelang, im „Pavillon des amateurs" der Wiener Weltausstellung des Jahres 1873 provisorisch gelagert. Später kamen sie mit den Objekten der zweiten Expedition in die Säle der Antikensammlung im Unteren Belvedere (Abb. 18). Im 1891 eröffneten Kunsthistorischen Museum erinnerte zwar ein Lünettengemälde von R. Russ im Saal IX (Abb. 19) an die österreichischen Ausgrabungen auf Samothrake, von den Funden konnten jedoch nur die Skulpturen einen ständigen Platz in der Schausammlung behaupten. Die Architekturteile mußten, wie später auch die ephesischen, aus Platzmangel deponiert werden, wiewohl man sich ihres Wertes durchaus bewußt war. So betonte der damalige Cultusminister Carl v. Stremayer in einem Schreiben an den Oberstkämmerer Franz Grafen Folliot de Crenneville aus dem Jahre 1873, daß „bis jetzt nur wenige archäologische Institute in die Lage gekommen sind, eine solche für die Kunstgeschichte und insbesondere für die Entwicklung der Architektur überaus lehrreiche Aufstellung vorzunehmen." Conze verließ 1877 Wien und übernahm die Leitung der Skulpturensammlung der königlichen Museen in Berlin. Sein Nachfolger Benndorf besorgte die Herausgabe des zweiten Bandes der Publikation, womit aber nur das österreichische Unternehmen auf Samothrake abgeschlossen war. 1891 kehrte Champoiseau noch einmal zurück und holte die Fragmente des Schiffsvorderteiles nach Paris. 1923 bis 1927 nahmen F. Chapouthier und A. Salač Grabungen an verschiedenen Punkten, darunter auch im Theater, vor. 1938 begann unter Karl Lehmann mit dem Archaeological Research Fund der New Yorker Universität eine neue Phase in der Erforschung Samothrakes, die nur durch den 2. Weltkrieg unterbrochen wurde und nach dem Tod Lehmanns unter dessen Gattin Phyllis W. Lehmann und James R. McCredie bis heute andauert. Die systematisch vorgenommenen Grabungen führten nicht nur zu Korrekturen früherer Ergebnisse, sondern auch zur Aufdeckung bisher unbekannter Bauten und einer großen Nekropole, wodurch unser Wissen um diese Mysterienstätte entscheidend gefördert wurde. Für die neuen Funde und Architekturproben wurde ein eigenes Museum erbaut; 1956 wurden 5 Säulen der Vorhalle des Hierons wiederaufgestellt, wobei die Wiener Antikensammlung im Tauschweg ein Eckkapitell beisteuerte. Von der vorbildlichen Publikation sind bisher vier Bände erschienen, weitere sind in Vorbereitung bzw. bereits im Druck.

19 *Samothrakische Landschaft mit dem Fundament des Ptolemaions. Lünettengemälde von R. Russ, im Saal IX der Antikensammlung des Kunsthistorischen Museums Wien*

EPHESOS

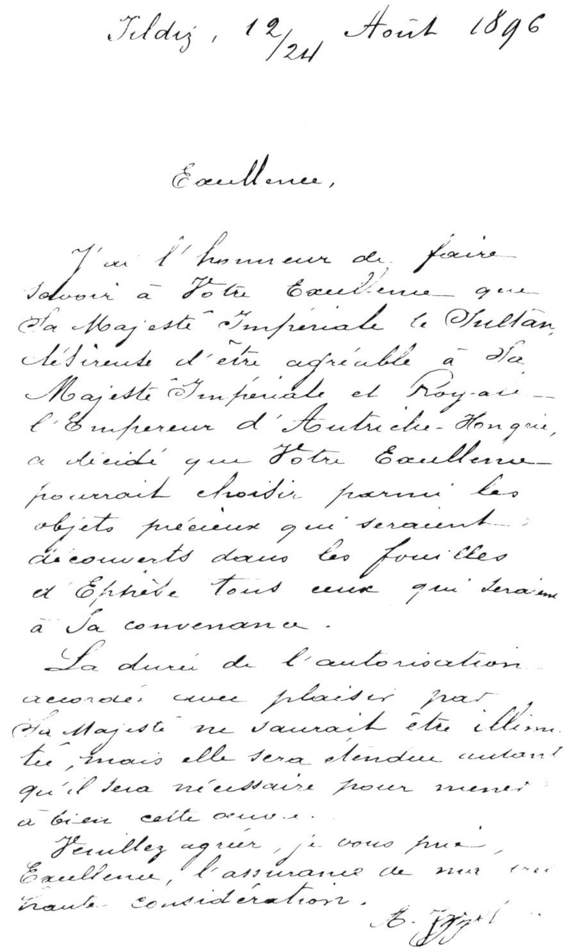
Yildiz, 12/24 Août 1896

Excellence,

J'ai l'honneur de faire
savoir à Votre Excellence que
Sa Majesté Impériale le Sultan,
désireuse d'être agréable à Sa
Majesté Impériale et Royale
l'Empereur d'Autriche-Hongrie,
a décidé que Votre Excellence
pourrait choisir parmi les
objets précieux qui seraient
découverts dans les fouilles
d'Ephèse tous ceux qui seraient
à sa convenance.
La durée de l'autorisation
accordée avec plaisir par
Sa Majesté ne saurait être illimi-
tée, mais elle sera étendue autant
qu'il sera nécessaire pour mener
à bien cette œuvre.
Veuillez agréer, je vous prie,
Excellence, l'assurance de ma très
haute considération.

Die österreichischen Grabungen in Ephesos (Abb. 15) und die nach Wien gelangten Funde sind gleichermaßen eng mit dem Namen Otto Benndorf verbunden. Dieser hatte schon 1875 an Alexander Conzes zweiter Grabungscampagne in Samothrake teilgenommen und seine beiden lykischen Expeditionen 1881/82 gipfelten in der Erwerbung des Heroon-Frieses von Gölbaşı-Trysa für die Antikensammlung. Als auf dem Philologenkongreß des Jahres 1893 in Wien die Beteiligung Österreichs an der internationalen Erforschung des Orients erwogen wurde, wandte sich der damalige Minister für Cultus und Unterricht, Paul Freiherr Gautsch von Frankenthurn, an Benndorf mit dem Auftrag, das Projekt zu einer größeren Ausgrabung vorzulegen. Benndorf entschied sich für Ephesos, „wo nach dem Vorgehen des Engländers J. T. Wood ein gründliches Einsetzen angezeigt erschien.“ Wood war es 1869/70 nach siebenjährigem Suchen gelungen, die Fundamente des Artemistempels aufzudecken. Hier setzten 1895 unter technischer Mitwirkung von C. Humann, dem Entdecker des Pergamonaltars, die Voruntersuchungen Benndorfs ein. Der österreichische Botschafter in Konstantinopel, Heinrich Freiherr von Calice, hatte die Grabungserlaubnis bei den ottomanischen Behörden erwirkt, Karl Ferdinand Mautner von Markhof durch eine großzügige Stiftung die Finanzierung ermöglicht. Die hochgesteckten Erwartungen, westlich vom Tempel den (nach literarischer Überlieferung) mit Skulpturen des Praxiteles geschmückten Altar zu finden, erfüllten sich zwar nicht, doch wiesen zahlreiche Funde an Skulpturfragmenten und Architektur auf der sogenannten Römischen Agora (= Hafengymnasium) das Terrain für künftige Grabungen. Kluger Diplomatie und der im Augenblick günstigen politischen Lage war es zu danken, daß auch die wertvollsten Funde nach Österreich ausgeführt werden durften. Mit souveräner Entscheidung (türk. Irade) des Sultans Abdul Hamid II. vom 12./24. August 1896 wurde Botschafter Calice ermächtigt, als Widmung des Sultans an Kaiser Franz Joseph I. aus den Funden von Ephesos nach eigenem Ermessen jeweils eine freie Wahl zu treffen (Abb. 20). Die Grabungserlaubnis sollte so lange gewährt werden, als es im Interesse des Unternehmens gelegen war. So langten zwischen 1896 und 1906 insgesamt 7 Transporte mit einer Auswahl von Funden aus Ephesos in Wien ein. In Kisten verpackt wurden sie zunächst auf Kamelrücken zum Bahnhof von Ayasoluk (Selçuk) geschafft, von dort per Bahn nach Smyrna, weiter mit einem Dampfer des Österreichischen Lloyd nach Triest, von wo sie endlich auf dem Bahnweg Wien erreichten. Schon die erste Lieferung 1896 mit den Fragmenten des Athleten, der Herakles-Kentaurengruppe und des Lampenträgers (Kat.-Nr. 129, 139—141) aus dem Marmorsaal des Hafengymnasiums übertraf alle Erwartungen. Weitere Sendungen der nächsten Jahre brachten Funde aus den Hafenbauten, von der Arkadiane, dem Theater und dem Rundbau auf dem Panayirdağ. So erfreulich dieser Zuwachs für die Antikensammlung auch war, er stellte sie doch vor große Probleme. In dem 1891 eröffneten Museum war für Neuzugänge solcher Größenordnung nicht nur in den Schauräumen kein Platz vorhanden, es fehlte auch an geeigneten Depots. So war die Antikensammlung als erste gezwungen, auch außerhalb des Hauses Unterkunft zu finden. Ihr Direktor, Robert von Schneider, hatte die Räumlickeiten des Unteren Belvedere, in denen vor 1891 neben der Ambraser Sammlung auch die Skulpturen der Antikensammlung aufgestellt waren, für ein künftiges Ephesos-Museum vorgeschlagen. Als sich die Adaptierung dieser Säle in die

Linke Seite:
20 *Mitteilung des Inhalts des Irade Sultan Abdul Hamids II. durch den 2. Sekretär A. Izret an Botschafter Calice*

21 *Der österreichische Grabungsstab des Jahres 1896 (von links nach rechts: J. Dell, A. Schindler, G. Niemann, O. Benndorf, R. Heberdey, W. Reichel) im Speisezimmer des Grabungshauses in Ayasoluk*

Länge zog, entschloß man sich zu einer provisorischen Aufstellung im Theseustempel im Volksgarten (Abb. 23). Dieser von Nobile als verkleinertes Nachbild des sog. Theseions in Athen 1823 für Canovas Theseusgruppe vollendete Bau hatte schon einmal in seinen Katakomben Antiken beherbergt und war damals für die Einrichtung eines „Museum Vindobonense" vorgesehen. Die Ausstellung umfaßte 29 Objekte der Grabung bis 1899, abgesehen von einer Architekturprobe ausschließlich Skulpturen. Glanz- und Mittelpunkt war der bronzene Athlet, dessen Zusammensetzung aus 234 Fragmenten das Meisterstück des Restaurators W. Sturm jun. war. Die Ausstellung wurde am 10. Juni vom Kaiser mit großer Befriedigung besichtigt und erfreute sich in der Folge regen Besuchs: der von Schneider verfaßte Katalog war mit einer Auflage von 1000 Stück bereits im ersten Jahr vergriffen, was eine zweite Auflage notwendig machte. 1904 konnte die Ausstellung durch eine wichtige Ergänzung an der Herakles-Kentaurengruppe bereichert werden: der Engländer E. P. Warren schenkte der Sammlung das Original des Kentaurenkopfes, das er über einen Händler in Smyrna 1897 erworben hatte, wohin es offensichtlich durch Diebstahl eines Grabungsarbeiters gelangt war.

Die regelmäßig fortgeführten Grabungen (Abb. 22) gingen 1898 in die Obsorge des neu begründeten k. k. österreichischen archäologischen Institutes über, dessen erster Direktor Benndorf wurde; die Leitung der Grabung übernahm der erste Sekretär des Institutes, R. Heberdey (Abb. 21). Schwerpunkte der nächsten Jahre waren die „Untere" (d. i. die Tetragonos) Agora mit dem Tor des Mazaeus und Mithridates, die Celsusbibliothek, das Oktogon und die Konzilskirche. Die 1903 vor der Celsusbibliothek gefundenen Platten des Partherdenkmals gelangten 1904 nach Wien und wurden unter der Aufsicht von Professor K. v. Zumbusch in dessen Atelier vom Bildhauer A. Rothmund restauriert und zusammengesetzt. Die Situation im Unteren Belvedere, wo diese Reliefs zur Aufstellung gelangen sollten, hatte sich inzwischen grundlegend geändert. 1903 war der „Modernen Galerie", der man ebenfalls ein neues Museum versprochen hatte, der gesamte Westflügel provisorisch

22 *Theatergrabung, 1897–1900*

Rechte Seite:
23 *Ausstellung von ephesischen Fundstücken im Theseustempel, 1901*

zugewiesen worden, doch dieses Provisorium sollte Bestand haben! Die stolze Flucht von Sälen des ehemals projektierten Ephesos-Museums war auf bescheidene zwei Säle und ein Kabinett zusammengeschmolzen. Am 10. November 1905 eröffnete der Kaiser die Ausstellung, die jener vom Theseustempel ergänzend zur Seite trat; wieder lag ein von Schneider verfaßter Katalog vor. Neben 25 Skulpturen wurden vom Partherdenkmal die 10 vollständigsten Platten auf Gerüsten, die mit Segelleinen verkleidet waren, ausgestellt. Wien verfügte demnach einige Zeit hindurch über zwei Ausstellungen mit ephesischen Funden, doch wirkte sich diese Zweiteilung und die Dislokation von der Hauptsammlung auf den Besuch eher nachteilig aus.
Inzwischen stellten sich seit 1899 in der Person des Generaldirektors des kais. ottomanischen Antiken-Museums in Konstantinopel, Hamdi Bey, der Ausfuhr der Funde Schwierigkeiten entgegen. War dieser anfangs sogar als Förderer des österreichischen Unternehmens aufgetreten, so änderte er später seine Haltung grundsätzlich, als die Grabung eine so unerwartet reiche Ausbeute zeitigte. Dennoch war es Botschafter Calice immer wieder gelungen, die Ausfuhrgenehmigung zu erwirken. Nach dessen Rücktritt verzichtete man zunächst stillschweigend auf eine Ausfuhr. Endgültig erlosch die großzügige Begünstigung, die das Irade den Österreichern gewährt hatte, mit dem Sturz Abdul Hamids im Jahr 1908, nachdem die Türkei schon im Jahr davor ein neues Antikengesetz erhalten hatte, das jede Ausfuhr generell untersagte. Hamdi Bey gab sich mit diesem Erfolg jedoch nicht zufrieden: 1909 verwehrte er die Fortsetzung der Grabungen, wozu ihn das neue Gesetz ermächtigte, wonach Grabungslizenzen nur mit ausdrücklicher Einwilligung der Direktion des Antiken-Museums in Konstantinopel ausgestellt werden durften. Als Bedingung für die Fortsetzung der Grabung stellte er die Rückführung sämtlicher nach Wien verbrachten Objekte. Erst zwei Jahre später konnte mit seinem Bruder und Nachfolger Halil Bey ein Kompromiß erzielt werden. Nach Befragung des damaligen Direktors der Antikensammlung, Hans v. Schrader, der die beachtenswerte Meinung vertrat, gegenüber dem Wert wissenschaftlicher Ergebnisse aus weiteren Grabungen müsse der Besitz einiger Skulpturen zurückstehen, bewilligte Kai-

ser Franz Joseph die Rückgabe von 7 Marmorskulpturen – darunter so bedeutende wie die Statuen des Celsus Polemaeanus und des Mark Aurel – und einiger Bronzen. Daraufhin konnten die Grabungen im Herbst 1911 fortgesetzt werden und sie dauern, unterbrochen nur durch die beiden Weltkriege, bis heute an.
Für das Ephesos-Museum sollte die Tatsache, daß eine weitere Vermehrung der Funde nun ausgeschlossen war, eine fatale Langzeitwirkung haben: hatte das regelmäßige Eintreffen neuer Funde die ungelöste Raumfrage immer evident gehalten, so fiel der Zwang zu einer raschen Entscheidung jetzt weg. 1908 und in den folgenden Jahren hatte sich für kurze Zeit noch einmal die Hoffnung ergeben, die verstreuten ephesischen Funde in einem Haus zusammenzuführen und definitiv aufzustellen. Doch der dafür vorgesehene Bau eines „Museums am Volksgarten“ gegenüber dem Naturhistorischen Museum als Pendant zum Corps de Logis wurde nicht ausgeführt, sein Plan 1912 endgültig fallengelassen. 1911 mußte das Provisorium im Theseustempel aufgelöst werden: an den Skulpturen, besonders an den Bronzen, machten sich Schäden bemerkbar, für die die Direktion die Temperaturschwankungen und die feuchte Luft, die mit dem Weindunst aus dem darunterliegenden Keller des Restaurateurs im Volksgarten geschwängert war, verantwortlich machte. Die Objekte wurden, vermehrt durch einige deponierte Stücke, in den Sälen XII und XIII des Kunsthistorischen Museums neu aufgestellt, die früher dort befindlichen Bronzen in den vom Münzkabinett geräumten Saal XV transferiert. Im Unteren Belvedere wurden zunächst die durch die Rückgabe an Konstantinopel entstandenen Lücken geschlossen; u. a. wurden die Porträtbüste des Eutropios und eine weitere Partherplatte jetzt zum ersten Mal gezeigt. Die Neuauflagen des Katalogs in den Jahren 1916 und 1919 besorgte Julius Bankó. 1923 mußte die Ausstellung im Unteren Belvedere dem dort installierten „Österreichischen Barockmuseum“ weichen und wurde auf einen Raum reduziert. Hier waren die Partherreliefs – wieder einmal – provisorisch aneinandergeschlichtet, dem Publikum aber noch zugänglich, wie die vierte Auflage des Führers von 1927 beweist. Die anderen Skulpturen wurden teils ins Kunsthistorische Museum, teils in die „Estensische Kunstsammlung“ in der Neuen Burg übertragen. 1927 konnten

Linke Seite:
24 *Die Partherreliefs im Corps de Logis der Neuen Hofburg*

25 *Studiensammlung „Antike Architektur aus Ephesos“ in einem Keller des Kunsthistorischen Museums Wien*

endlich auch die ephesischen Architekturproben, die bis dahin in einem Museumshof im Freien lagerten, in Kellerräumen untergebracht werden. Schon 1932 folgte die nächste Umsiedlung der Reliefs, diesmal in den ehemaligen Prunkstall des Prinzen Eugen im Westtrakt der Nebengebäude des Unteren Belvedere, nachdem der südliche Flügel des Burgtorbaues, die Parterresäle des Burggartentraktes der Neuen Burg und der Theseustempel ebenfalls in Betracht gezogen worden waren. Für die Partherreliefs aber brachte diese Neuaufstellung, für die bereits Fritz Eichler verantwortlich zeichnete, mit der erstmaligen Berücksichtigung ihres inhaltlichen Zusammenhanges eine wesentliche Verbesserung. 1934 kam auch der Theseustempel nochmals zu ephesischen Ehren, doch war die bis 1944 geöffnete Ausstellung keine einfache Neuauflage jener ersten, vielmehr boten die 41 Objekte eine Auswahl aus dem gesamten Bestand; auf die Bronzen wurde aus konservatorischen Gründen verzichtet. Durch Verlagerung sämtlicher Funde (die schweren Partherplatten inbegriffen) während der letzten Kriegsjahre konnten sie vor Schäden bewahrt bleiben. Die Partherreliefs – fragmentierte Platten konnten auch diesmal nicht berücksichtigt werden – wurden 1947 im Säulenhof des Corps de Logis der Neuen Burg auf gemauerten Sockeln neu aufgestellt (Abb. 24), in einem angrenzenden Raum wurde eine Auswahl ephesischer Skulpturen zumindest den Besuchern zugänglich gemacht. Der Theseustempel fungierte noch einige Jahre als Depot, wurde aber schließlich endgültig geräumt. 1951 wurde der Bronzeathlet mit korrigierter Haltung des rechten Armes im Saal X wieder aufgestellt: erst mit dieser Korrektur gelang F. Eichler die richtige Interpretation des Motivs (s. Kat.-Nr. 129). 1958 kamen in dem von Rudolf Noll neu aufgestellten Sammlungsbestand „Vom Altertum zum Mittelalter“ auch die bedeutendsten spätantiken und altchristlichen Objekte aus Ephesos zum Großteil erstmalig zur Ausstellung. 1957/58 richtete Wolfgang Oberleitner in einem Keller des Kunsthistorischen Museums die Studiensammlung „Antike Architektur aus Ephesos“ (Abb. 25) ein, die freilich allein aufgrund der Räumlichkeiten nur als ein Provisorium angesehen werden konnte. Dasselbe galt auch für die Unterbringung in der Neuen Burg, die Eichler 1949 folgendermaßen charakterisiert hat: „Die Neuaufstellung der ephesischen Skulpturen in der Neuen Burg ist mangels geeigneter Räume als Notbehelf, als allerdings langfristiges Provisorium, durchgeführt worden.“ Es sollte dreißig Jahre Bestand haben.

SAMOTHRAKE

DIE GESCHICHTE DER INSEL

„Waldreiches Thrakisches Samos“ nennt Homer Samothrake im 13. Gesang der Ilias und läßt Poseidon vom höchsten Gipfel der Insel das Kampfgeschehen vor Troja beobachten.
In der nördlichen Ägäis bildet die Silhouette der griechischen Insel Samothrake mit ihrem jäh aus dem Meer aufsteigenden Gebirgsblock eine beherrschende, weithin sichtbare Landmarke (Abb. 26). Der höchste Gipfel der 180 qkm großen und heute etwa 4.000 Einwohner zählenden Insel ist der 1664 Meter hohe Phengari (Mondberg).Von der Natur durch den gebirgigen Charakter eher benachteiligt – außer Waldreichtum, Schafherden und Wildziegen werden noch Zwiebel und Fenchel bei antiken Schriftstellern besonders hervorgehoben – lag die Bedeutung der Insel im Altertum in ihrer Lage am wichtigen Seeweg von Griechenland zu den Dardanellen und zum Schwarzen Meer. In diesem, wegen seiner plötzlich auftretenden Fallwinde und heftigen Strömungen für die Schiffahrt besonders gefährlichen Teil der nördlichen Ägäis, diente Samothrake von jeher den Seeleuten als Orientierungspunkt und Zufluchtsstätte.
Bereits in der Bronzezeit war die Insel, deren Besiedlung sich bis ins Neolithikum zurückverfolgen läßt, von indogermanischen Thrakern bewohnt. Auf sie führt man grundlegende Elemente der samothrakischen Religion und ihres Kultes zurück, mit ihnen bringt man die ältesten baulichen Reste im Heiligtum in Verbindung, und ihre Sprache war noch im 1. Jh. v. Chr. als Kultsprache in Verwendung. Um 700. v. Chr. haben aiolische Griechen vermutlich von der Insel Lesbos aus Samothrake kolonisiert. Sie bauten ihre Stadt im Nordwesten der Insel an einem schroffen Vorberg, dessen Gipfel die Akropolis bildete, und legten einen kleinen, durch eine Mole geschützten Hafen an. Die Stadt war Zentrum eines griechischen Stadtstaates, der die ganze Insel umfaßte, und wurde von einem König (Basileus) regiert, dessen Titel später auf den höchsten Beamten überging. Von der einheimischen thrakischen Bevölkerung übernahmen die Griechen den Kult und bauten das westlich der Stadt gelegene Heiligtum weiter aus.
Im 6. Jh. erlebte die Stadt dank ihrer geographischen Lage einen raschen wirtschaftlichen Aufstieg, wofür einzelne Abschnitte der mächtigen Stadtmauer aus polygonalem Mauerwerk und eine eigene Silberprägung mit dem Bild der Stadtgöttin Athena beredtes Zeugnis ablegen. Durch den Besitz eines Küstenstreifens auf dem gegenüberliegenden Festland (sog. Peraia) zwischen den Städten Maroneia und Ainos kontrollierte die Insel mit einer eigenen Flotte den Seeweg zu den Dardanellen. Gegen Ende des 6. Jh. geriet Samothrake in die Abhängigkeit des Perserreiches und nahm an seiner Seite an den Perserkriegen teil: in der Schlacht bei Salamis – 480 v. Chr. – soll ein samothrakisches Schiff besonders ruhmreich gekämpft haben.
Im 5. Jh., während ihrer Mitgliedschaft im 1. Attischen Seebund (478/77–404), nahmen Macht und Reichtum der Insel stetig ab, so daß um 420 v. Chr. der Redner Antiphon in Athen für eine Delegation aus Samothrake eine Protestrede gegen die hohen Abgaben an die Bundeskasse verfaßte. Auf die Jahre spartanischer Vorherrschaft folgte 377–355 die Zugehörigkeit zum 2. Attischen Seebund. Im Gegensatz zur schwindenden politischen Macht der Polis Samothrake stieg jedoch der Ruhm und die Bedeutung des Heiligtums; so hatten sich Herodot und auch der Spartanerkönig Lysander in die Mysterien einweihen lassen. Philipp II. von Makedonien, in dessen Reich die Insel um 340 einbezogen wurde, soll seine spätere Gattin, die Mutter Alexanders des Großen, Olympias, anläßlich der Einweihung in die Mysterien auf Samothrake kennengelernt haben. Unter der Herrschaft der Makedonenkönige und unter den Diadochen, den Nachfolgern Alexanders des Großen, erhielt das Heiligtum in der 2. Hälfte des 4. und im Verlauf des 3. Jh. seine prächtige Ausgestaltung (s. S. 45, 126, 130, 139 f., 142 f.). Damals wurde Samothrake zum führenden Zentrum religiösen Lebens in einem Gebiet, das sich vom nördlichen Griechenland über Makedonien und Thrakien bis ins nordwestliche Kleinasien erstreckte. Sein Asylrecht war allgemein bekannt: hierher floh Arsinoe II., die Stifterin des nach ihr benannten Arsinoeions (s. S. 139 ff.), nach der Ermordung ihrer Kinder durch ihren zweiten Gatten Ptolemaios Keraunos im Jahre 280 v. Chr.
Nach häufig wechselnden Herrschaftsverhältnissen im Hellenismus erhielt die Insel unter den Römern die Unabhängigkeit und einen Teil ihrer Peraia zurück, nachdem der letzte Makedonenkönig Perseus nach der Schlacht bei Pydna 168 v. Chr. vergeblich im Heiligtum Zuflucht gesucht hatte. Die Blüte des Heiligtums und damit der Zustrom an Besuchern dauerte auch unter den

26 *Samothrake. Ansicht der Südküste*

Römern an und wurde nur von einer Plünderung durch Seeräuber im Jahre 84 v. Chr. und durch ein schweres Erdbeben in der frühen Kaiserzeit, das weitreichende Restaurierungen und Erneuerungen notwendig machte, unterbrochen. Der endgültige Verfall des Heiligtums und der Niedergang der Stadt scheint erst im 4. Jh. n. Chr. eingesetzt zu haben. Der Hafen versandete allmählich und ein neuer Hauptort, Chora, wurde landeinwärts im Schutz der Berge errichtet. Aus dem byzantinischen Reich gelangte Samothrake an die lateinischen, dann wieder an die byzantinischen Kaiser und 1430 an das genuesische Geschlecht der Gattilusi. Diese erbauten in Chora eine Festung und eine weitere zum Schutz der Nordküste im Gebiet der alten Stadt, deren Lage durch die Ruine dieser Festung auch heute noch von weitem gekennzeichnet ist. 1456 wurde die Insel von den Türken erobert und blieb bis 1913 in ihrem Besitz.

DER MYSTERIENKULT DER GROSSEN GÖTTER

Die Zahlen in den Klammern beziehen sich auf den Plan des Heiligtums, Abb. 29.

Die Nachrichten antiker Schriftsteller über den samothrakischen Kult sind widersprüchlich und nur schwer deutbar. Der Grund liegt einerseits in der bewußten Geheimhaltung und Beschränkung religiöser Inhalte und Riten auf die in die Mysterien Eingeweihten, andererseits in der Vermischung vorgriechischer religiöser Vorstellungen mit jenen der Griechen, die im Laufe der Jahrhunderte die verschiedensten Interpretationen erfahren haben. Am bekanntesten ist die Gleichsetzung der samothrakischen Götter mit den Kabiren, orientalischen Fruchtbarkeitsdämonen, deren Verehrung schon in archaischer Zeit in Griechenland Eingang fand. Kabiren war jedoch kaum der ursprüngliche Kultname der samothrakischen Götter; ihre offizielle, in den Inschriften gebräuchliche Bezeichnung ist Μεγάλοι Θεοί, die Großen Götter.
Zentralgestalt war eine Göttin, die mit ihrem vorgriechi-

schen Namen Axieros hieß und von den Griechen mit Demeter gleichgesetzt wurde. Verwandt mit der phrygischen Kybele erscheint sie als „Große Mutter“ auf der Rückseite samothrakischer Münzen (Kat.-Nr. 222) und wurde an Felsaltären verehrt. Mit ihr als Gemahl verbunden ist ein ithyphallischer Fruchtbarkeitsgott mit Namen Kadmilos, den die Griechen mit Hermes identifizierten. Ebenfalls ithyphallisch wurden zwei Jünglinge dargestellt, mit denen ursprünglich vielleicht das Brüderpaar Dardanos – Aetion (s. S. 135) gemeint war, die aber später Kabiren oder Dioskuren genannt wurden. Schließlich gehören zum samothrakischen Pantheon noch ein Unterweltsgott und seine Gemahlin: Hades und Persephone bei den Griechen, deren vorgriechische Namen mit Axiokersos und Axiokersa überliefert sind.
Samothrake war neben Eleusis die bedeutendste griechische Mysterienstätte. Von der Einweihung erhoffte man sich ganz allgemein ein glückliches Leben, im besonderen aber den Schutz der Großen Götter auf See und die Rettung aus Seenot. Die Eingeweihten (Mysten) trugen einen Ring aus Magneteisenstein, der für sie Amulettcharakter hatte. Das jährliche Hauptfest fand im Sommer statt, Festgesandte (Theoren) aus vielen Staaten Griechenlands und Kleinasiens nahmen daran teil; ihrem feierlichen Empfang diente wahrscheinlich das anfangs des 3. Jh. v. Chr. erbaute Arsinoeion (3; s. S. 139 ff.). Einweihungen in die Mysterien wurden vor allem in Verbindung mit diesem Fest vorgenommen, waren jedoch – im Gegensatz zu Eleusis – das ganze Jahr über möglich, wobei nicht nur freie Griechen, sondern auch Nichtgriechen, Sklaven, Frauen und Kinder zugelassen waren. Wie in Eleusis gab es aber auch in Samothrake zwei Stufen der Einweihung: die niedere (Myesis) empfing man im Anaktoron (1), die höhere (Epopteia) im Hieron (5; s. Abb. 27, 28 u. S. 130 ff.). Die Einweihungszeremonien fanden in der Nacht bei Fackelschein und Lampenbeleuchtung statt. Neben blutigen und unblutigen Opfern an Altären und Opfergruben, Reinigungsriten und rituellen Tänzen wurden Schauspiele mit symbolischem Gehalt und bestimmte Kultsymbole gezeigt, die nur der Eingeweihte sehen durfte und über die zu sprechen ihm nicht erlaubt war.

DAS HEILIGTUM UND SEINE BAUTEN

Im Westen der antiken Stadt, etwa 500 Meter vom Meer entfernt, liegt, in die hügeligen Ausläufer des Hagios Georgios eingebettet, in einem grünen Tal das Heiligtum. Es wird von drei Wasserläufen, die weiter nördlich zu einem Bach vereinigt ins Meer münden, durchflossen und umschlossen. Mit dem gewaltigen, alles dominierenden Gebirgsmassiv im Hintergrund ist das Mysterienheiligtum von Samothrake eines der eindrucksvollsten Landschaftsheiligtümer Griechenlands.
Vom Museum führt ein moderner Pfad landeinwärts und gibt, nach dem Überqueren einer Schlucht, bald einen Blick auf das Zentrum des Heiligtums mit dem imposanten Fundament des Arsinoeions und den wiederaufgerichteten Säulen des Hierons frei (Abb. 27). Das gegen Süden ansteigende Gelände wird im Osten und Westen durch einen Hügel begrenzt.
Am weitesten nach Norden vorgeschoben ist das Anaktoron (1), das Haus der „Herren“ (= Götter); in dem durch Pfeiler gegliederten Innenraum fand die Myesis statt. Im Süden war ein kleiner Raum, die sogenannte Sakristei (2), angebaut, die vielleicht den Kandidaten zur Vorbereitung diente; an den Wänden waren auf Marmorplatten Mystenverzeichnisse angebracht. Über dem Arsinoeion (3) liegt auf einer zentralen Terrasse das Temenos (4), der von einer Mauer umschlossene heilige Bezirk für Opfer- und Kulthandlungen mit einem zierlichen,

Linke Seite:

27 *Blick auf das Heiligtum, gegen Süden. Mit dem Fundament des Arsinoeions und den Säulen des Hierons*

28 *Blick vom Theater auf die Westseite des Hierons. Im Vordergrund die Fundamente des Hofaltares*

ionischen Torbau im Osten (s. S. 126 ff.), vielleicht eine Weihung Philipps II. von Makedonien um 340 v. Chr. Anschließend im Süden das Hieron (5; Abb. 27, 28). An seiner Westseite eine bereits um 540 v. Chr. zur Aufnahme von Weihegeschenken erbaute Halle (6; Abb. 112) mit sechs dorischen Säulen an der Langseite. An der Südseite der Halle befand sich ein Felsaltar, der (wenn die Architravinschrift richtig ergänzt ist) von Philipp Arrhidaios, dem Halbbruder Alexanders des Großen, um 340–330 v. Chr. durch einen Altar aus Marmor ersetzt wurde. Es war ein Hofaltar (7; Abb. 28, 126; s. Kat.-Nr. 247, 248) mit einer Umfassungsmauer von 14 × 17 m mit vier dorischen Säulen an der Front. Gegenüber am Osthang des westlichen Hügels ist noch das Rund des Zuschauerraumes des um 200 v. Chr. erbauten Theaters (8) zu sehen. Seit dieser Zeit diente die Fassade des Altarhofes und ein davor errichtetes Podium als Hintergrund bzw. Bühnenersatz für das Theater.

Der westliche Hügel erhielt seine bauliche Ausgestaltung im 3. und 2. Jh. v. Chr. (8–19). Auf der Höhe des Hügels wurde in der 1. Hälfte des 3. Jh. v. Chr. eine Säulenhalle (griech. Stoa: 18; Abb. 112, 127; s. Kat.-Nr. 255–259) aus Marmor erbaut, um den immer zahlreicher werdenden Besuchern eine Unterkunft zu bieten. Das Bauwerk war das größte des Heiligtums (Länge 104 m) mit 35 dorischen Säulen an der dem Heiligtum zugekehrten Fassade. Am Südende des Plateaus sind in einer Nische die Grundmauern des Nike-Brunnens (19) zu erkennen: im oberen von zwei übereinander angelegten Becken stand auf einem Schiffsvorderteil die berühmte Nike (s. S. 32 f.), Siegesdenkmal für einen (rhodischen ?) Seesieg um 190 v. Chr.

Zentrum der Bauten auf dem östlichen Hügel ist ein kreisrunder, gepflasterter Platz (22; Durchmesser 9 m) aus der Zeit um 400 v. Chr. Auf fünf Stufen konnten Zuschauer den Kulthandlungen folgen, die auf einem Altar in der Mitte des Platzes vollzogen wurden. Im Nordwesten wurde zwischen 323 und 316 v. Chr. über einem Vorgängerbau ein monumentales dorisches Gebäude aus Marmor errichtet, eine Weihung Philipps III. Arrhidaios und Alexanders IV., des Sohnes Alexanders des Großen. Nach der Erbauung des Ptolemaions 285–280 v. Chr. (21; s. Abb. 19 u. S. 142 ff.) wurde der Kultplatz mit diesem durch eine Rampe verbunden.

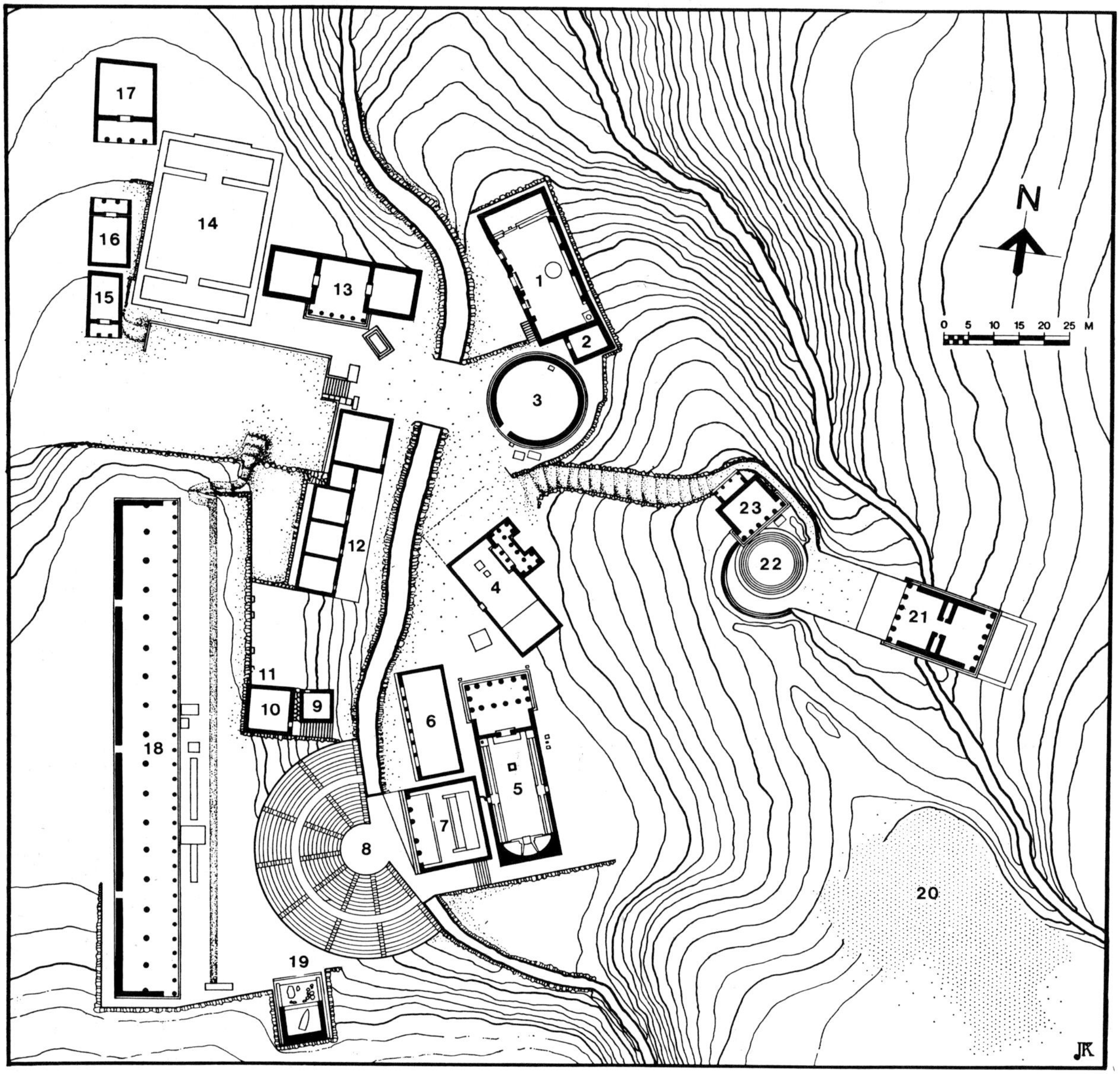

29 *Plan des Heiligtums von Samothrake*

1 Anaktoron
2 Sakristei
3 Arsinoeion
4 Temenos mit Propylon
5 Hieron
6 Halle der Votivgaben
7 Hofaltar
8 Theater
9–10 Bauten ungeklärter Bestimmung
11 Archaistische Nische (Heroon?)
12 Speiseräume
13 Milesische Stiftung
14–17 Hellenistische Bauten
18 Stoa
19 Nike-Brunnen
20 Südliche Nekropole
21 Ptolemaion
22 Kreisrunder Kultplatz
23 Stiftung Philipps III. Arrhidaios und Alexanders IV.

KATALOG

30 *Parther-Denkmal. Flußgott (Tiber) der Rom-Platte (Kat.-Nr. 72)*

Hochparterre
A 1 Kassa, Garderobe
2 Ephesos: Artemisionaltar

Halbstock
B 1 Theater
2 Stadtmodell
3 Parthermonument
4 Oktogon
5 Rundbau
6 Dokumentation
7 Buffet

1. Stock
C 1 Idealskulptur
2 Idealskulptur und Reliefs
3 Porträts und Kleinfunde
4 Samothrake: Hieron, Propylon
5 Arsinoeion
6 Ptolemaion

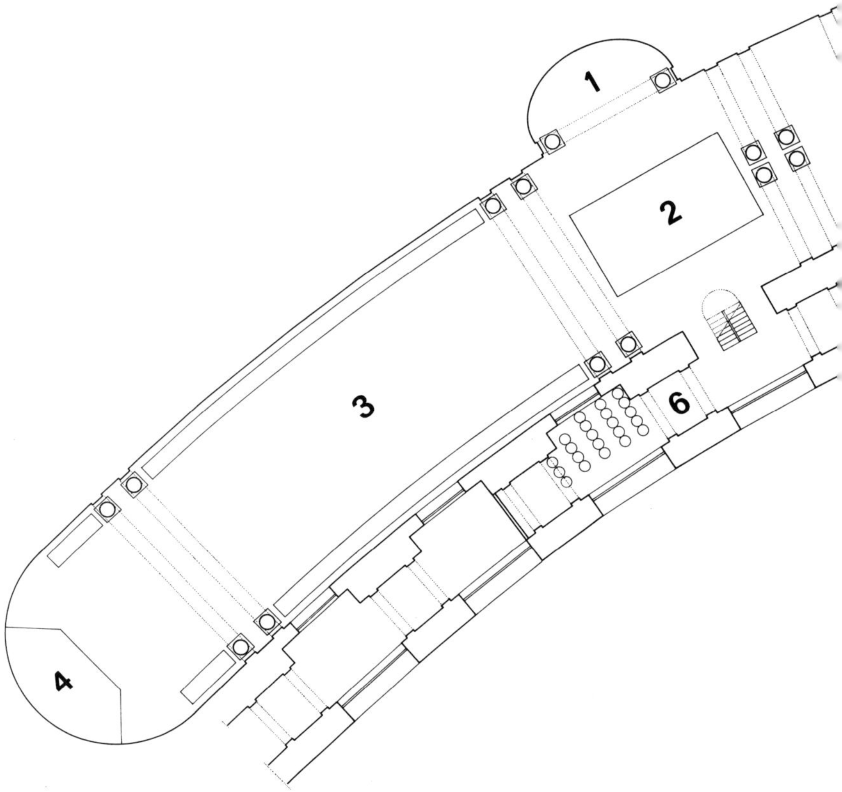

31 *Plan des Ephesos-Museums*

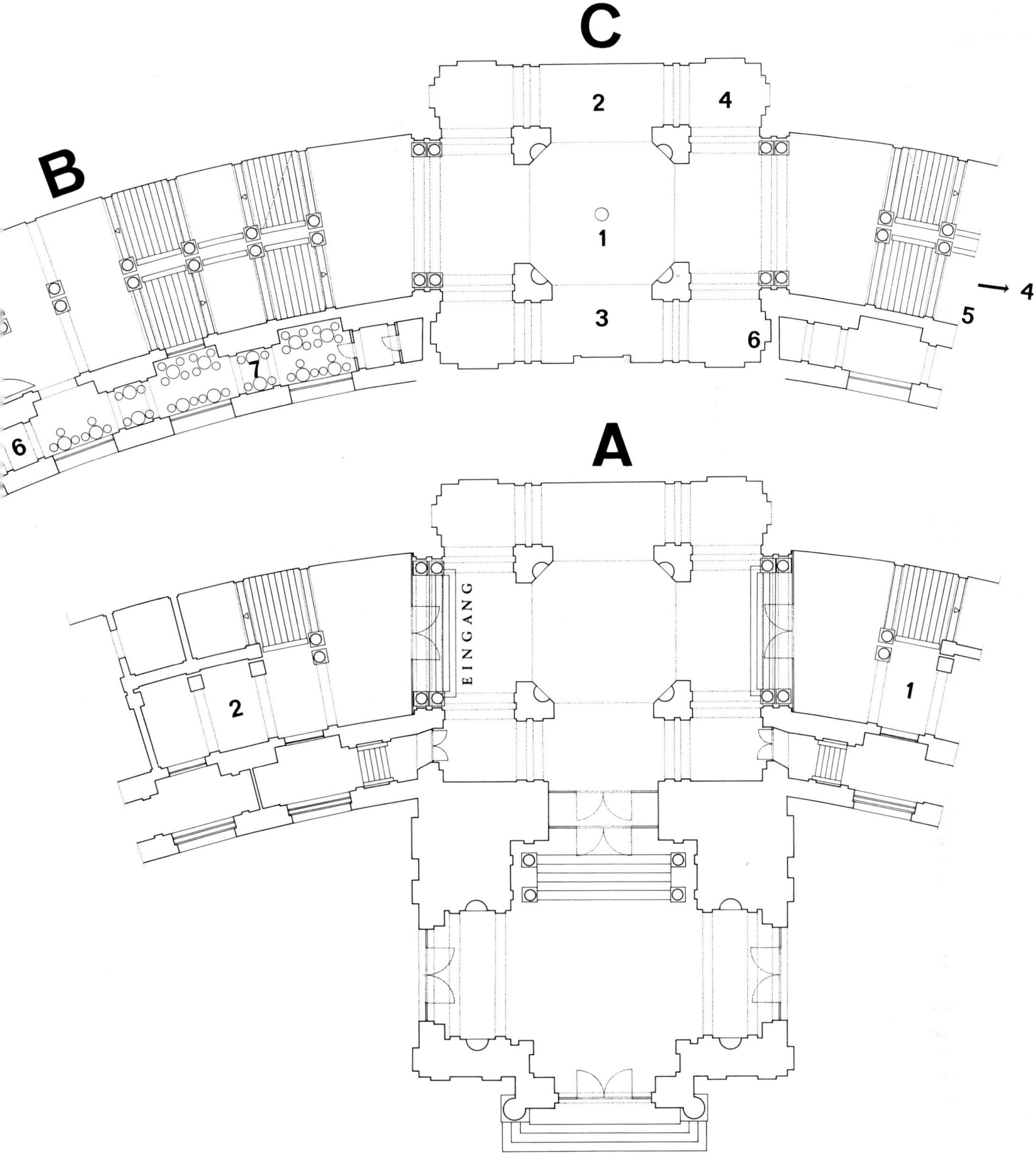
C
2
4
B
1
3
6
7
6
5
→ 4
A
EINGANG
2
1

EPHESOS

32 *Altar des Artemisions. Modell (Kat.-Nr. 15)*

Sektor A 2 (Plan Abb. 31):

1–15 DER ALTAR DES ARTEMISIONS

Nach der antiken Tradition gab es in Westkleinasien zwei Weltwunderbauten, das Maussolleion von Halikarnaß und das Artemision von Ephesos, nach anderen antiken Aufzählungen noch einen weiteren, nämlich den Zeusaltar von Pergamon. Der ephesische Wunderbau wurde 1869 von J. T. Wood entdeckt, der dazugehörige Altar sogar erst 1965 von den Österreichern. Bereits 1904 untersuchte D. G. Hogarth vom British Museum die frühen Kultbauten im Tempelinnern, und in den letzten Jahren ergaben die Tiefgrabungen am Altar ein Bild über die früheste Entwicklung des Kultplatzes. Das älteste bislang bekannte Bauwerk ist ein apsidaler Kultbau im Altarbereich aus dem Ende des 8. Jh. v. Chr., der Zeit Homers. Soweit sich derzeit eine Beurteilung des Sachverhaltes anstellen läßt, scheinen zwei unabhängige Kultplätze, einer am Altar, im Westen am Meeresufer, ein zweiter im späteren Tempelbereich weiter im Osten errichtet worden zu sein. Diese beiden Kultplätze dürften der Verehrung zweier Gottheiten je einer Clanhälfte einer dual organisierten Bevölkerung gedient haben. Im Tempelbereich sind die frühen Kultbauten im wesentlichen aufeinanderfolgende Ummantelungen einer sockelförmigen Basis. Kleinfunde – Elfenbeine, Bronzen, Gold, Kristalle – sind hier zwar reicher als im Altarbereich, unterscheiden sich aber weder zeitlich noch inhaltlich von ihnen. Der einzige wichtige Unterschied besteht darin, daß im Tempel viele frühe Münzen zum Vorschein kamen, am Altar bislang keine.

Der erste Monumentalbau war der unter Kroisos errichtete marmorne Dipteros mit einem großen Hof (Sekos). Als dieser 356 v. Chr., von Herostrat angezündet, abbrannte, wurde ein neuer Tempel mit einer erhöhten Ringhalle errichtet, das Niveau des Hofes aber belassen. Diesen Tempel sollen nach Plinius insgesamt 127 Säulen getragen haben, davon 36 mit Reliefs versehene (Columnae caelatae). Neben kubischen figuralen Säulensockeln hat Wood runde Relieftrommeln gefunden, deren Höhenanordnung ungewiß ist.

Die Wahl des Opferplatzes dürfte durch eine in Ufernähe gelegene Süßwasserquelle bestimmt worden sein. Das älteste erhaltene Baudenkmal im Altarbereich – neben dem Apsisbau – ist ein steingepflasterter Weg, der zu einem Opferplatz führte, der anstelle der heute noch erhaltenen Eschara (Herd) nahe der Quelle bereits existiert haben dürfte. Als dieser Weg aufgegeben wurde, sei es infolge einer Zerstörung des Opferplatzes (vielleicht durch die Kimme-

rier) oder wegen geographischer Veränderungen, wurde darüber ein Altar mit einem gelben Kalkmergelfundament gebaut und nördlich davon ein 16 m breiter Tempel in nordsüdlicher Richtung. Außerdem führte eine trapezförmige Rinne, den aufgegebenen Weg überquerend, Wasser zu der alten, aber anscheinend später wasserarmen Brunnenquelle. Ein gelber, gestampfter Lehmboden bildete das Gehniveau dieser Anlage. Unter diesem gelben Boden fanden sich zahlreiche Tierknochen und Votivgaben von den Opferfeierlichkeiten.
Noch vor der Errichtung des großen Kroisostempels ist eine neue archaische Opferanlage, erstmals in Kalkmarmor, gebaut worden, bestehend aus einer Rampe, quadratischem Herd und ebensolcher Kultstatuenbasis. Diese Anlage ist nach der Erbauung des Kroisostempels (etwa Anfang des 5. Jh. v. Chr.) zu diesem mit einer 40 m breiten Umfassungsmauer (Thrinkos) in axiale Beziehung gebracht worden. Dieser Thrinkos bildete einen nach Westen hin offenen, zum Tempel nach Osten hin geschlossenen Marmorhof. Auch der Platz außerhalb des Thrinkos wurde mit schweren Platten gepflastert. Zusätzlich ist gleichzeitig noch eine nordsüdstreichende Mauer zwischen Altar und Tempel errichtet worden. Aus den Tierknochenresten sind wir über die Opfergewohnheiten am Altar zwischen 700 v. Chr. und etwa 550 v. Chr. gut unterrichtet. Neben Haustieren wurde auch Wild, allen voran Hirsche, geopfert. Das am häufigsten geopferte Haustier war die Ziege, gefolgt von Rind, Schaf und Schwein. Aber auch Pferde und Esel wurden geopfert und interessanterweise Hunde, wie dies bei den Lydern in Sardes beliebt war.
Neben der religiösen Bedeutung des Altars steht jene als riesige Schlachtbank zur Eiweißversorgung der Bevölkerung. Da jedes Schlachttier auch Opfertier war, konnten sich damit die Priester einen großen Einfluß auf die Fleischversorgung der Bevölkerung sichern. Zwar wurden auch Früchte und Getreide geopfert, wenn man jedoch an das Opfer von Kain und Abel denkt, so kann man sich vorstellen, daß das tierische Opfer viel begehrter war als das pflanzliche. Das geopferte Tier gewann dem Spender die Gunst der Götter (falls er daran glaubte), jedenfalls aber die Gunst derer, die er zum Schmaus einlud.
Die deponierten Tierknochen, vor allem aber die Ziegenhörner, zeigen, daß das Tieropfer auch in seiner Bedeutung für die Religion gesehen werden muß. Das Deponieren von Tierschädeln ist ein prähistorisches Jägerritual. Das Beutetier wurde mit der Gottheit identifiziert und sein Schädel gewissermaßen als Reliquie aufbewahrt. Die Tiere selbst dürften auf der zum Herd hin abfallenden Treppe geschlachtet worden sein, so daß das Blut zum Altar floß und diesen benetzte. Das Opferwasser wurde von der alten Süßwasserquelle bezogen. Noch viel wichtiger war das Wasser aber zum Reinigen des Altarplatzes. Man bedenke nur die Mengen von Blut, Haaren, Gedärmen, Fleisch und Kot, darüber die Fliegen und die Hitze der Sonne. Daher war die Erbauung der großen Altareinfassung, des Thrinkos, und die Pflasterung des Hofes ein einschneidender Eingriff. Der Sinn bestand darin, die hygienischen Verhältnisse zu verbessern. Der marmorne Hof konnte nach jedem Opfer sauber gespült werden. Gleichzeitig wurde aber das Grauenhafte des Tötens, das Barbarische hinter einer euphemistischen Einfriedung versteckt und Reliefs aus Marmor verdeckten die häßliche Wirklichkeit. Ordnung und Sauberkeit dienten als Mittel zur Bevormundung und Reglementierung der Teilnahmewilligen.
Als dieser Thrinkos im 4. Jh. v. Chr. nach dem Brand des Heiligtums neu auf den alten Fundamenten errichtet wurde, dürften aber einige alte Gedanken beibehalten worden sein. Dazu gehört das Motiv des Zaunes auf dem Sockel. Der Altarbereich dürfte in archaischer Zeit tatsächlich mit einem niedrigen Lattenzaun eingefriedet gewesen sein, und diese Erinnerung hat sich gehalten und ist in den marmornen Entwurf der Spätklassik eingefächert worden.
Die im Ephesos-Museum gezeigten Architekturstücke des Altares sind allesamt von diesem spätklassischen Gebäude, sie sind aber nicht bei der Grabung am Altar gefunden worden, sondern im Jahre 1900 vor dem Theater der römischen Stadt. Sie waren als Spolien im Straßenpflaster verbaut. Die Versuchsgrabung von C. Humann im Auftrage O. Benndorfs im Jahre 1895 im Altargebiet hatte keine Ergebnisse gezeitigt. Die seit 1965 am Altar zutage tretenden Fundstücke – heute im Museum in Selçuk – bestätigen aber eindeutig, daß die damals nach Wien gekommenen vom Altar stammen. Alle Steine zusammen ergeben heute ein einigermaßen gesichertes Bild vom spätklassischen Aufbau, wie er am Modell zu sehen ist (Abb. 32). Auf einem großen U-förmigen Sockel mit Reliefs an der Innenseite steht ein doppelter großer Säulenkranz, in den eine Mauer eingezogen ist. Die Westecken der Umfassung zeigen kurze Vorsprünge nach innen. Das Bauwerk ist fast 40 m lang, 10,5 m hoch und 20 m tief. Der Thrinkos, die U-förmige Säulenumfassung, bildete aber nur die Einhüllung des Opfergeschehens, das sich im Hof nach überliefertem Konzept, wenn auch in neuer Form, abspielte. Das Einhüllen, das architek-

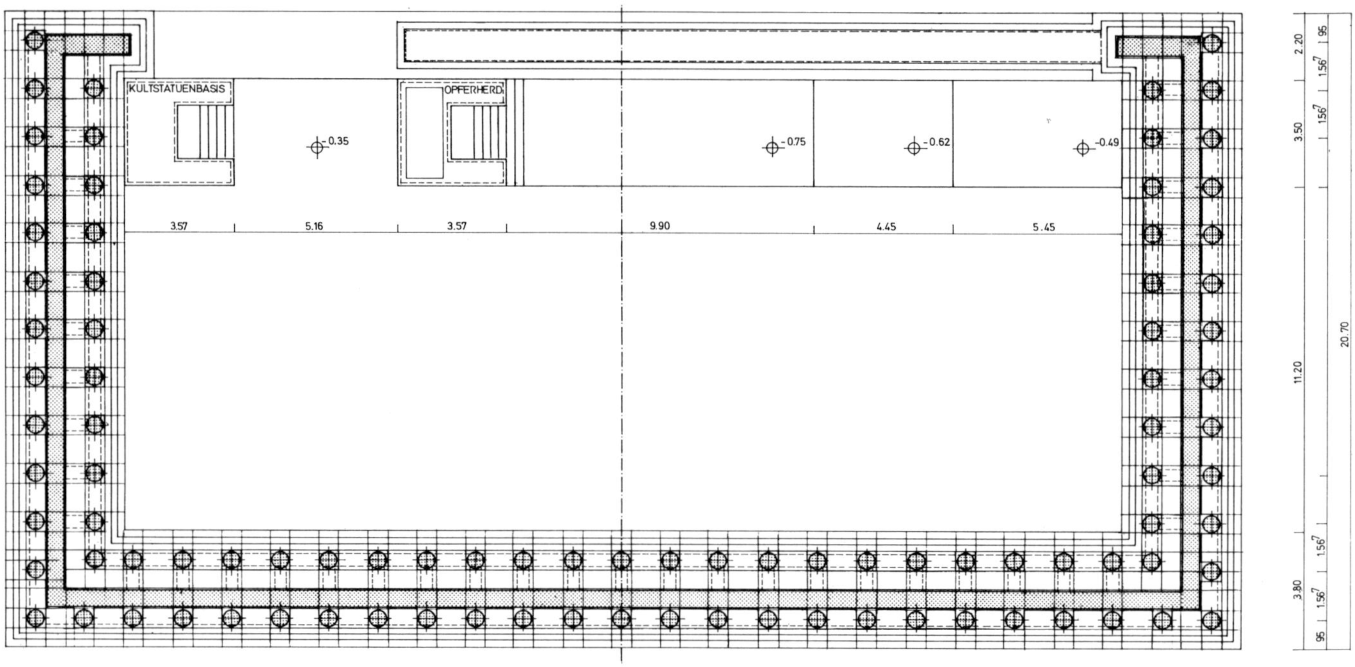

33 *Altar des Artemisions. Grundriß*

tonische Umhüllen von Höfen, scheint überhaupt eine Ausdrucksform für matriarchalische Heiligtümer gewesen zu sein.

Das Opfergeschehen innerhalb des spätklassischen Altares wäre ohne die Kenntnis der archaischen Anlagen nicht verständlich. Denn der Priester konnte in dem zum Tempel hin geschlossenen Hof nicht zur Gottheit im Tempel blicken. Erklärbar wird das Opfer nur, wenn die Kultstatue für das Opfer aus dem Tempel in den Altarhof gebracht wurde und dort auf der dafür vorgesehenen Basis aufgestellt worden ist, es sei denn, es gab auf dieser Basis eine ortsfeste Götterstatue unter einem kleinen Baldachin. Die einzige optische Kultverbindung könnte eine Epiphanie der Gottheit im Tempelgiebel herstellen, wozu Münzbilder des Tempels mit Türen im Giebel Anhaltspunkte hergeben. Eines wird aus den archaischen Anlagen klar: sowohl die Opferanlage mit Treppenrampe als auch der „Kalkmergeltempel" sind nicht ost-westlich orientiert, sondern nach Süden ausgerichtet. Der archaische Priester opferte bei beiden Anlagen nach Süden, bzw. nach Norden. Diese Tradition wurde auch nicht aufgegeben, als in der Zeit des Kroisos die beiden ursprünglich selbständigen Kulte im Altar- und Tempelbereich zu einem Kult vereinigt worden sind. Für Kroisos war dabei natürlich mehr als ein religiöses Motiv im Spiel, für ihn bzw. für seine nachfolgenden Machthaber ging es darum, den Dualismus der Bevölkerung aufzuheben und durch eine ihnen gefügige einheitliche Autorität zu ersetzen.

Die Schwierigkeiten einer Rekonstruktion des Altares liegen merkwürdigerweise weniger im vertikalen Aufbau als im Grundriß, obwohl dieser durch die fast vollständig erhaltenen U-förmigen Fundamente so einfach erscheint. Es sind eine Reihe von Architraven erhalten, deren Längen in der Größenordnung von drei ionischen Ellen liegen. In letzter Zeit sind aber Bedenken an der Verwendung der ionischen Elle laut geworden, so von K. Jeppesen für das Maussolleion von Halikarnaß, so daß es sich auch am Altar bei den scheinbar mühelos in Ellen aufgehenden Architekturmaßen empfiehlt, damit vorsichtiger umzugehen. Aus den Untersichten dieser Architrave geht hervor, daß sie das Säulenauflager einer vor einer Wand stehenden Säulengalerie bildeten. Der in Wien ausgestellte Architrav ist zudem ein Außeneckarchitrav. Damit ist gesichert, daß diese Wand mit den vorgeblendeten Säulen an der Außenfront der Altarumfassung (des Thrinkos) und nicht an der Hof-, also Innenseite, angebracht gewesen sein muß. Wie indes aus den beim Altar selbst gefundenen Kassettenblöcken hervorgeht (die aber nicht in Wien zu sehen sind), gab es auch eine Umgangshalle (Pteron), die nur die Hofseite des Thrinkos geschmückt haben kann. Dieser Säulenaufbau stand auf einem Sockel, zu dem es eine Reihe von Werkstücken auch in Wien gibt. Dazu gehören einmal Schwelle und Deckstein eines Zaunlattenrostes als unterstes Element. Darüber scheinen Doppelmäander als horizontales Bindeglied ausgeführt gewesen zu sein. Von diesen sind einige im Theater verbaut gefunden worden, zwei jedoch in der Westfassade der Isamoschee in Selçuk, unweit des Artemisions. Die Mäander unterscheiden sich aber sowohl in der Größe des Rhythmus als auch in den Füllungen, von denen mehrere

auch Tiere, nicht nur Blüten, allesamt aber Symbole der Artemis zeigen. Vor allem der maßliche Rhythmusunterschied bewog mich immer, analog den Altären von Pergamon und anderen anzunehmen, daß die Seitenjoche der Umfassung enger seien als jene der Vorderseite. Die unterschiedliche Jochausbildung bringt es aber mit sich, daß an der vorderen Ecke eine Unstetigkeit entsteht, so daß Außen- und Innensäulen der Flanken nicht mehr auf Achse stehen, sondern schachbrettartig alternieren. A. Mladek, H. Puchhammer und ich haben es daher in diesem neuen, dem Modell als Grundlage dienenden Entwurf vorgezogen, sowohl an der Vorderseite als auch an den Flanken die Jochweiten gleich anzunehmen. Allerdings läßt sich auch dabei eine Unstetigkeit nicht ganz vermeiden: die Jochweiten an den Hofinnenecken sind enger als die Normaljoche. Dieser schwache Punkt in unserer Rekonstruktion muß in Erinnerung bleiben, um vielleicht doch noch neue Argumente ausfindig zu machen, die eine endgültige sichere Lösung zur Verfügung stellen. Ein Punkt der Peristasis (Säulenhalle) konnte aber befriedigend bewiesen werden: die Aufteilung der Kassetten. Aus einem Stein in Ephesos ergeben sich zwei Kassetten pro Joch, ein weiterer ergab zuletzt noch, daß von den Säulen Sekundärbalken in die Wand eingebunden waren, die nicht in Höhe der Architrave, sondern auf diesen lagen und damit nur geringfügig unter der Kassettenuntersicht vorragten.
Einige Architekturfragmente, besonders aber das in Wien ausgestellte Geisonstück, weisen auf einen sich verkröpfenden Vorsprung im Grundriß hin. Die ziemlich regelmäßigen Fundamente lassen hierzu nur die beiden Westenden der Flügel zu, wo sich zungenartige Ausbuchtungen abzeichnen. In einem geometrisch ausgeklügelten System kann man jetzt beweisen (hier hat sich vor allem A. Mladek große Verdienste erworben), daß die umlaufende verblendete Mauer des Aufbaues sich um die Ecke als kurze Scheibe fortsetzte. Diese Abschlußscheibe dürfte dazu bestimmt gewesen sein, auf dem Dach eine größere Figur als Akroter zu tragen. Da der in Ephesos aufbewahrte Kassettenblock eine Reihung von mehr als zwei Kassetten andeutet, kann er nur jene Abschlußkassette gebildet haben, wo wegen des Scheibenanschlusses auf einen letzten Sekundärbalken verzichtet worden ist.
Das ebenfalls ausgestellte Amazonenrelief (Umschlagbild Vs.) stammt von einem großen Fries, der sich über den ganzen Sockel, sicher an der Innenseite, vielleicht auch an der Außenseite hinzog. Es gehört in eine der vier Innenecken des Hofes. Bei der Altargrabung wurde 1972 noch ein weiblicher Kopf gefunden, der auch zu diesem großen Sockelfries gehört. Eine Streitfrage ergibt sich hinsichtlich der Datierung: das Relief wird gelegentlich nicht spätklassisch, sondern späthellenistisch-römisch datiert. Sollte dies zutreffen, so müßte die Altarumfassungswand in früher römischer Zeit grundlegend ausgebessert worden sein. Die auf den Werkstücken erhaltene Bauornamentik läßt allerdings schwerlich diese Annahme zu; sie dürfte im großen und ganzen spätklassisch sein. Sie ist außerordentlich mathematisch durchkalkuliert, so daß sich zum Teil komplizierte Verhältnisse der einzelnen Architektur- und Ornamentglieder ergeben. Diese Arithmetisierung der Architektur ist überhaupt eine Eigenschaft der ionischen Architektur des 4. Jh. v. Chr. Eine gewisse Bestätigung ergibt auch die mathematische Höhenentwicklung der Umfassung. Sie scheint sich doch, wenn nicht der Wunsch der Vater des Gedankens war, in einen Raster von ionischen Ellen bzw. Fuß einzuordnen (3 ionische Fuß bilden 2 ionische Ellen). Damit wäre die Konzeption mit einem Grundriß übereingestimmt, der auch, wie allein aus dem Säulenjoch hervorgeht, in einem ionischen Ellenraster aufgeht.

Lit., Tempel: A. Bammer, Die Architektur des jüngeren Artemision von Ephesos (1972). Altar: A. Bammer, RA 1976, S. 91 ff.; A. Bammer – F. Brein – P. Wolff, Festschrift F. K. Dörner (1978), S. 107 ff. Halikarnaß: K. Jeppesen, IstMitt 26, 1976, S. 47 ff.

1–8 ARCHITEKTURPROBE VON DER NORDWEST-ANTE DES KLASSISCHEN ALTARES DES ARTEMISIONS

Der Versuch, die Ante anzudeuten, ist mit drei Werkstücken erfolgt, dem Fragment einer Eckschwelle (Kat.-Nr. 1), einem Sockelstein mit Lattenrost (Kat.-Nr. 2) und einem Eckstein des Deckprofils (Kat.-Nr. 4). Letzterer gehört an eine der beiden Altaranten. Die Steinschicht oberhalb des Decksteines wird an der Hofwand von einem Doppelmäanderblock (Kat.-Nr. 5) dargestellt, der teils aus einem Original und teils aus einem Abguß eines in Selçuk befindlichen Bruchstückes besteht. Der darüberliegende figurale Fries war horizontal zweigeteilt. Von der unteren Schicht ist kein Stein erhalten, jedoch von der oberen Schar die Innenecke mit der Darstellung einer verwundeten Amazone (Kat.-Nr. 6) an der Hofseite. Die Antenflanke ist glatt. Das Relief könnte allerdings nicht nur an die Anteninnenecke, sondern auch an die vorderen Hofecken gehören. Ebenfalls von einer Innenecke stammt das nur im Abguß über dem Relief angebrachte Deckprofil mit Eierstab (Kat.-Nr. 7). Oberhalb dieses Sockels von der Anteninnenecke lag die Säulenhalle bzw. der Antenpfeiler. Ein zur Ecke des darüberliegenden Gebälkes gehöriges Kranzgesimse mit Zahnschnitt (Kat.-Nr. 8) wurde in verkürzter Höhenlage, grundrißmäßig aber richtig, über dem Sockel angebracht.

VERZEICHNIS DER WERKSTÜCKE DES ALTARES

1 SCHWELLENSTEIN

von einer Sockelecke. Die Aufsicht zeigt Spuren des darüberliegenden Lattenrostes.

Lit.: A. Bammer, AA 1968, S. 410, Abb. 21 (B 1)
Maße: H 21 cm, L (noch) 121 cm, T 68 cm
Inv.: I 1698 A

35 *Kat.-Nr. 8*

34 *Kat.-Nr. 5*

2
SOCKELSTEIN MIT LATTENROST

Lit.: A. Bammer, AA 1968, S. 410, Abb. 21 (O 1)
Maße: H 103 cm, L 89 cm, T 34 cm
Inv.: I 1698 B

3
SOCKELSTEIN MIT LATTENROST

mit Anschluß einer Innenecke. Abguß eines in Ephesos befindlichen Originals.

Lit.: A. Bammer, AA 1968, S. 410, Abb. 21 (O 2)
Maße: H 103 cm, L 83 cm, T 33 cm

4
DECKPLATTE

über dem Lattenrost. Ansicht mit einfacher Profilwelle, auf Innenecke geschnitten.

Lit.: A. Bammer, AA 1968, S. 410, Abb. 21 (D 1)
Maße: H 16 cm, L 107 cm, T 71 cm
Inv.: I 1698 C

5 Abb. 34
FRIES MIT DOPPELMÄANDER

Zwei Bruchstücke, links Original, rechts Abguß eines anpassenden Fragmentes, das im Museum Selçuk ausgestellt ist. Das krönende Profil zeigt auf einer flachen Hohlkehle alternierende Palmetten und Lotosblüten, darunter korrespondierende Eier und Perlen. Zwischen den Hakenkreuzmäandern bleiben Rechtecke übrig, die mit Rosetten und Tieren gefüllt sind (Gänse, Delphine, Bienen). Unten abgeschlossen von Rundprofil mit stehenden Schuppen und Schnurstab.

Links oben in den Mäander durchgreifendes Wasserloch aus späterer Verwendung

Lit.: A. Bammer, Festschrift F. Eichler (1967), S. 10 ff.
FO: Skenengebäude des Theaters, in Wiederverwendung
Maße: H 46 cm, L (noch) 75 cm, T 36 cm
Inv.: I 1631 I
Abguß, Maße: H 46 cm, L (noch) 75 cm

6 Umschlagbild Vs.
RELIEF MIT DARSTELLUNG EINER AMAZONE

Auf der rechten Flanke eines Innenecksteines Oberteil eines Amazonenreliefs. Der rechte Arm der Figur greift über den Kopf, zwischen beiden nackten Brüsten ist das gegürtete Kleid über die rechte Schulter gezogen, der rechte Arm hängt herab. Die linke kurze Flanke des Steines endet in einer breiten Stoßfuge.

Die Amazone gehört zum Typus Sciarra und ist eine Replik eines Bronzeoriginals der 2. Hälfte des 5. Jh. v. Chr. (vgl. Kat.-Nr. 47, 48)

Lit.: M. Weber, JdI 91, 1976, S. 39 f.
FO: 1900 im Straßenpflaster vor dem Theater
Maße: H 65,5 cm, L 87,5 cm, T (ursprünglich) 37,7 cm
Reliefgrund hinten für Transport abgesägt
Inv.: I 811

7
DECKPROFIL MIT EIERSTAB

mit Anschluß einer Innenecke. Abguß eines in Ephesos befindlichen Originals.

Lit.: A. Bammer, AA 1968, S. 410, Abb. 21 (E 1)
Maße: H 21,2 cm, T 52,2 cm

8 Abb. 35
VERKRÖPFTES GEISON

Eckstein über der Ante an der Altarwestseite; unter der Hängeplatte Eierstab und Zahnschnitt.

Lit.: A. Bammer, AA 1968, S. 410, Abb. 21 (G 1), 30
Maße: H 24 cm, L 154 cm, T 76 cm
Inv.: I 1698 E

9–14 ARCHITEKTURPROBE: KAPITELLE UND ARCHITRAVE DES ALTARES

Links Eckarchitrav (Kat.-Nr. 12), darunter ionisches Eckkapitell (Kat.-Nr. 9) als Abguß eines in Ephesos befindlichen Originals; rechts Abguß eines Mittelarchitravs (Kat.-Nr. 13), darunter zwei ionische Kapitelle (Kat.-Nr. 10, 11). Die Architrave gehören an die äußere Blendarchitektur der Säulenhalle über dem Sockel der Altarumfassung, die Kapitelle stammen entweder auch von dort, sie können aber auch zu dem innerhalb der Umfassungsmauer angeordneten offenen Säulenumgang gehören. Darüber Geisonblock (Kat.-Nr. 14) als Abguß eines in Ephesos befindlichen Originals.

9
IONISCHES ECKKAPITELL

Abguß eines im Museum Selçuk befindlichen Originals; an der Innenecke verkleinerte volle Zwickelvolute.

Lit.: A. Bammer, ÖJh 49, 1968–1971, S. 1 ff. (K 7)

10
IONISCHES KAPITELL

Abakus mit Eierstab, 5 Fronteier des Echinus; viergekehltes Polster. Auf der Deckfläche kombiniertes Dübel- und Hebeloch (vgl. Kat.-Nr. 11). Keine Palmetten in den Polsterkehlen, aber Blüten in den Zwickeln.

Lit.: A. Bammer, FuB 16, 1975, S. 183 ff.
FO: 1899 im Fundament eines Bauwerkes oberhalb des Theaters in sekundärer Verwendung
Maße: H 17 cm, Abakuslänge 49 cm, Radius des Auflagers 22,5 cm
Inv.: I 1641

11
IONISCHES KAPITELL

Annähernd quadratischer Abakus mit Eierstab; wegen Gebälkskurvatur schwach keilförmig. Der Echinuseierstab läuft unter dem Polster durch. Viergekehltes Polster mit Palmetten und Glockenblüten in den Kehlenzwickeln und stehenden Palmetten in den Kehlen.

Lit.: A. Bammer, FuB 16, 1975, S. 183 ff.
FO: 1899 im Fundament eines Bauwerks oberhalb des Theaters in sekundärer Verwendung
Maße: H 18 cm, Abakuslänge 49 cm, Radius des Auflagers 22 cm
Inv.: I 1642

12
ECKARCHITRAV

An den Ansichten drei Fascien mit Eierstab als Bekrönung.

Lit.: A. Bammer, AA 1968, S. 410, Abb. 5, 21 (A 2)
Maße: H 36 cm, L 181 cm, T 76 cm
Inv.: I 1698 D

13
INNENARCHITRAV

Abguß eines im Museum Selçuk befindlichen Originals; Ansicht mit drei Fascien.

Lit.: A. Bammer, AA 1968, S. 410, Abb. 21 (A 1), 42
Maße: H 33 cm, L 155 cm, T 72 cm

14
GEISONBLOCK

Abguß eines in Ephesos befindlichen Originals. Mittelblock mit Eierstab ober- und unterhalb des Zahnschnitts (vgl. Kat.-Nr. 8).

15 MODELL DES ARTEMISIONALTARES

Abb. 32

Maßstab 1:25. Plexiglas, weiß gespritzt; hergestellt 1977–1978.

16–29 ARTEMIS EPHESIA UND VERWANDTES

Die erhaltenen Darstellungen von Kultstatuen der ephesischen Artemis – Nachbildungen des alten hölzernen Kultbildes (Xoanon) aus hellenistisch-römischer Zeit – sind in ihrer altertümlichen Gestaltung eng verwandt mit denen anderer kleinasiatischer Muttergottheiten, wie der Aphrodite von Aphrodisias (Kat.-

Nr. 16 f.). Der Kult der Artemis Ephesia und der der Aphrodite von Aphrodisias hängen eng mit dem der Kybele (Kat.-Nr. 18), der alten anatolischen Fruchtbarkeitsgöttin, der Herrin der Natur, zusammen. In Ephesos befand sich am Nordabhang des Panayirdağ ein Heiligtum der Kybele!

16
STATUETTENFRAGMENT DER APHRODITE VON APHRODISIAS

Unterteil eines Kultbildes der Göttin, die mit eng geschlossenen Beinen auf einer Basis steht. Sie ist bekleidet mit dem langen Chiton, dem Mantel und dem figürlich verzierten Schurz (Ependytes). Von den drei Reliefzonen sind zwei erhalten; oben Aphrodite auf einem Seebock sitzend, unten drei nackte stehende Eroten, die einander an den Händen halten.
Römisch, Kaiserzeit

Vermutlich zugehörig ist ein später in Ephesos gefundenes, im Museum Selçuk verwahrtes Oberkörperfragment, das von der Mitte der dritten Ependyteszone bis zum Hals erhalten ist. Das Relief zeigt links Selene mit der Mondsichel, rechts Helios mit dem Strahlenkranz; das Brustfeld ist mit der Mondsichel geschmückt.

Lit.: Fleischer, Artemis S. 153 f. A 24, Taf. 70 (Oberkörper); A 26, Taf. 72 (Unterkörper)
FO: 1902 Westtor der Tetragonos Agora
Mat.: pentelischer (?) Marmor
Maße: H (noch) 45 cm
Inv.: I 930

17
APHRODITE VON APHRODISIAS

Kultbild der Göttin, die mit eng geschlossenen Beinen auf einer runden Basis steht. Sie ist bekleidet mit Mantel, Ärmelchiton und reliefverzierter Ependytes. Die vorgestreckten – fehlenden – Hände waren gesondert gearbeitet. Auf dem Haupt trägt sie ein Diadem aus Lorbeerlaub, den Hals umschließt ein Ring mit Schlangenköpfen, darunter eine Kette mit Anhängern. Zwischen den Brüsten liegt die Mondsichel. Die Reliefs der Ependytes zeigen oben die drei Grazien, in der Mitte Selene und Helios, unten die auf einem Seebock sitzende Aphrodite.
Römisch, Kaiserzeit

Lit.: Fleischer, Artemis S. 153 f. A 25, Taf. 71
FO: unbekannt
Mat.: weißer, grobkörniger Marmor
Maße: H (mit Basis) 88 cm, H (ohne Basis) 79,5 cm
Inv.: I 139

18
PERGAMENISCHE KYBELE

Kultbild der Göttin, die während der Herrschaft der Attaliden in Pergamon (283–133 v. Chr.) besonders verehrt wurde. Sie ist bekleidet mit dem langen Chiton und dem Mantel. Unter der Brust ist ein dreieckiger Schurz umgürtet, auf dem zehn Buckel (Vorläufer der „Brüste" der ephesischen Artemis) angeordnet sind. Beiderseits der Göttin zwei sitzende Löwen. Auf der Basis die griechische Inschrift:
„Die pergamenische Göttermutter (weihte) Neikephoros als seine Schutzherrin."
Pergamenisch, 2. Jh. v. Chr.

In griechischer Haltung.

Lit.: Noll, Inschriften S. 40, Nr. 79; Fleischer, Artemis S. 84 f., 293, 411, Taf. 58
FO: unbekannt
Mat.: weißer, feinkörniger Marmor
Maße: H (mit Basis) 49,5 cm, H (ohne Basis) 44 cm
Inv.: I 1113

Vitrine I:

19
STATUETTE DER EPHESISCHEN ARTEMIS

Der Kopf mit dem hohen Polos ist weggebrochen, von den vorgestreckten Unterarmen hängen die geknoteten Binden herab. Angabe der für die Göttin typischen Details, wie Brustgehänge, „Brüste" und Gewandverzierung.
Späthellenistisch, 1. Jh. v. Chr.

Lit.: unpubliziert
FO: Umgebung von Ephesos
Mat.: Ton, hellbraun
Maße: H (noch) 10,1 cm
Vgl.: Fleischer, Artemis Taf. 47 a
Inv.: V 1723

20
POLOSFRAGMENT

von einem Kultbild der ephesischen Artemis; in Form einer Tempelbekrönung. Erhalten sind die Vorderfront (Giebel) und das Dach eines viersäuligen Tempels und das Dach eines Seitenflügels.
Römisch, Kaiserzeit

Lit.: Fleischer, Artemis S. 20 E 63, S. 52
FO: 1896 im Hafengymnasium
Mat.: pentelischer (?) Marmor
Maße: H (noch) 8 cm, B (noch) 19,5 cm
Inv.: I 893

21
SIEGELABDRUCK

mit dem Kultbild der ephesischen Artemis. Beiderseits ein Hirsch; im Feld links die Mondsichel, rechts ein Stern. Nach der Umschrift (IEPOY AN[TI]ΓΡΑΦΙΟΥ) ein Siegel zur Beglaubigung amtlicher Aktenstücke, wie sie in der Kanzlei des Heiligtums angefertigt wurden.
Römisch, Kaiserzeit

Lit.: Fleischer, Artemis S. 35 E 114
FO: ohne genaue Angabe
Mat.: Ton, grau
Maße: H 3,6 cm, B 3,5 cm, Siegelfeld 3,2 × 2,7 cm
Inv.: V 2059

22
BLEIIDOL DER EPHESISCHEN ARTEMIS

in flachem Relief. Der Polos ist wahrscheinlich weggebrochen. Die für die Göttin typischen Details, wie Halsketten, „Brüste“ und Verzierungen am Gewand sind durch kleine Buckel angedeutet.
Römisch, Kaiserzeit

Lit.: unpubliziert
FO: Ostgymnasium (Streufund)
Mat.: Blei, gegossen
Maße: H 5,4 cm
Inv.: VI 2864

36 *Kat.-Nr. 23*

23 Abb. 36
RELIEFMEDAILLON MIT KULTSZENE

Ein Löwe schreitet nach links. Auf seinem Rücken steht eine langgekleidete Gestalt mit Polos, die als kleinasiatische Göttermutter gedeutet wird. Vor dem Löwen eine Adorantin, die ein Räuchergerät hält. Der Reliefgrund ist mit Punkten (Sternen?) übersät; vor der Göttin eine Mondsichel. Im Segment unter dem Löwen zwei antithetische Gänse.
Griechisch (ionisch), 2. Hälfte 6. Jh. v. Chr.

Lit.: H. Möbius, AA 1941, Sp. 1 ff. Abb. 2
FO: ohne genaue Angabe
Mat.: Blei, aus zwei Formen gegossen
Maße: H (mit Öse) 6,6 cm, Dm 5,25 cm
Inv.: VI 3245

24 Abb. 37
GEMME

mit dem Kultbild der ephesischen Artemis. „Brüste“ und Ependytes sind noch erkennbar. Die Göttin ist flankiert von zwei Hirschen; im Feld Mondsichel und Stern.
Römisch, Kaiserzeit

Lit.: H. Thiersch, Artemis Ephesia I (1935), S. 71 Nr. 70, Taf. 47, 9
FO: unbekannt
Mat.: roter Jaspis; in Goldring (modern?) gefaßt
Maße: 1,3 × 1 cm
Inv.: IX B 337

37 *Kat.-Nr. 24*

25
GEMME

mit dem Kultbild der ephesischen Artemis; ähnlich Kat.-Nr. 24.
Römisch, Kaiserzeit

Lit.: Fleischer, Artemis S. 37
FO: unbekannt, 1884 in Beirut erworben
Mat.: roter Karneol, durchscheinend; in moderner Goldfassung
Maße: 1,2 × 0,9 cm
Inv.: IX 2007

26
CISTOPHOR (dreifacher Denar)

Rs. Front des Tempels mit dem Kultbild der Artemis Ephesia; Aufschrift DIA-NA/EPHESIA.
138 n. Chr.

Vs. Kopf des Hadrian

Lit.: unpubliziert
FO: unbekannt
Mat.: Silber (Original)
Maße: Dm 2,84 cm, Gew. 10,39 g
Vgl.: RIC II S. 399, Nr. 475 (a)
Galvano (Original KhM/MK Inv.: 29841)

27
CISTOPHOR (dreifacher Denar)

Rs. Kultbild der Artemis Ephesia zwischen zwei Hirschen; Aufschrift DIANA EPHESIA.
138 n. Chr.

Vs. Büste des Hadrian

Lit.: unpubliziert
FO: unbekannt
Mat.: Silber (Original)
Maße: Dm 2,99 cm, Gew. 10,6 g
Vgl.: RIC II S. 398, Nr. 474
Galvano (Original KhM/MK Inv.: 29839)

28
MEDAILLON

Rs. Artemistempel mit dem Kultbild und zwei Neokorietempel (Aufschrift ΕΦΕΣΙΩΝ ΤΡΙΣΝΕΩΚΟΡΩΝ ΚΑΙ ΤΗΣ

APTEMIΔOΣ). Die Neokorie wurde vom Senat als Ehrentitel an Städte in Kleinasien verliehen, die sich um den Kaiserkult besonders verdient gemacht haben. Damit verbunden war die Erlaubnis zur Errichtung eines Kaisertempels.
211/2 n. Chr.

Vs. Büsten des Caracalla und Geta

Lit.: unpubliziert
FO: unbekannt
Mat.: Messing (Original)
Maße: Dm 3,99 cm, Gew. 32,67 g
Vgl.: Variante zu BMC Ionia S. 89, Nr. 292
Galvano (Original KhM/MK Inv.: 30674)

29
GROSSBRONZE

Rs. Kaiser Elagabal opfert anläßlich der vierten Neokorie auf einem Dreifuß vor dem Artemistempel, darin das Kultbild der Göttin (Aufschrift TETPAKINE / ΩKOPΩN).
219 n. Chr.

Vs. Brustbild des Elagabal, mit Lorbeerkranz und Panzer.

Lit.: unpubliziert
FO: unbekannt
Mat.: Bronze (Original)
Maße: Dm 3,32 cm, Gew. 20,37 g
Galvano (Original KhM/MK Inv.: 30811)

38 *Kat.-Nr. 30*

30–35 EINZELOBJEKTE

30 Abb. 38
WEIHEGESCHENKBASIS DES C. VIBIUS SALUTARIS

Altarförmige Basis mit Widmungsinschrift. Es handelt sich um eine der Basen von silbernen Standbildern (darstellend Götter, Kaiser und Allegorien), die der reiche römische Ritter Caius Vibius Salutaris im Rahmen der von ihm im Jahre 104 n. Chr. gemachten Stiftung gespendet hatte. Die Statuen waren im Theater der Stadt, dem Versammlungsort der ephesischen Volksversammlung, aufgestellt. Salutaris hatte sich nach einer offenbar sehr erfolgreichen und gewinnbringenden Tätigkeit in der Zoll- und Getreideverwaltung Siziliens im Dienste von Pachtgesellschaften, nach den drei für Ritter obligatorischen Militärkommanden und zwei anschließenden Prokuraturen als vermögender Privatmann in Ephesos niedergelassen.

Übersetzung des im wesentlichen gleichlautenden lateinischen und griechischen Textes: „Der ephesischen Artemis und dem (ephesischen) Bürgerschaftsverbande der Teier hat Caius Vibius Salutaris, der Sohn des Caius (aus der römischen Tribus) Ufentina, (gewesener) (Zoll)-Verwalter der Häfen der Provinz Sizilien und Beauftragter für die Getreidelieferungen (Siziliens) für das römische Volk, (gewesener) Präfekt der Kohorte der Asturer und der Kohorte der Callaecier, (gewesener) Tribun der 22. Legion mit den Beinamen „primigenia pia fidelis", Subprocurator der Provinzen Mauretania Tingitana und Belgica, zwei silberne Standbilder auf seine Kosten machen lassen, eines des (hellenistischen) Königs Lysimachos, ein zweites des Bürgerschaftsverbandes der Teier, (beide) zwecks Aufstellung auf den

Statuensockeln im Theater hin über die (ganze) Volksversammlung, wie seine Verfügung es enthält. Den sechs (ephesischen) Bürgerschaftsverbänden vermachte er (aus Anlaß dieser Weihung) 8333 Denare und 6 Assarien (= insgesamt 8333 2/3 Denare). (Dies erfolgte) unter dem Proconsul Caius Aquilius Proculus und dem Sekretär der Volksversammlung, dem den Kaiser und seine Heimatstadt liebenden Tiberius Claudius Iulianus."

Lit.: Textgestaltung und Übersetzung von D. Knibbe, nach Dittenberger OGIS II 480; Noll, Inschriften S. 34, Nr. 57
FO: Theater, in der Nordhälfte der Orchestra
Maße: H 106 cm, B 90 cm, T 48 cm
Vgl. zu Caius Vibius Salutaris: R. Hanslick, RE VIII A 2, Sp. 1982 ff. Nr. 51; zur Stiftungsurkunde: E. L. Hicks, Greek Inscriptions in the British Museum III, S. 117 ff. Nr. 481 und FiE II, S. 127 ff. Nr. 27 (die Zeilen 158–197 der Inschrift beziehen sich auf die in Rede stehenden silbernen Standbilder, Zeile 187 f. erwähnt die Statuen, von denen unsere Basis spricht).
Inv.: III 1082

31
IONISCHES KAPITELL

Um 350 v. Chr.

Rechteckige Form des Abakus, verziert mit einem lesbischen Kymation, Blätter mit hohlem Blattfleisch, beidseits hoher Frontcanalis und hohe Volutenstege; Voluten groß, münden in rundem Auge. Das Polster ist in vier sich unten schließende Kanäle geteilt, dazwischen Doppelwulste. Der Echinuskörper läuft auch unter dem Polster, allerdings ohne Eierstab, durch. Am Frontechinus sind vier Eier sichtbar, ein Zwischenblatt liegt in der Kapitellachse, wie dies auch bei Kapitellen von Chios, Athen, Histria, Samos, Gela, Paros vorkommt. Im Boden des Frontcanalis geht ein gut gearbeiteter Rundstab durch: somit kann das Kapitell nicht viel jünger als etwa 350 v. Chr. sein.

Lit.: W. Alzinger, ÖJh 46, 1961–1963, S. 105 f., Abb. 71 f.
FO: ohne genaue Angabe
Maße: H 47 cm, L 107 cm, B 69 cm
Inv.: I 1637

39 *Kat.-Nr. 33*

Auf dem 1. Treppenabsatz:

32
TORSO EINES LÖWEN

in hockender Stellung. Das Maul ist brüllend aufgerissen; die Mähne und die Körperbehaarung bestehen aus einzeln gedrehten Zotten. Löwenstatuen, in früherer Zeit als Grab- oder Torwächter von Bedeutung, dienten in römischer Zeit meist nur mehr der dekorativen Verwendung.
Römisch, 2. Jh. n. Chr.

Lit.: unpubliziert
FO: 1897 (Rumpf), 1901 (Kopf) in der SW-Ecke der Palästra des Hafengymnasiums
Ergänzungen: Nase, Zunge, Zähne
Maße: H (noch) 121 cm, L 139 cm, B 45 cm
Vgl.: Museum Führer Selçuk, S. 168; V. M. Strocka, AA 1977, S. 512 Anm. 97; BrBr 641 ff.
Inv.: I 824

Auf dem 2. Treppenabsatz:

33 Abb. 39
ARCHAISIERENDES IONISCHES KAPITELL

4. Jh. v. Chr.

In Ephesos sind noch einige weitere Kapitelle dieser Gruppe erhalten, darunter das Fragment eines Eckkapitells. Zwei Normalkapitelle, das Eckkapitell und das Wiener Stück haben auf einer Seite einen hohlen, auf der anderen Seite einen konvexen Voluten- und Frontkanal. Ein ephesisches Kapitell, das trotz der etwas kleineren Maße zur selben Ringhalle gehören dürfte, ist an beiden Seiten konvex. Das Wiener Kapitell weist wie zwei ephesische ein hyperbolisches Polster mit fallenden Schuppen auf. Das Polster der anderen Stücke ist vierfach gekehlt. Bemerkenswert ist außerdem, daß die Kapitelluntersichten – mit Ausnahme des Eckkapitells – keinen unter dem Polster durchlaufenden Eierstabkranz des Echinus zeigen. Die Sichtseiten des in der Aufsicht rechteckigen Abakus sind immer als Eierstab ausgebildet.
Das Kapitell dürfte von einem Peripteraltempel des 4. Jh. v. Chr. in Ephesos stammen, der einen älteren Bau ersetzt hat und in römischer Zeit ausgebessert wurde, wie das in Ephesos erhaltene Ersatzstück eines Eckkapitells beweist.

Lit.: A. Bammer, ÖJh 49, 1968–1971, S. 1 ff.
FO: Theater, in sekundärer Verwendung
Maße: H 35,3 cm, L 121 cm, Abakuslänge 83 cm
Inv.: I 1631 H

34
TÜRKONSOLE

Spätklassisch

Das Polster mit zwei Kanälen rollt sich unten in eine aufsteigende Volute ein, das Volutenauge ist ein eingesetzter Stein; aus den Volutenzwickeln entspringen fünfblättrige Zwickelpalmetten. Die seitlichen Wulste der Kanäle biegen oben in eine hängende, offene, neunblättrige Palmette mit gekerbten Blättern um.

Lit.: FiE II, S. 15, Abb. 23
FO: 1900 vor dem Theater, in der Marmorstraße verbaut
Maße: H (noch) 82 cm, B 23–28 cm, T (obere) 54 cm
Inv.: I 1631 G

35
IONISCHES KAPITELL

Römisch, Kaiserzeit

Quadratischer Abakus, drei Blätter am Frontechinus; Säulenhals angearbeitet mit einer siebenblättrigen Lotosblüte, flankiert von geflammten Halbpalmetten an der Vorderseite. Die Voluten zeigen oben vierblättrige, geschwungene Zwickelpalmetten, aus dem unteren Zwickel schlüpfen vielblättrige Blattfächer. Der seitliche Säulenhals zeigt stehende Akanthusblätter, das Polster horizontale Lanzettblätter, die aus dem Knauf entspringen.

Lit.: unpubliziert
FO: Arkadiane
Maße: H 35 cm, B 67 cm, Abakuslänge 50 cm
Inv.: I 1684

Links zwischen den Säulenpaaren:

40 *Hafentor der Arkadiane. Rekonstruktion G. Niemann*

36–40 DAS HAFENTOR AN DER ARKADIANE

Den Abschluß der Arkadiane bildet ein großer Torbau (sog. Mittleres Hafentor). Dieser stammt allerdings aus wesentlich früherer Zeit als die Arkadiane. Die von G. Niemann erstellte Rekonstruktion (Abb. 40) zeigt eine Anlage von vier nebeneinandergestellten viersäuligen Baldachinen, die mit drei von Öffnungen durchbrochenen Mauern verbunden sind. Die mittlere Öffnung ist rechteckig, die seitlichen Durchgänge sind bogenförmig. Damit ergibt sich in Gebälk- und Attikahöhe eine vierfach verkröpfte Ausbildung. Die Säulen der Baldachine sind ionisch.
Römisch, hadrianisch (117–138 n. Chr.)

Die Ornamentik der ionischen Kapitelle, der Pfeiler- und Antenkapitelle folgt archaischen und klassischen Vorbildern aus Ephesos, Didyma, Labraunda usw.; die oben gerundete Eiform chiotischen und nordgriechischen archaischen Eierstäben.

Lit.: FiE III, S. 189 ff. (W. Wilberg, G. Niemann); E. Weigand, Wiener Jb. Kunstgesch. 5, 1928, S. 75
FO: Mittleres Hafentor
Inv.: I 1629 A–E

36
IONISCHES KAPITELL

Abakus mit archaisierendem Eierstab; hohler Frontcanalis mit Kantstab im Canalisboden; drei oben runde Fronteier des Echinus, fünfblättrige Zwickelpalmette, Volutenaugen als Scheiben, viergekehltes Polster mit Doppelrundstäben.

Lit.: FiE III, S. 201 ff., Fig. 201
Maße: H 33 cm, L 102 cm (rekonstruiert), u. Dm 58,2 cm
Inv.: I 1629 B

37
PFEILERKAPITELL

Vierseitig dekoriert, analog zu den Antenkapitellen (vgl. Kat.-Nr. 38, 39); von einem der beiden Schmalseitenpfeiler.

Lit.: FiE III, S. 203 ff.
Maße: H 44 cm, Abakuslänge 89 cm, Abakusbreite 89 cm
Inv.: I 1629 E

38 Abb. 41
ANTENKAPITELL

Abakus quadratisch mit einfacher Hohlkehle; Frontseite stehende akanthisierende Mittelpalmette, seitlich durch unteren Bogen mit akanthisierender Halbpalmette verbunden. An den Flanken der Front je drei übereinanderstehende, abwärts gerollte Voluten, an den Seitenflächen zwischen zwei archaisierenden Eierstäben ein fallendes Lotosblüten- und Palmettenanthemion, so daß die Eier mit den Palmetten korrespondieren. Die Lotosblüten sind oben mit einem Rundbogen geschlossen. Die Rückseite ist verkröpft und bildet den Ansatz eines verjüngten Wandteiles aus, die Innenecken sind ebenfalls mit drei übereinanderliegenden Voluten geschmückt. Die Vorbilder dieser Kapitelle sind archaische und klassische Antenkapitelle aus Didyma.

Lit.: FiE III, S. 194, 204
Maße: H 44,5 cm, Abakuslänge 89 cm, Abakusbreite 89 cm
Inv.: I 1629 D

39
ANTENKAPITELL

Ähnlich Antenkapitell Kat.-Nr. 38, weniger plastisch gearbeitet.

Lit.: FiE III, S. 194, 204
Maße: H 45 cm, Abakuslänge 89 cm, Abakusbreite 89 cm
Inv.: I 1629 C

40
DOPPELKONSOLE

Aus einem rechteckigen, mit Stoßfugen versehenen Pfeiler wachsen zwei gegenständige senkrechte Konsolen, deren Voluten nur an einer Seite vollständig ausgeführt sind. Die Füllungen zum Pfeiler sind mit Ranken verziert, das Polster ist zweigekehlt.

Lit.: FiE III, S. 197 ff., 214, Fig. 197 ff.
Maße, Pfeiler: H 96 cm, B 40 cm, T 26 cm
Inv.: I 1629 A

41
MOSAIKMEDAILLON

mit einem Eros auf der Biga, die von zwei Delphinen über das Meer gezogen wird. In der Rechten hält er die Peitsche, in der Linken die Zügel des Gespannes. Rundes Mittelstück eines Mosaikfußbodens.
5. Jh. n. Chr.

Lit.: Ausstellung Belvedere [3], S. 23 f., Nr. 27 mit Abb.; FiE VIII/2, S. 110, Abb. 219 (W. Jobst)
FO: Fußboden eines spätantiken Hauses über den Verulanushallen
Kleinere Partien der Steinchen ergänzt
Maße: Dm 98 cm
Inv.: II 22

41 *Kat.-Nr. 38*

Sektor B 1 (Plan Abb. 31):

42–57 DAS GROSSE THEATER VON EPHESOS

Das große Theater, am Westhang des Panayirdağ gelegen, lenkt die Aufmerksamkeit jedes Besuchers von Ephesos auf sich. Zum hellenistischen Bauwerk kann nur mehr der Kern des Bühnenhauses gerechnet werden, alles übrige gehört zum römischen Umbau. Wo hingegen das Theater des klassischen Ephesos gelegen hat, entzieht sich nach wie vor unserer Kenntnis. Daß das ephesische Theater noch auf einen griechischen Entwurf zurückgeht, sieht man allein aus der Dimension des Zuschauerraumes: er bildete keinen Halbkreis, sondern ging darüber hinaus. Das Theater wurde durch die österreichischen Ausgrabungen von 1897 bis 1900 freigelegt und in den letzten Jahren von der türkischen Antikenverwaltung restauriert.
Das Theater, vermutlich religiösen Ursprungs, war für die Griechen mehr als Unterhaltung. Es diente vor allem der politischen Aufklärung und Indoktrination. Dies ersieht man allein daraus, daß den wirtschaftlich schlechter Gestellten, den Handwerkern und einfachen Leuten, eigene Tagegelder bezahlt wurden, um ihnen den Verdienstentgang zu ersetzen. Zumindest war dies in Athen so. Die Polis hatte das größte Interesse daran, möglichst alle freien Bürger propagandistisch zu erfassen. Aber auch in römischer Zeit diente das Theater – trotz der verlorengegangenen politischen Unabhängigkeit –

nicht nur schauspielerischen Zwekken, sondern war Versammlungsort, Tagungsort der Volksversammlung, ersichtlich an der Predigt des Paulus und an dem Aufruhr, der sich daran anschloß. Das Theater der römischen Zeit ist unter Kaiser Claudius, in der Mitte des 1. Jh. n. Chr., und unter Kaiser Trajan, Anfang des 2. Jh. n. Chr., umgestaltet worden; das erste Geschoß des römischen Bühnenhauses unter Kaiser Nero in den sechziger Jahren des 1. Jh., das zweite vielleicht unter Domitian und das dritte im 2. Jh. Die bühnentechnisch wichtigste Änderung der römischen Zeit war der Einbau eines Logeions, einer erhöhten Vorbühne auf Kosten eines Teiles der Orchestra, jenes kreisrunden Platzes, auf dem in griechischer Zeit Chor und Schauspieler agierten.

Der Zuschauerraum bestand aus drei übereinander liegenden Rängen, die durch Treppen in 11 Sektoren (im obersten Rang in 22) geteilt waren. In diesem großen, in den Hang gebauten Trichter hatten etwa 24 000 Zuschauer Platz. Die große römische Bühnenwand mit ihrer Tabernakelarchitektur (Abb. 42) diente auch der Verbesserung der Akustik, die auch heute noch ausgezeichnet ist, obwohl das Bühnengebäude eingestürzt ist. Schwierigkeiten bereitet die Rekonstruktion dieser Bühnenwand.

Einigermaßen sicher ist die zeichnerische Wiederherstellung des Untergeschosses von George Niemann, weil davon noch einige Reste in situ erhalten sind. Teile davon sind auch im Ephesos-Museum zu sehen (Kat.-Nr. 53–56). Fünf Türen werden von Tabernakeln gerahmt, wobei jene seitlich der Mitteltür in der rechteckigen Verkröpfung noch Apsiden aufweisen. Unterschiedliche Auffassungen bestehen vor allem in der Rekonstruktion des zweiten Geschosses, wo Hans Hörmann eine andere Nischenabfolge und Form vorschlägt. Das dritte Geschoß wird wieder eher übereinstimmend als verkröpfte Säulenattika angenommen. Schwierigkeiten bereitet die Lokalisierung des Maskenfrieses, des Erotenfrieses (Kat.-Nr. 42–46) und eines Bukranion-Girlandenfrieses.

Zur Datierung der römischen Bühnenwand vgl. die Bauinschrift auf dem Architrav des 1. Geschosses: FiE II, S. 159 f. (66. n. Chr.) mit eradierter Erwähnung Kaiser Neros.
Zur Datierung des Nordflügels des römischen Zuschauerraumes 92 n. Chr. vgl. Inschrift FiE II, S. 160 f. Nr. 35

Lit.: FiE II, S. 1 ff.
FO: 1897/99 im Theater

42 *Theater. Römische Bühnenwand (aus dem Stadtmodell, Kat.-Nr. 58)*

42–45
EROTENRELIEFS

Aus den zahlreichen Fragmenten des Frieses ließen sich nur einige wenige größere Komplexe zusammenfügen. Dargestellt sind meist jagende oder von der Jagd heimkehrende Eroten. Zum Teil noch kräftige Farbspuren zeugen von der einstigen Bemalung der Reliefs. Alle Platten weisen eine Fußleiste auf; die Breite der Platten und die Dicke des Reliefgrundes variieren sehr stark. Für die ursprüngliche Anbringung des Frieses an der Bühnenwand kommt am ehesten der Sockel des zweiten Geschosses in Frage.

Römisch, 2. Hälfte 1. Jh. n. Chr., nach hellenistischem Vorbild.

Einige Fragmente befinden sich in London: Brit. Mus. Cat., Smith, Sculpture II Nr. 1251, 1254, 1255. – Stilistisch wäre auch eine Datierung in trajanisch-hadrianische Zeit möglich: vgl. F. Matz, JdI Erg.-H. 19, 1958, S. 65.

42 Abb. 43
EROTEN AUF LÖWENJAGD

Rechts steht ein Erot, den Mantel um den linken Arm gewickelt, in Ausfallstellung mit dem Rücken zum Beschauer, und zielt mit dem Speer nach dem Löwen. In der Mitte beugt sich ein zweiter Erot über einen Felsvorsprung und holt mit der Rechten zum Stoß aus – die Waffen sind beide Male nicht plastisch ausgeführt, sondern waren gemalt. Der Löwe drückt mit einer Hinterpranke einen Hund zu Boden, während ein anderer den Löwen am linken Hinterlauf zu fassen sucht.

Photo aufgenommen vor Entfernung der Ergänzungen.

Lit.: F. Eichler, ÖJh 43, 1956–58, S. 15 ff. Abb. 8
Maße: H 87 cm, B (noch) 175 cm, Reliefhöhe 16 cm
Inv.: I 821

43
EROTEN AUF LÖWENJAGD

Ein Löwe mit weit aufgesperrtem Rachen wird von drei Eroten bedrängt. Er duckt sich nach rechts zum Sprung gegen einen Angreifer, von dem nur mehr der rechte Vorfuß zu sehen ist. Links hinter dem Löwen die Reste zweier weiterer Eroten. Der rechte war vom Hinterteil des Löwen halb verdeckt. Er holt mit dem rechten Arm zum Speerwurf aus; ein Zipfel seines Mäntelchens hängt zwischen den Beinen des linken Eroten herab, von dem außer dem Kopf noch ein Großteil des Körpers erhalten ist.

Die Zugehörigkeit des Erotenkörpers zu dieser Platte ist nicht völlig gesichert.

Lit.: Eichler, a. O., S. 16 Anm. 18; F. Willemsen, OlForsch IV (1959), S. 104 Taf. 101
Maße: H 87 cm, B 189 cm, Reliefhöhe 14,5 cm
Inv.: I 820

44
EROTEN MIT JAGDBEUTE

Auf einem zweirädrigen Wagen, der von einem Pferd gezogen wird, ist als Jagdbeute ein Eber und ein weiteres, nicht mehr erkennbares Wild aufgeladen. Dahinter folgt ein Erot, der eine erlegte Hindin geschultert hat und mit der rechten Hand den Wagen schiebt.

Lit.: Eichler, a. O., S. 17 Anm. 20 Abb. 9; F. Matz, JdI Erg.-H. 19, 1958, S. 65
Maße: H 88,5 cm, B (noch) 170,5 cm, Reliefhöhe 13,5 cm
Inv.: I 819

45
EROTEN MIT ERLEGTEM HIRSCH

Zwei Eroten schleppen einen erlegten Hirsch auf ihren Schultern.

Lit.: Eichler, a. O., S. 17 Anm. 21 Abb. 10
Maße: H 82 cm, B 135 cm, Reliefhöhe (noch) 11 cm
Inv.: I 1538

46 Abb. 44, Umschlagbild Rs.
MASKENFRIES

Zwischen drei Komödienmasken Girlanden aus Blüten und Früchten. Die seitlichen Masken mit langen gedrehten Locken charakterisieren einen Typus des Jungen Mannes bzw. des Bärtigen Alten. Die mittlere Maske mit langem gewelltem Haar ist wohl weiblich.
Römisch, Mitte 2. Jh. n. Chr.

Der Maskenfries wird am Sockel des dritten Geschosses der römischen Bühnenwand lokalisiert: FiE II, S. 91 f. (G. Niemann). Zur Datierung: W. Alzinger, RE Suppl. XII, Sp. 1629.

Lit.: Ausstellung Belvedere [3], S. 1 mit Abb.; T. B. L. Webster, Monuments illustrating New Comedy (1961), S. 171 ZS 6
Maße: H 58 cm, B 266 cm, Reliefhöhe 12 cm
Inv.: I 855

44 *Kat.-Nr. 46*

43 *Kat.-Nr. 42*

47–49
AMAZONEN- UND SATYRPFEILER

Wie der römische Schriftsteller Plinius berichtet, hat Ephesos in der 2. Hälfte des 5. Jh. v. Chr. für die Darstellung einer verwundeten Amazone einen Künstlerwettbewerb ausgeschrieben. Vier (oder auch fünf) Künstler beteiligten sich, den Sieg errang Polyklet vor Phidias und Kresilas. Im Theater von Ephesos fanden sich Reste von Pfeilern mit Amazonen in Hochrelief. Es liegt nahe, ihre Vorbilder in jenen Bronzeoriginalen zu sehen, die nach Plinius im Tempel der Artemis aufgestellt waren.

In welchen baulichen Verband des Theaters diese ursprünglich etwa 2 m hohen Figurenpfeiler zu stellen sind, ist ungeklärt. F. Eichler, ÖJh 43, 1956–58, S. 18 vermutet in ihnen Stützen an der Vorderwand des Logeions (Bühnenpodium). – Das Fragment des Amazonenpfeilers Inv. I 1617 (Typus Sciarra wie Kat.-Nr. 6) ist nicht ausgestellt.

47
AMAZONENPFEILER

Mit der linken Hand faßt die Amazone den Chiton, der ihr von der rechten Schulter geglitten ist; dadurch wird die Wunde mit zwei Blutstropfen unterhalb der Brust sichtbar. Am Hals ist ein Mantel geheftet, der im Rükken lang herabfällt. Der erhobene rechte Arm, der angestückt war, stützte sich auf einen Speer. Dieser Amazonentypus (sog. Sosikles-Typus) wird meist mit Polyklet in Verbindung gebracht.
Römische Kopie (2. Hälfte 2. Jh. n. Chr.) nach griechischem Bronzeoriginal um 440/430 v. Chr.

Lit.: M. Weber, JdI 91, 1976, S. 47, 52, Anm. 59; A. Schmidt-Colinet, Antike Stützfiguren (1977), S. 30 f., 81, 225 W 24
Maße: H (noch) 125 cm, Gesicht H (noch) 24 cm
Inv.: I 1615

48
AMAZONENPFEILER

Die Haltung der Arme und Beine ist ungefähr spiegelbildlich zur Amazone Kat.-Nr. 47, der Kopf jedoch wie dort der rechten Schulter zugewendet. Beide Brüste sind vom Chiton bedeckt, der Mantel fällt nicht nur im Rücken herab, er verhüllt auch die linke Vorderseite.
Römische Kopie (2. Hälfte 2. Jh. n. Chr.) nach griechischem Bronzeoriginal um 440/430 v. Chr.

Statuarisch sonst unbekannter Typus. Solange keine weitere Wiederholung bekannt ist, läßt sich nicht entscheiden, ob diese Amazone eine freie Variante des Sosikles-Typus ist, dem sie am nächsten steht, oder einen eigenen Typus darstellt. – Zugehörig ist ein nicht anpassendes Fragment der rechten Kopfseite.

Lit.: M. Weber, JdI 91, 1976, S. 76 ff.; A. Schmidt-Colinet, a. O. (Kat.-Nr. 47)
Maße: H (noch) 136 cm
Inv.: I 1616 + Gipsabguß des Kopffragmentes London BM 1239

45 *Kat.-Nr. 49*

49 Abb. 45
SATYRPFEILER

Erhalten ist der nach rechts gewandte Kopf eines jugendlichen Satyrs mit zwei knospenden Hörnern über der gefurchten Stirn, gesträubtem Haar und langen Spitzohren. Vom Rumpf sind nur noch die Umrißlinien teilweise sichtbar.
Römische Kopie (2. Hälfte 2. Jh. n. Chr.) nach hellenistischem Vorbild

In Wien und London befinden sich Reste von Reliefplatten mit gelagerten Satyrn, die ebenfalls aus dem Theater stammen und stilistisch vergleichbar sind (s. u. Eichler S. 14 f., Abb. 7).

Lit.: F. Eichler, ÖJh 43, 1956–58, S. 13 f., Abb. 5–6; A. Schmidt-Colinet, a. O. (Kat.-Nr. 47) S. 61, 81, 144, 262 M 78
Maße: H (noch) 81 cm, Kopf H 26,5 cm
Inv.: I 834

50 Abb. 46
EHRENSITZ AUS DEM THEATER

Thronförmiger Sessel mit halbrunder Lehne, eingeschlossen in einen würfelförmigen Block. In flachem Relief sind beide Seitenwangen gleichmäßig mit je einem nach vorn ausladenden, ornamental behandelten Greifen verziert. Der Raum unter den mächtigen Flügeln ist – auf beiden Seiten verschieden – durch Ranken mit Blüten und Blättern ausgefüllt.
Das Privileg des Ehrenplatzes – die sog. Proedrie – bei Versammlungen, Agonen und im Theater war als Ehrung an gewisse Ämter (Priester, Beamte) gebunden, konnte aber auch verliehen werden.
Späthellenistisch, Ende 1. Jh. v. Chr.

Ehrensitze mit geschlossenen Seitenwangen wurden in römischer Zeit populär, entstanden aber nach griechischen Vorbildern. Ähnliche Thronsessel in Priene, Mytilene s. Th. Kraus, JdI 69, 1954, S. 36.

Lit.: G. M. A. Richter, The Furniture of the Greeks, Etruscans and Romans (1966), S. 100, Abb. 490.
FO: Theater, in den Unterbauten der römischen Bühne
Maße: H 97 cm, B 69 cm, T 75 cm
Inv.: I 851

46 *Kat.-Nr. 50*

47 *Kat.-Nr. 53, 54, 56*

51
PILASTERKAPITELL

von der Nischenarchitektur des 2. Geschosses des römischen Bühnenhauses?

Aus dem quadratischen Kapitellboden wachsen an den Ecken große, in der Mitte kleine Akanthusblätter; erstere unterstützen S-förmige Eckvoluten. Die Mittelfelder werden von einem Rankengeschlinge ausgefüllt. Der angearbeitete Wandabschluß zeigt an beiden Seiten Stoßfugen.

Lit.: FiE II, S. 64, 82, Fig. 126 f., 170 f. (G. Niemann)
Maße: H 52 cm, B (Vs. unten) 43 cm, B (linke Seite unten) 43 cm, B (rechte Seite unten) 92,5 cm
Inv.: I 1631 E

52
PILASTERKAPITELL

von der Nischenarchitektur des 2. Geschosses des römischen Bühnenhauses?

Ornamentierung ähnlich Pilasterkapitell Kat.-Nr. 51. Der angearbeitete Wandabschluß zeigt links eine Stoßfuge, rechts einen rechtwinklig zum Pilasterkapitell stehenden gekehlten Wandanschluß. Linkes Nischenkapitell?

Lit.: FiE II, S. 63, Fig. 122 ff. (G. Niemann); H. Hörmann, JdI 41, 1926, S. 19, 62 ff.
Maße: H 50,5 cm, B 73 cm, Kapitelltiefe 50 cm, Wandtiefe 66 cm
Inv.: I 1631 D

53 Abb. 47
ARCHITRAV

vom Untergeschoß des römischen Bühnenhauses (vollendet 66 n. Chr.).

Stirnarchitrav einer Tabernakelarchitektur; an beiden Stoßfugen Teilgehrung, links verbrochen. Drei Fascien auf der Sichtfläche, mit Perlstäben, oben Eierstab.

Lit.: FiE II, Fig. 110, Taf. VI (G. Niemann)
Maße: H 40 cm, L (noch) 145 cm, T 67 cm
Inv.: I 1631 A

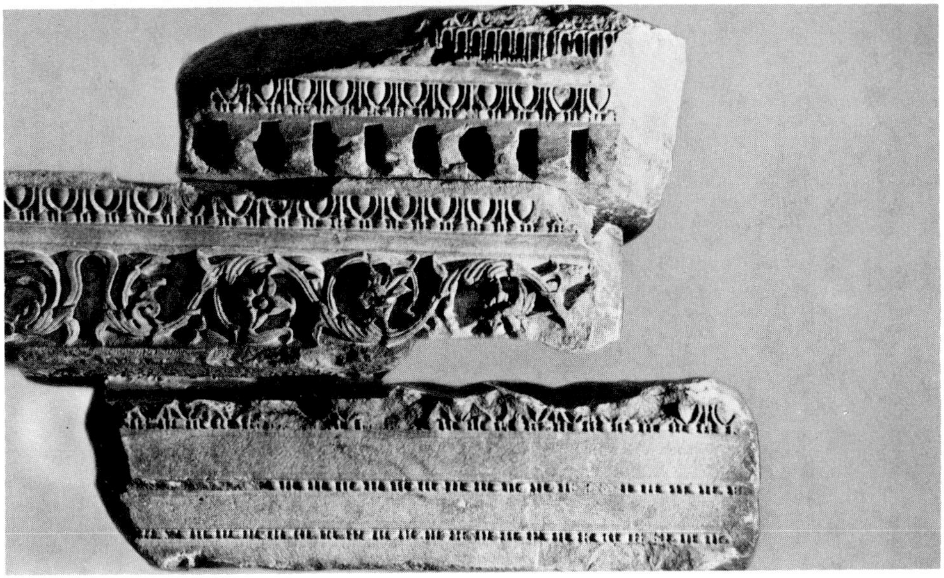

54 Abb. 47
RANKENFRIES

vom Gebälk des Untergeschosses der römischen Bühnenwand (vollendet 66 n. Chr.).

Über einem Rankengeschlinge mit Blüten ein Eierstab mit Perlstab.

Lit.: FiE II, Fig. 112 (G. Niemann)
Maße: H 39,5 cm, L 217 cm, T 43 cm
Inv.: I 1631 B1

55
FRAGMENT EINES RANKENFRIESES

vom Gebälk des Untergeschosses der römischen Bühnenwand (vollendet 66 n. Chr.).

Ranke läuft rechts um die Ecke, links verbrochen. Vgl. Kat.-Nr. 54
Lit.: FiE II, Fig. 114 (G. Niemann)
Maße: H 39 cm, L (noch) 81 cm, T 45 cm
Inv.: I 1631 B2/3

56 Abb. 47
KRANZGESIMSE

vom Gebälk des Untergeschosses der römischen Bühnenwand (vollendet 66 n. Chr.).

Hängeplatte mit Strigiles und Eierstab; darunter Eierstab und Zahnschnitt. Beidseits Stoßfugen.

Lit.: FiE II, Fig. 116 (G. Niemann)
Maße: H 31 cm, L 109 cm, T 84 cm
Inv.: I 1631 C

57
RANKENPFEILER

An der Vorderseite von schmalem Kyma gerahmtes Rankenornament mit Blüten, an der linken Seitenfläche angearbeitetes Profil mit Stoßfuge für Balustrade. Verwendung an unbekannter Stelle im Theater.

Lit.: FiE II, S. 85, Fig. 173 (G. Niemann)
Maße: H (noch) 173 cm, B (noch) 25 cm, T 32,5 cm
Inv.: I 1631 F1/2

Sektor B 2 (Plan Abb. 31):

58 STADTMODELL VON EPHESOS

Dargestellt sind die Bauwerke vom 4. Jh. v. Chr. bis zur byzantinischen Epoche in rekonstruiertem Zustand. Wo eine Rekonstruktion nach dem derzeitigen Stand der Forschung unmöglich ist, sind Gebäude durch Plättchen oder Klötzchen angedeutet.

Maßstab 1 : 500. Ahorn, Finnische Birke. Hergestellt 1975–1978

Sektor B 3 (Plan Abb. 31):

59–85 DAS PARTHER-DENKMAL

DIE AUFFINDUNG

Nachdem schon 1897 bis 1901 zwischen Hafenthermen und Arkadiane zahlreiche größere und kleinere Bruchstücke anscheinend zusammengehöriger Reliefplatten gefunden worden waren, entdeckten die Ausgräber 1903 das Gros – 13 Stücke – der besterhaltenen Reliefs auf der untersten Stufe der Freitreppe zur Celsusbibliothek, willkürlich nebeneinandergestellt als Vorderwand eines Wasserbeckens, das in spätrömischer Zeit hier eingebaut wurde (Abb. 48). 1904 erkannte man drei östlich des Oktogons freigelegte Platten als zum gleichen Verband gehörig. 1905 wurden östlich des „Odeions", 1926 östlich des Staatsmarktes und schließlich 1965 auf der Tetragonos Agora weitere Bruchstücke freigelegt.

DIE DEUTUNG

Schon sehr bald war man sich darüber im klaren, daß es sich bei den über 2 m hohen Reliefs mit den lebensgroßen Figuren um ein Kaiserdenkmal handle, da mehrere Figuren einer Platte Herrscher darstellen (Kat.-Nr. 61), wie der Ausgräber R. Heberdey vorerst meinte, Mark Aurel, Lucius Verus und Commodus im

48 *Auffindung der Reliefplatten des Parther-Denkmals vor der Celsusbibliothek im Jahr 1903*

Rechte Seite:
49 *Kat.-Nr. 67*

Kindesalter. Später gaben die deutschen Archäologen A. Rumpf und F. v. Lorentz die richtige Deutung: Hadrian, Antoninus Pius, der siebzehnjährige Mark Aurel und der achtjährige Lucius Verus. Am 25. Februar 138 n. Chr. adoptierte der schwerkranke Hadrian – er starb im Juli desselben Jahres an Wassersucht – den Antoninus Pius und dieser auf Hadrians Anordnung Mark Aurel und Lucius Verus. An diesem Staatsakt nehmen Angehörige der kaiserlichen Familie, hohe Würdenträger und Priester teil (Kat.-Nr. 59, 60, 63, 64), den Göttern wird ein Stieropfer dargebracht (Kat.-Nr. 62). Die Adoption ist das erste wichtige Ereignis im Leben des Lucius Verus. Der Anlaß für die Errichtung des Ehrenmales war jedoch ein anderer: die siegreiche Beendigung der Partherkriege, in denen Verus den Oberbefehl über die römischen Truppen innehatte. Bald nach der Thronbesteigung des Mark Aurel (161 n. Chr.), der seinen Adoptivbruder Verus zum Mitregenten berief, fielen die Truppen des Partherkönigs Vologaeses III. in Armenien und Syrien ein und fügten den römischen Truppen schwere Niederlagen zu. Lucius Verus schlug sein Hauptquartier vorerst in Antiochia auf, ging allerdings fast ausschließlich den oft recht ausschweifenden Vergnügungen nach und ließ seine Feldherren den Krieg führen; es waren die besten des Reiches: Avidius Cassius, Statius Priscus und Martius Verus. Die ersten römischen Erfolge bahnten sich an: Statius Priscus eroberte 163 die Hauptstadt Großarmeniens, Artaxata, ebenso Kainepolis. Der Kaiser verlegte sein Hauptquartier nach Ephesos, wo er 163/164 Annia Lucilla, die Tochter Mark Aurels, heiratete. Auch hier bevorzugte er die Lustbarkeiten

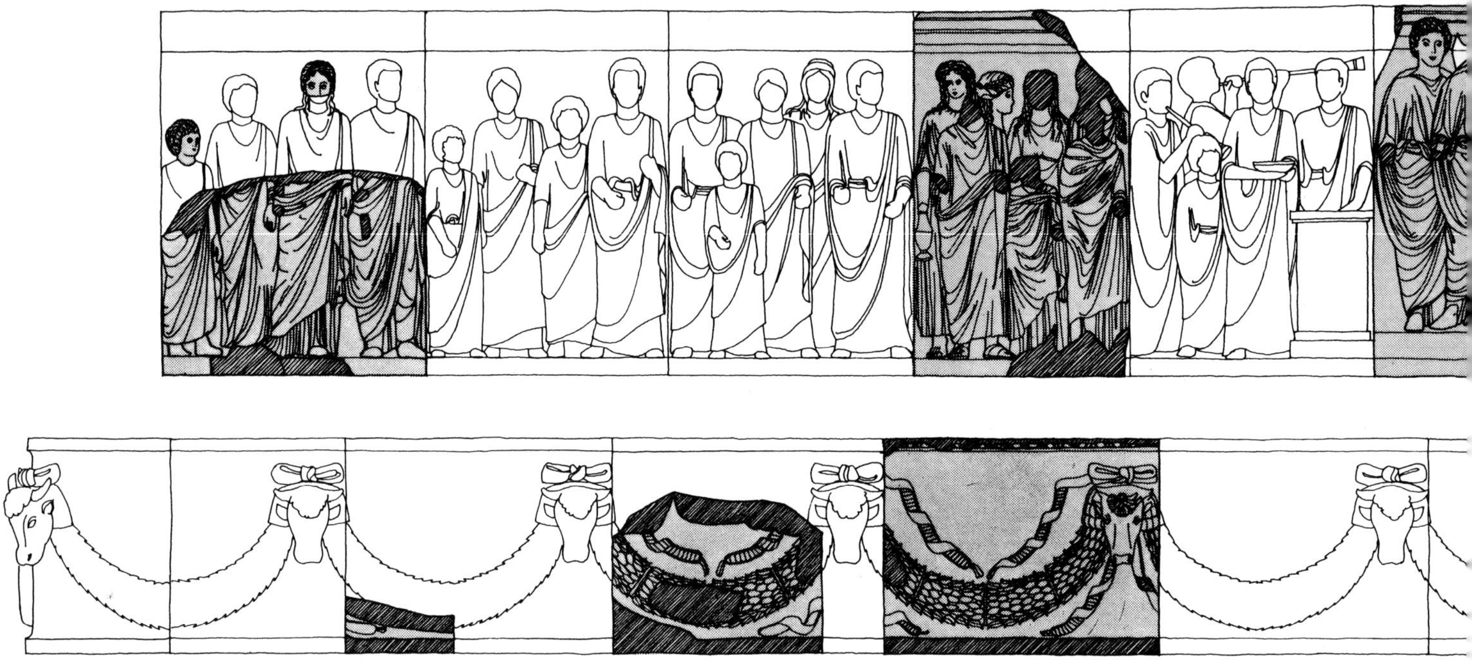

50 *Rekonstruktion des Adoption-Frieses. Die erhaltenen Partien sind durch dunklere Tönung hervorgehoben*

der Großstadt, während seine Generäle Europos einnahmen, den Euphrat bei Zeugma überschritten, Dausara und Edessa eroberten, Seleukia einäscherten und in Ktesiphon den Palast des Partherkönigs zerstörten. Im Heer brach die Pest aus. Mit dem nun folgenden Rückzug wurde die Seuche in Kleinasien verbreitet und in der Folgezeit nach Italien und in zahlreiche Provinzen verschleppt. Durch den Friedensschluß wurde die römische Ostgrenze wiederhergestellt. 166 feierte Lucius Verus, der nominelle Sieger, zusammen mit Mark Aurel in Rom den Triumph. Schon 3 Jahre später, im Februar 169, starb Lucius Verus. Der Senat beschloß seine consecratio.
Der Partherkrieg ist das zweite Thema des Frieses: ein wildes Gewoge kämpfender Römer und Parther; zu Fuß, zu Pferd, zu Wagen fallen die Gegner mit Pfeilen, Lanzen, Schwertern und Steinen übereinander her. Tote und Verwundete liegen umher. Im Wagen des Zweigespannes rast der Kaiser über das Schlachtfeld (Kat.-Nr. 66). Der Sieg neigt sich den Römern zu.
Die dritte Reliefserie zeigt den Kaiser als Mars unter Personifikationen bedeutender Städte des Reiches und solcher, die im Partherkrieg eine Rolle spielten: Rom, Ephesos (?), Athen (?), Alexandria, Carrhae, Seleukia, Ktesiphon (Kat.-Nr. 72, 71, 69, 70, 73).
Thema vier behandelt die Apotheose, die Auffahrt des L. Verus in den Olymp (Kat.-Nr. 82). Der Kaiser ist der Neos Helios, der neue Sonnengott, das aufsteigende Gestirn, während Artemis-Selene, die Mondgöttin, das sinkende Gestirn symbolisiert (Kat.-Nr. 83).
In der letzten Serie thront der divus Verus, der Gottkaiser, inmitten der großen Götter des Olymp (Kat.-Nr. 78).

REIHENFOLGE DER RELIEFPLATTEN

Wegen des fragmentarischen Zustandes der Reliefs bzw. wegen der zahlreichen Lücken ist eine gesicherte Aufeinanderfolge nur in wenigen Fällen möglich, meist kann die Abfolge nur mehr oder weniger fest begründet vorgeschlagen werden.
Mehrere Platten tragen zwar Versatzmarken, sie stammen jedoch kaum von der ursprünglichen Anbringung am Ehrenmal des L. Verus, sondern von zweiten oder dritten Verwendungen (s. S. 93), da die Mehrzahl der Platten und sämtliche vorhandenen Kopfleistenfragmente keine derartigen Zahlen aufweisen; überdies unterscheidet sich der Schriftduktus von dem der Versatzmarken an den Stierkopf-Girlandenplatten (s. S. 90 ff.), die sicher zur ursprünglichen Aufstellung gehörten.

59–64 DIE ADOPTION

Abb. 50

Reihung der Reliefplatten (von links nach rechts):

1. Platte mit vier stehenden, in einer Ebene ausgebreiteten Figuren (Kat.-Nr. 59)
2. Platte fehlt. Hier oder auf der folgenden Platte vollzog sich der Übergang von der Ein- zur Zweischichtigkeit der Figuren.
3. Platte fehlt (?). Wie auf der 1. und vermutlich auch auf der 2. Platte waren wohl Angehörige des Kaiserhauses und hohe Beamte dargestellt.
4. Sieben Figuren (Kat.-Nr. 60), zum Teil mit Opfergaben in den Händen, in zwei Ebenen hintereinander angeordnet. Die Figuren der hinteren Reihe dürften Priesterinnen sein, die der vorderen zum Gefolge der Herrscher zählen.
5. Platte fehlt. Ähnlichen Darstellungen entsprechend könnte hier ein Opferaltar mit Priestern, Opferdienern und Musikanten ergänzt werden.
6. Adoptionsplatte (Kat.-Nr. 61): Hadrian, Antoninus Pius, Mark Aurel, Lucius Verus und der Genius des Aelius Verus (?), des Vaters des Lucius.
7. Platte fehlt. Möglicherweise war ein Stier dargestellt, der soeben geschlagen wird.
8. Stieropferplatte (Kat.-Nr. 62). Der Stier steht unmittelbar vor der Schlachtung.
9. Drei kleine Fragmente einer Stierplatte (zum Teil an Platte 8 anpassend). Nach der Stellung der erhaltenen Vorderbeine wird das Tier zum Opfer herangeführt. Die Fragmente (Inv. I 1681, 1682, 1683) befinden sich im Depot der Antikensammlung.
10. Bruchstücke einer Platte mit Sabina (Kat.-Nr. 63). Hier vollzieht sich vielleicht der Übergang von der Zwei- zur Einschichtigkeit der Figuren.
11. Faustina d. Ä. und ein junges Mädchen (Kat.-Nr. 64). Am linken Bruch Rest eines rechten Fußes; vermutlich eine Dreifigurenplatte.

Im Zentrum des Frieses stehen erhöht die Kaiser. Links davon sind Angehörige der kaiserlichen Familie, hohe Würdenträger, Priesterinnen und Priester (vielleicht an einem Altar) dargestellt, rechts das dreifache(?) Stieropfer, Festmusik und die Gattinnen der Kaiser. Da die überwiegende Mehrzahl der Figuren frontal wiedergegeben ist, diese sich also nicht in einer bestimmten Richtung bewegen, wird man nicht an eine Prozession denken dürfen (der Staatsakt hat schon begonnen), sondern eher an das zentrale Geschehen – Adoption und Opfer an die Götter –, das von den Teilnehmern in einem Kreis umstanden wird.

Die Kaiserplatte (Kat.-Nr. 61) war wohl im Zentrum der Reihe angeordnet; dies erfordert sowohl ihr Thema als auch die Tatsache, daß die Figuren auf höheres Terrain gestellt sind und dadurch die Köpfe der anderen beträchtlich überragen.
Als linke Eckplatte und zugleich Beginn der Reihe ist eine Platte (Kat.-Nr. 59) anzunehmen, auf der die linke der vier Figuren gänzlich ins Profil nach rechts gedreht ist. Überdies sind hier die Figuren in einer Ebene angeordnet, während sie auf der Kaiser- (Kat.-Nr. 61) und

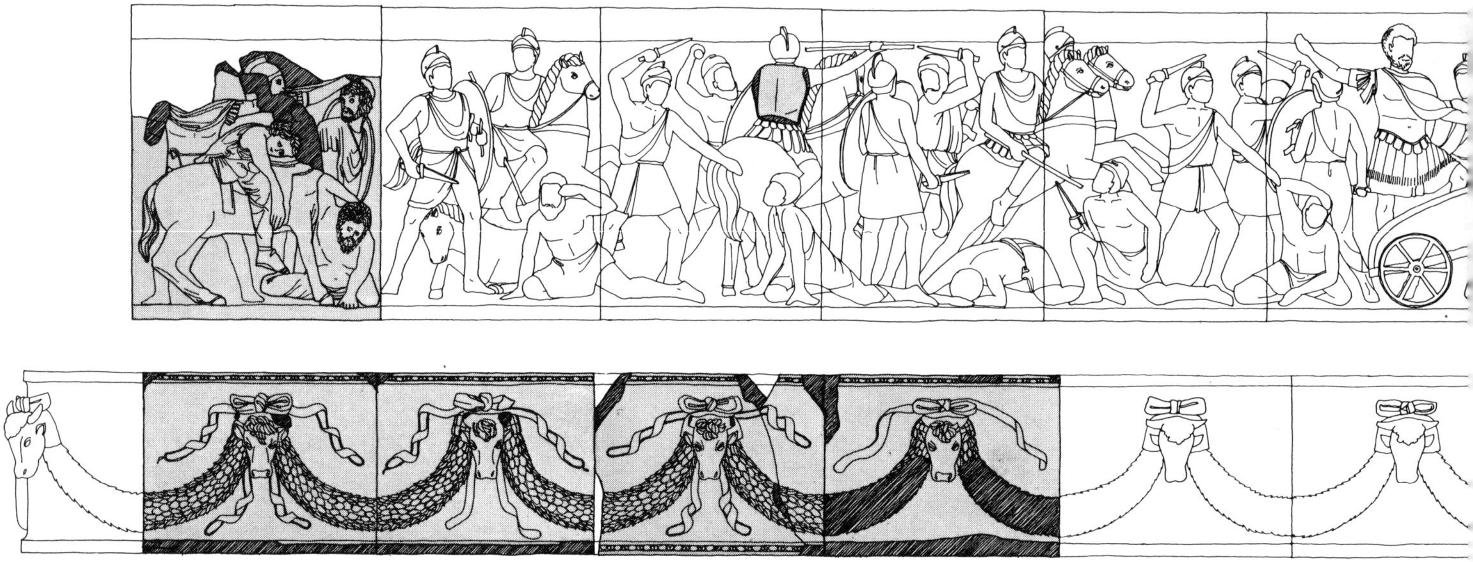

51 *Rekonstruktion des Schlacht-Frieses*

Priesterinnenplatte (Kat.-Nr. 60) in zwei Ebenen hintereinander angeordnet sind. Als rechter Abschluß der Serie wäre die Faustinaplatte (Kat.-Nr. 64) denkbar, da der linke Oberarm weit über das Plattenende vorragt.
Sicher ist, daß die Priesterinnenplatte links von der Kaiserplatte und Faustina rechts davon anzusetzen ist: das Deckprofil der erstgenannten ist dreiteilig, das der zweiten vierteilig; ein Übergang von einem zum anderen System ist nur auf der Kaiserplatte möglich (ihr Deckprofil ist links dreiteilig), da die beiden Köpfe rechts das Profil fast zur Gänze verdecken. Da die Priesterinnenplatte an die Kaiserplatte links nicht anpaßt, muß hier mindestens eine Platte fehlen, ebensowenig kann die Vierfigurenplatte (Kat.-Nr. 59) links an die Priesterinnenplatte anpassen, da der linke Fuß der rechten Figur von Kat.-Nr. 59 durchschnitten ist, der Vorfuß muß auf einer jetzt fehlenden Platte dargestellt gewesen sein; auf ihr oder auf einer zweiten nicht erhaltenen Platte hat sich der Übergang von der Einschichtigkeit zur Zweischichtigkeit der Figuren vollzogen. Da die beiden Kaiserinnen – wie die Kaiser – vermutlich beisammen gestanden sind, ist die Annahme berechtigt, daß Kopf und Oberkörper der Sabina, der Gattin Hadrians (Kat.-Nr. 63), nicht nur rechts der Kaiserplatte, sondern in der Nähe Faustinas d. Ä. (Kat.-Nr. 64), der Gattin des Antoninus Pius, anzuordnen ist. Die verschiedene Dicke des Reliefgrundes verbietet die Zuweisung zur selben Platte. Sabina wird man sich also als Fragment der links an die Faustina anschließenden Platte vorstellen können. Das Stieropfer wurde in unmittelbarer Nähe der Kaiser vollzogen und zwar rechts davon, da sowohl die Mehrzahl der Köpfe der Opferdiener und Musikanten als auch vor allem das Tier nach links gerichtet sind. Da die Stieropferplatte (Kat.-Nr. 62) an die Kaiserplatte (Kat.-Nr. 61) nicht anpaßt, klafft zwischen beiden eine Lücke. Rechts an die Stieropferplatte können die Reste einer zweiten Stierplatte angefügt werden (nicht ausgestellt): Fragmente eines jugendlichen Opferdieners (?) und eines Stieres.
Für die Adoptionsreihe ergibt sich – unter Einbeziehung der Lücken (Durchschnittsmaße) und der Fragmente (ergänzte Breiten) eine Gesamtlänge von 15,03 m. Das stimmt mit den unter dem Figurenfries angebrachten Stierkopf-Girlandenplatten (s. S. 90 ff.), deren Gesamtlänge für die Adoptionsseite 14,84 m (ohne Eckstücke) beträgt, vortrefflich überein.

65—68 DIE SCHLACHT

Abb. 51

Reihung der Reliefplatten (von links nach rechts):
1. Platte: Auf dem Pferd zusammengesunkener Barbarenführer (Kat.-Nr. 65).
2. Platte fehlt. Beginn des Kampfgetümmels und damit der gesteigerten Bewegung der Figuren.
3. Platte fehlt. Kampfszenen. Entsprechend der 11. Platte ein Reiter in Rückenansicht? Das Fragment eines solchen ist im Depot der Antikensammlung vorhanden (Inv. I 1690).
4. Platte fehlt. Kampfszenen.
5. Platte fehlt. Kampfszenen.
6. Platte fehlt. Der Kaiser im Wagen.
7. und 8. Platte: Das Pferdegespann (Kat.-Nr. 66).
9. Platte: Mit dem Schwert ausholender Römer zu Fuß und Teil eines Berittenen (Kat.-Nr. 67), der auf der 10. Platte einen Barbaren tötet (Abguß).
11. und 12. Platte: Gepanzerter Reiter

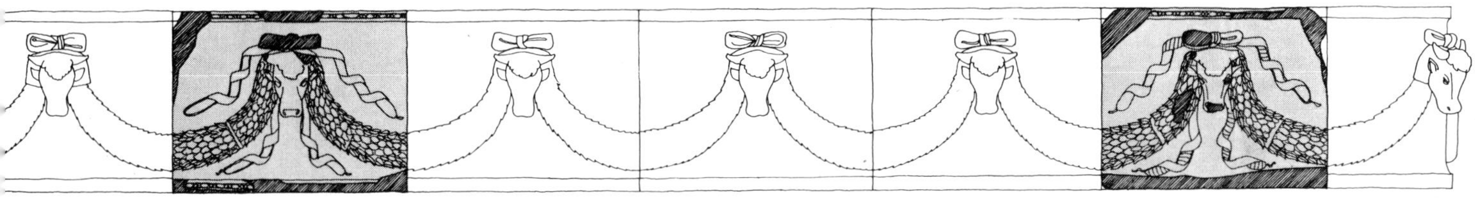

in Rückenansicht und zwei berittene Feldherrn (Kat.-Nr. 68).
13. Platte fehlt. Reiter in Gegenrichtung (?). Das Fragment eines solchen befindet sich im Depot der Antikensammlung (Inv. I 1695).
Die Reihe beginnt links mit einem ruhig stehenden Pferd. Der Partherfeldherr ist auf dem Rücken des Tieres nach vorne gesunken; zusammen mit den römischen Tubabläsern scheint dies ein Hinweis auf den Sieg des römischen Heeres zu sein. In der rechten, größtenteils erhaltenen Hälfte der Serie sind die Kämpfer meist in Zweier- und Dreiergruppen zusammengefaßt, wobei die Abstände zwischen Reitern, stehend Kämpfenden und Gestürzten, Knienden und Gefallenen annähernd gleichmäßig sind. Die Figuren sind in drei Schichten hintereinander dargestellt. Der Kaiser im Zentrum gehörte sicher der vordersten Schicht an, höchstwahrscheinlich überragte er – wie die Herrscher der Adoption (Kat.-Nr. 61) – die Gestalten seiner Umgebung beträchtlich; in der Adoptionsreihe ist dies durch das höhere Terrain, hier durch das Stehen auf dem Wagen motiviert. Die linke Hälfte der Kampfseite war wohl – der rechten entsprechend – in kleinere und größere Gruppen aufgegliedert.

Für die Rekonstruktion ist davon auszugehen, daß die Platte mit dem auf einem Pferd zusammengesunkenen Barbarenführer (Kat.-Nr. 65) vermutlich den linken Beginn der Serie bildet: die ruhige Haltung der Figuren – im Gegensatz zur starken Bewegtheit der übrigen Szenen –, ihre fast ausschließliche Richtung nach rechts, und die Tatsache, daß die Komposition eine Fortsetzung nach links nahezu ausschließt, sprechen dafür. Keine der übrigen Kampfplatten paßt an die rechte Stoßfuge an, hier besteht also eine Lücke. Zweiter Fixpunkt für die Abfolge ist die Bigaszene (Kat.-Nr. 66). Sie nimmt vermutlich die Mitte der Serie ein (wie die Feldherrn der Schlachtsarkophage), da im nicht erhaltenen Wagen wohl der Kaiser dargestellt war. Lucius Verus kann als Oberbefehlshaber im Schwerpunkt der gesamten Thematik – zweifellos die Schlacht – nicht gefehlt haben. Rechts schließt eine Platte mit einem Schwertkämpfer und einem Reiter an (Kat.-Nr. 67); der Barbar, dem er die Lanze in die Halsgrube stößt, ist ein Gipsabguß nach einem Original im Museum von Selçuk. Auf der Innenseite des Schildes befindet sich der Rest eines Tierschweifes, der vermutlich zu dem Pferd gehört, das einen gepanzerten Römer in Rückenansicht trägt (Kat.-Nr. 68). Die folgende, in der Fuge anpassende Szene zeigt zwei lanzenschwingende Reiter.
Möglicherweise sind in ihnen zwei der Generäle des Feldzuges – Avidius Cassius, Statius Priscus, Martius Verus – zu sehen; der dritte wäre in diesem Fall vielleicht der Reiter, der seinen Gegner mit der Lanze niedersticht (Kat.-Nr. 67 und Abguß). Das Relief mit den beiden Reitern (Kat.-Nr. 68) kann – aus Gründen der Komposition – selbstverständlich nicht das rechte Ende der Serie sein. Es fehlt mindestens eine Platte; auf dieser könnte die starke Bewegung der Figuren abnehmen; man wäre aber auch versucht, hier das im Depot der Antikensammlung verwahrte Fragment eines Reiters zu plazieren (Inv. I 1695), der als einziger der ganzen Serie nach links hin sprengt und mit dieser Gegenbewegung am Ende die dominierende Richtung nach rechts abfängt.
Wenn man die kaiserliche Wagengruppe als Zentrum annimmt, und für die zu ergänzenden Platten Durchschnittsmaße einsetzt, so ergibt sich für die rechte Hälfte eine Länge von 9,13 m. Übertragen auf die linke Hälfte erhält man eine Gesamtlänge von 18,26 m, die in Einklang mit der Länge der unter dem Figurenfries versetzten Stierkopf-Girlandenplatten von 18,08 m (ohne Eckstücke) steht (s. S. 90 ff.).

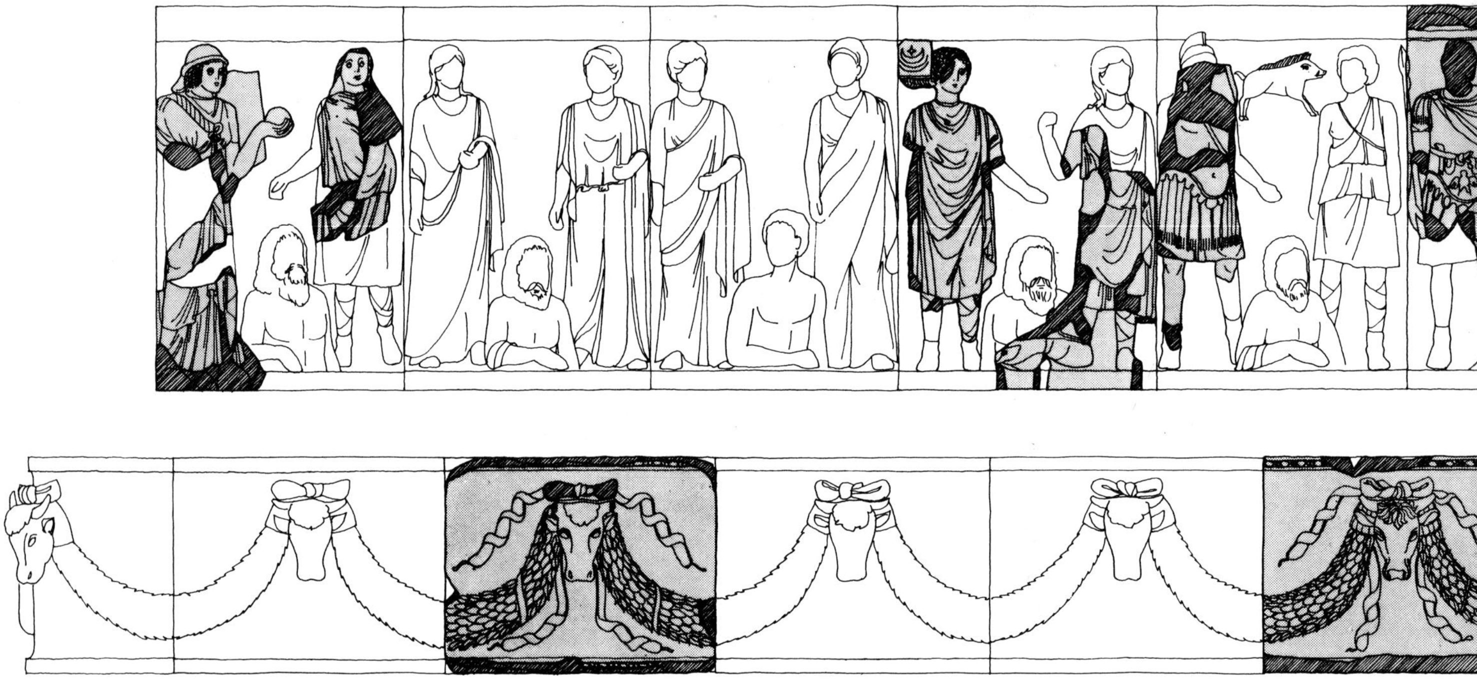

52 *Rekonstruktion des Frieses der Städtepersonifikationen*

69–76 Abb. 52
STÄDTEPERSONIFIKATIONEN

Reihung der Reliefplatten (von links nach rechts):

1. Platte: Alexandria (? Kat.-Nr. 69)
2. Platte fehlt. Personifikation einer Stadt.
3. Platte fehlt. Personifikation einer Stadt.
4. Platte: Carrhae und Edessa (? Kat.-Nr. 70)
5. Platte: Ephesos (? Kat.-Nr. 71)
6. Platte: Rom (Kat.-Nr. 72)
7. Platte: Athen (? Inv. I 1671)
8. Platte: Ktesiphon und Seleukia (Kat.-Nr. 73)
9. Platte: Stehende Frau und unbärtiger Flußgott (Kat.-Nr. 74)
10. Platte: Stehende Frau und bärtiger Flußgott (Kat.-Nr. 75)
11. Platte: Frau im Peplos und Rest eines Flußgottes (Kat.-Nr. 76)

Im Zentrum der Reihe stand vermutlich die Personifikation der Stadt Rom mit Lucius Verus als Mars, der Göttin Roma und dem Flußgott Tiber. Nach beiden Seiten schlossen sich die Personifikationen von wichtigen Städten des Reiches an, beziehungsweise von Städten, die im Partherkrieg eine besondere Rolle spielten: rechts Athen, Seleukia und Ktesiphon, die Hauptstadt des Partherreiches mit dem Flußgott Tigris, sowie mehrere wegen des fragmentarischen Zustandes nicht deutbare Städtepersonifikationen; links Ephesos (?), Carrhae und Edessa (?), mit dem Flußgott Skirtos, sowie Alexandria mit dem Nil.

Ein Plattenfragment, das eine Frau im Peplos zeigt (Kat.-Nr. 76), ist mit Sicherheit das rechte Ende der Serie, da das Relief auf die Stoßfuge übergreift. An die linke Ecke ist – wegen der starken Profilstellung der linken Figur – die Personifikation von Alexandria (Kat.-Nr. 69) zu stellen. Vermutlich in der Mitte der Komposition ist die Platte mit einem Gepanzerten, der Göttin Roma und der Kapitolinischen Wölfin (Kat.-Nr. 72) einzuordnen: die Platte stellt eine Personifikation der Stadt Rom dar. Der Gepanzerte mit dem Szepter kann wohl nur auf Lucius Verus (als Mars?) gedeutet werden. Da die Figuren nicht von einer Platte auf die andere übergreifen und das Schema – zwei Stehende zu beiden Seiten eines Flußgottes – überall das gleiche ist, kann die Reihe der übrigen Platten nur von technischen, stilistischen, fallweise thematischen und kompositionellen Gesichtspunkten her vermutet werden. Wegen der Kopfwendung und Armrichtung beider Figuren nach links (also zum Kaiser) dürfte die Ktesiphon-Seleukia-Platte (Kat.-Nr. 73) auf der rechten Hälfte der Serie gestanden sein. Die Platte mit dem unbärtigen Flußgott (Kat.-Nr. 74) scheint von derselben Hand wie Ktesiphon-Seleukia zu stammen. Da die Vergabe der Aufträge wohl so vorgenommen wurde, daß ein Bildhauer (oder eine Werkstätte) immer nebeneinander stehende Platten zu bearbeiten hatte, müßte die Frau im Chiton und Mantel neben dem unbärtigen Flußgott der rechten Seitenhälfte angehören und vermutlich rechts an Ktesiphon-Seleukia

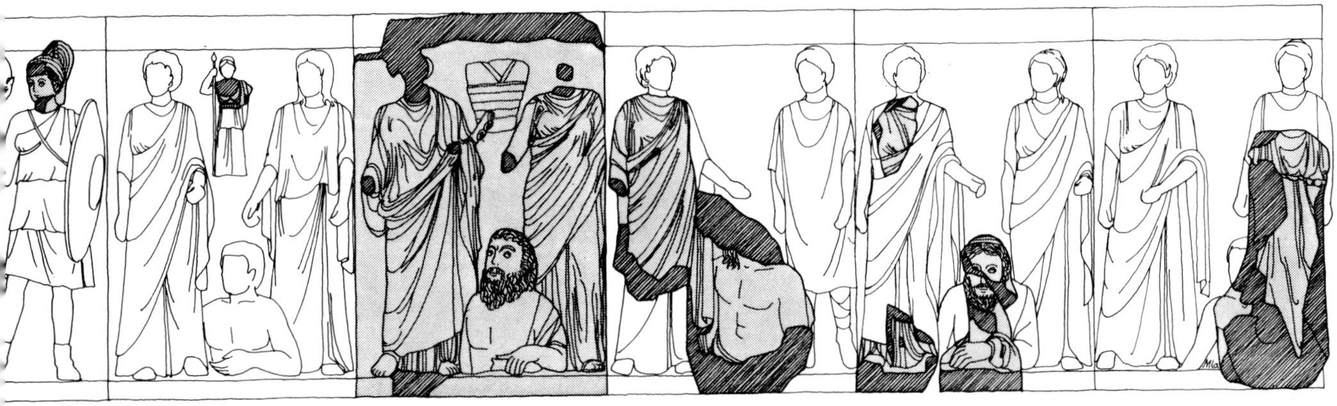

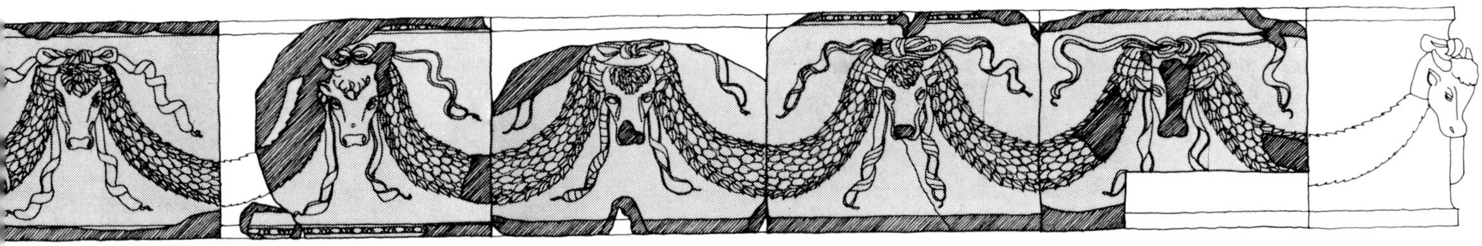

anschließen. Dies schafft außerdem einen Übergang vom hohen Relief der Ktesiphon-Seleukia-Platte zu dem wesentlich flacheren des bärtigen Flußgottes mit dem Rest einer linken weiblichen Figur (Kat.-Nr. 75). Höhe der Bodenleisten, technische Bearbeitung des Reliefgrundes, sowie die Abfolge von Stand- und Spielbeinen sprechen ebenfalls für eine derartige Reihung. Soweit bei dem fragmentarischen Zustand eine Beurteilung überhaupt zulässig ist, könnte die Frau im Peplos (Kat.-Nr. 76), also die rechte Endplatte, an den bärtigen Flußgott angeschlossen haben. Die Reliefhöhen sind ähnlich, der Stil ist eng verwandt, eine Anfertigung durch dieselbe Hand oder dieselbe Werkstätte ist möglich.
Da Ktesiphon-Seleukia (Kat.-Nr. 73) und Lucius Verus–Roma (Kat.-Nr. 72) nicht unmittelbar nebeneinander gestanden sein können – die Höhe der Deckprofile ist zu unterschiedlich – besteht hier eine Lücke. Für die linke Hälfte der Personifikationsserie, für den Raum zwischen Kaiser-Roma-Platte und Alexandria (Kat.-Nr. 69), bleiben die Fragmente der Carrhae-Platte (Kat.-Nr. 70) und der Torso eines Gepanzerten (Kat.-Nr. 71), den F. Eichler der Schlachtreihe zuschreibt. Da die Figur nahezu unbewegt ist und ihre Haltung derjenigen der stehenden auf den übrigen Platten entspricht, ist einer Zuordnung zur Personifikationsreihe der Vorrang zu geben. Ein direkter Anschluß der Carrhae-Platte an Alexandria ist wegen der verschiedenen Höhen der Bodenleisten unwahrscheinlich. Zwischen den beiden fehlt also mindestens eine Platte. Die Panzerfigur (Kat.-Nr. 71) hingegen paßt an die rechte Stoßfuge der Carrhae-Platte sehr gut an. Die Reliefhöhe ist fast die gleiche.
Die stehenden Figuren dieser Reihe sind (ausschließlich?) Personifikationen von Städten; daß dabei Ephesos nicht fehlen durfte, unterliegt keinem Zweifel (Ephesos ist Widmungs- und Aufstellungsort des Denkmals; zeitweilig war Ephesos Hauptquartier im Partherkrieg; hier heiratete Verus im Jahr 163 Lucilla). Androklos und der Eber, Amazonen, Artemis Ephesia (Eber oder Artemis eventuell als Stadtsymbol zwischen den Oberkörpern der stehenden Figuren) und als Flußgott der Kaystros könnten dargestellt gewesen sein. Da Ephesos wegen seiner Bedeutung im Krieg wohl neben der Personifikation von Rom stand, ist die Annahme, die Panzerfigur (Androklos? Kat.-Nr. 71) sei ein Rest dieser Platte, nicht von der Hand zu weisen. Sie wäre links an die Verus-Roma-Platte (Kat.-Nr. 72) anzuschließen. Athen war sicherlich aus dem Kreis dieser Städte nicht ausgeschlossen. Sollte der Rest eines Palladions (im Depot der Antikensammlung; Inv. I 1671), das wegen der Maße und des sehr flachen Reliefs ein Stadtsymbol war, zu einer Athen-Platte gehören, die rechts der Verus-Roma-Platte stand?
Die vorhandenen Platten, deren Maße wegen der Bruchstückhaftigkeit zum Großteil errechnet werden mußten, ergeben eine Frieslänge von 11,05 m. Folgt man der Annahme, daß die Kaiser-Roma-Platte (Kat.-Nr. 72) im Zentrum und rechts davon die Athenpersonifikation stand, müssen links zwei Platten fehlen; legt man dafür und für die Ephesos (?)-Platte (Kat.-Nr. 71) eine durchschnittliche Breite von 1,35 m zugrunde, so sind 4,05 m hinzuzurechnen. Somit betrug die Gesamtlänge des Personifikationsfrieses 15,00 m, was mit der Länge des zugehörigen Stierkopf-Girlandenfrieses (ohne Eckstücke 14,81 m) und der auf dem Denkmal gegenüberliegenden Adoptionsserie (15,03 m) sehr gut übereinstimmt. Man wird für die beiden Schmalseiten des Partherdenkmals (s. Rekonstruktion Abb. 72) also ± 15,00 m annehmen müssen.

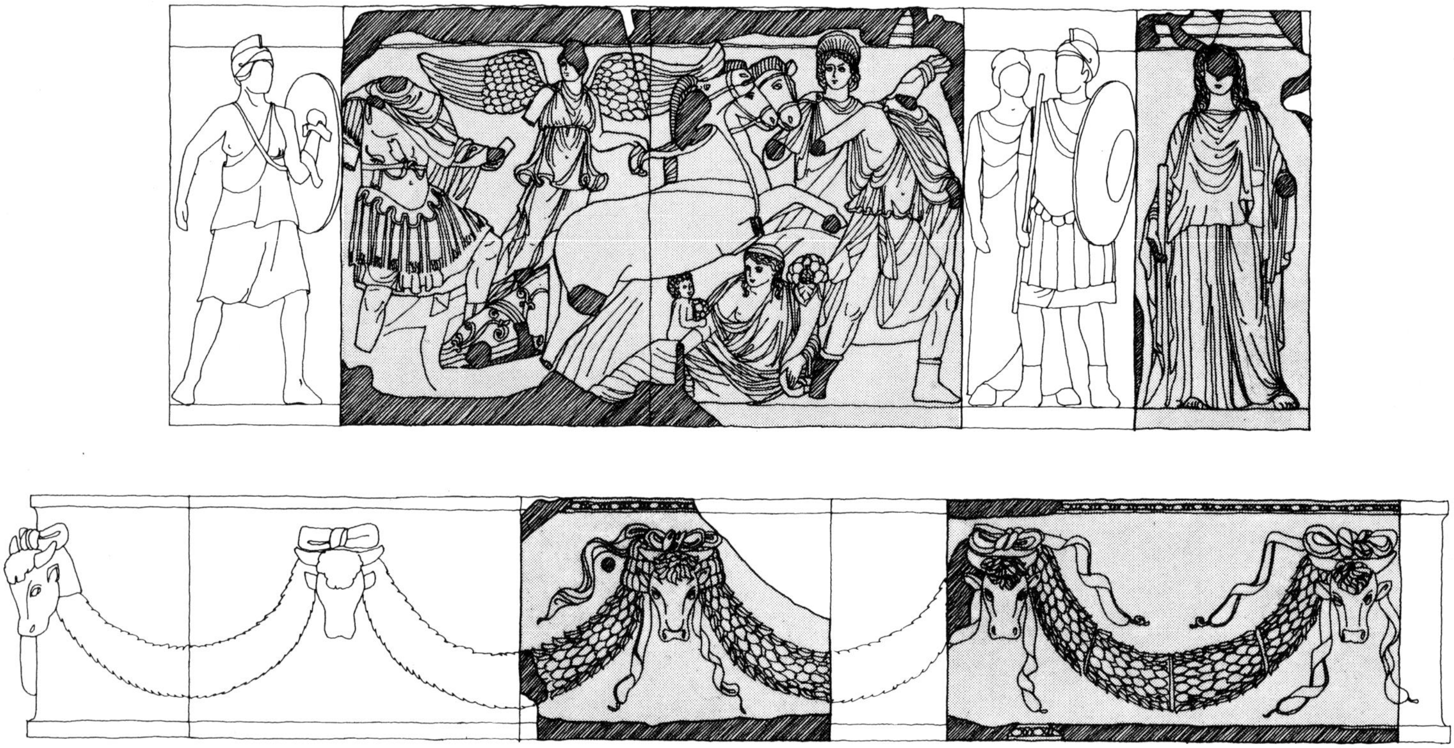

53 *Rekonstruktion des Apotheose-Frieses*

81–83 DIE APOTHEOSE

Abb. 53, 54

Reihung der Reliefplatten (von links nach rechts). Linke Stirnseite des Denkmals:
1. Platte fehlt. Vielleicht ist hier eine mäßig bewegte, etwas ins Profil nach rechts gedrehte Figur (möglicherweise die Göttin Roma?) zu ergänzen. Die Platte hätte ähnlich der Demeter (Kat.-Nr. 81) eine Breite von ca 0,85 m.
2. und 3. Platte: Lucius Verus, Nike, Helios, Virtus und Tellus (Kat.-Nr. 82)
4. Platte fehlt. Stehende oder im Gegensinn zur Virtus leicht nach links bewegte Figuren, eine davon vielleicht Mars?
5. Platte. Demeter (Kat.-Nr. 81)

Rechte Stirnseite des Denkmals:
1. Platte fehlt. Stehende Figur? Der Demeter an der linken Stirnseite entsprechend vielleicht Kore?
2. Platte: Artemis-Selene, Hesperos, Nyx, Thalassa (Kat.-Nr. 83)
3. und 4. Platte fehlen. Eine der Virtus der Apotheose entsprechend nach rechts sich bewegende Figur? Als rechter Abschluß der Serie vielleicht eine etwas nach links gewendete Figur?

Der Kaiser fährt – geleitet von der Siegesgöttin Nike – im Wagen des Sonnengottes Helios in den Olymp auf. Virtus, die Allegorie der militärischen Tüchtigkeit, führt das Gespann; darunter liegt Tellus, die Mutter Erde, als Fruchtbarkeit spendende Gottheit. Sie ist wohl ein Hinweis auf die Blüte des Reiches unter der Regierung des Lucius Verus. Dem Kaiser als aufgehendem Gestirn, als neuem Sonnengott, auf der linken Stirnseite entspricht rechts Artemis-Selene, die Mondgöttin, als sinkendes Gestirn. Vor ihr fliegt Hesperos, der Abendstern; dem Helios auf der linken Stirnseite entspricht Nyx, die Personifikation der Nacht; der Tellus entspricht die Thalassa, die Personifikation des Meeres.

Wenn man die Rekonstruktion des Partherdenkmals als Monumentalaltar (s. Abb. 72, 73) einer Anordnung der Platten zugrundelegt, wird man in der Annahme nicht fehlgehen, daß die Apotheose-Platte (Kat.-Nr. 82) auf die linke, die Artemis-Selene-Platte (Kat.-Nr. 83) auf die rechte Stirnseite der Flügelbauten zu stellen sind. Sicher ist, daß beide Reliefs gleichzeitig sichtbar waren; das beweisen Thema und Komposition, die in der Pose der Figuren und ihrem Ort auf den Platten fast völlig gleich ist.

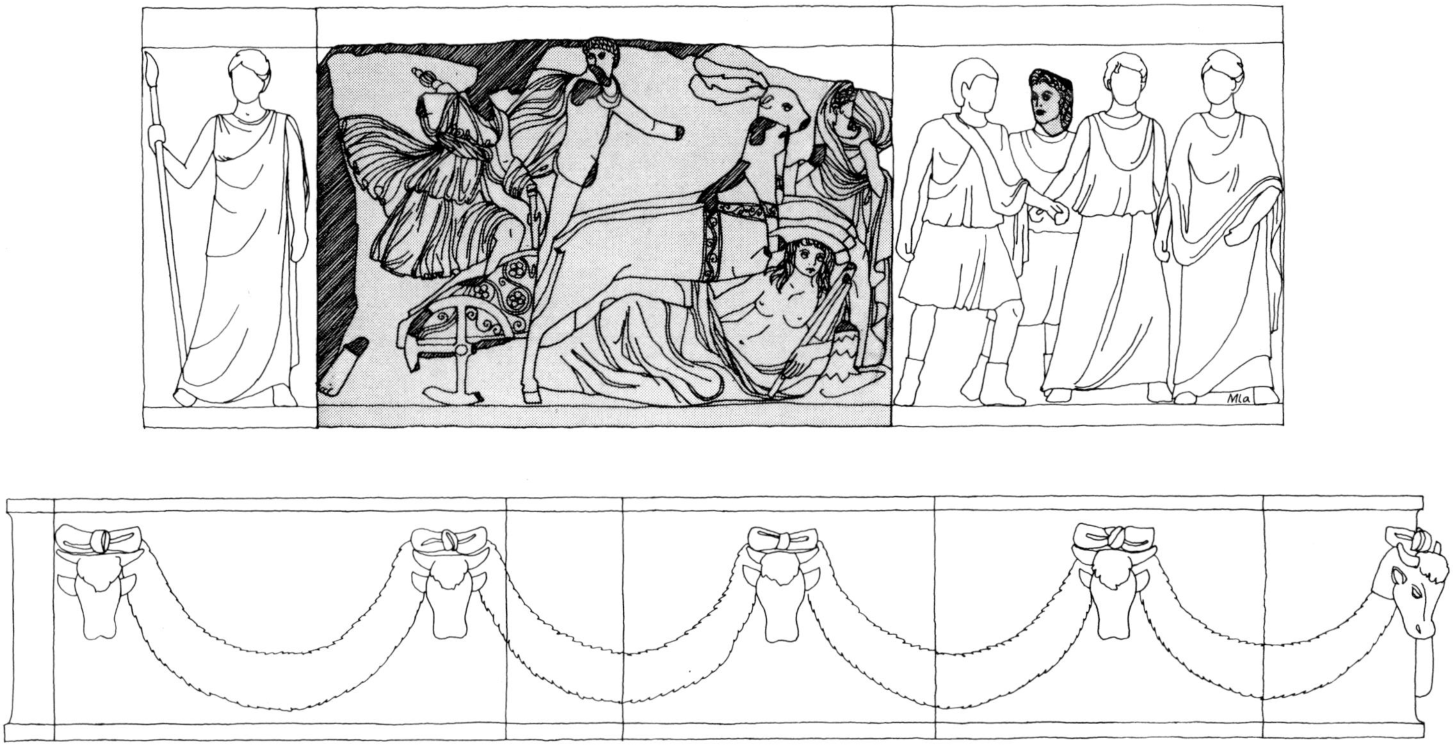

54 *Rekonstruktion des Selene-Frieses*

Die beiden Reliefs können m. E. mit den Platten der Götter- und Städteserie nicht – wie Eichler annimmt – in einer Reihe gestanden sein. Abgesehen davon, daß die Seite des Denkmals zu lang wäre, ist auch der Unterschied im Kompositionsschema – hier dynamisch, dort statisch – zu groß; der Kaiser wäre auf einer Seite mehrmals wiedergegeben und überdies weist – mit Ausnahme der Kampfseite – keine Serie des Denkmals derartige Reliefhöhen auf wie die Apotheose- und Seleneplatten. Mehrere ursprünglich zu dieser Serie gehörige Figuren scheinen verloren zu sein, da die Stirnseiten der Flügelbauten ansonsten zu schmal wären und außerdem die der Virtus auf der Apotheoseplatte (Kat.-Nr. 82) entsprechende Figur auf der Seleneplatte fehlt, was ungleiche Breitenmaße (3,06 : 2,81 m) zur Folge hat.
Von allen erhaltenen Stücken kommt dafür nur die Demeterplatte (Kat.-Nr. 81) in Frage: sie ist die einzige, die ebenso hohes Relief und die gleiche maximale Körpergröße wie einige Figuren der Apotheose aufweist. Die Profile der Kopfleisten und die Vorderseiten der Bodenleisten sind ähnlich, wie auch Stil und technische Bearbeitung eng verwandt sind.
Die Demeterplatte könnte demnach nur zur Apotheose gehören, allerdings nicht in direktem Anschluß, da die Stoßfugen nicht aneinander passen. Da Demeter (Ceres) in enger Beziehung zu Tellus steht und als chthonische bzw. Totengöttin mit dem vorangegangenen Tod des Verus in Verbindung gebracht werden kann, besteht auch thematisch kein Einwand gegen die Einordnung in unmittelbarer Nähe der Apotheose. Nach der vorgeschlagenen Anordnung der Stierkopf-Girlandenplatten müssen die Friese der Stirnseiten auf ungefähr je 5,70 m ergänzt werden.

77–80 DIE GÖTTER

Abb. 55, 56

Reihung der Reliefplatten, Innenwange des linken Flügelbaues (von links nach rechts):
1. Platte: Athena, zu ergänzen vermutlich Zeus und Hera (Kat.-Nr. 77)
2. Platte: Lucius Verus und Nike, zu ergänzen vielleicht Mars (Kat.-Nr. 78)
3. Platte: Poseidon und Amphitrite, zu ergänzen vielleicht eine Nereide (Kat.-Nr. 79)

Innenwange des rechten Flügelbaues (von links nach rechts):
1. Platte: Aphrodite und Kybele? Links vielleicht eine Nymphe zu ergänzen (Kat.-Nr. 80)
2. Platte: Dionysos? (Fragmente im

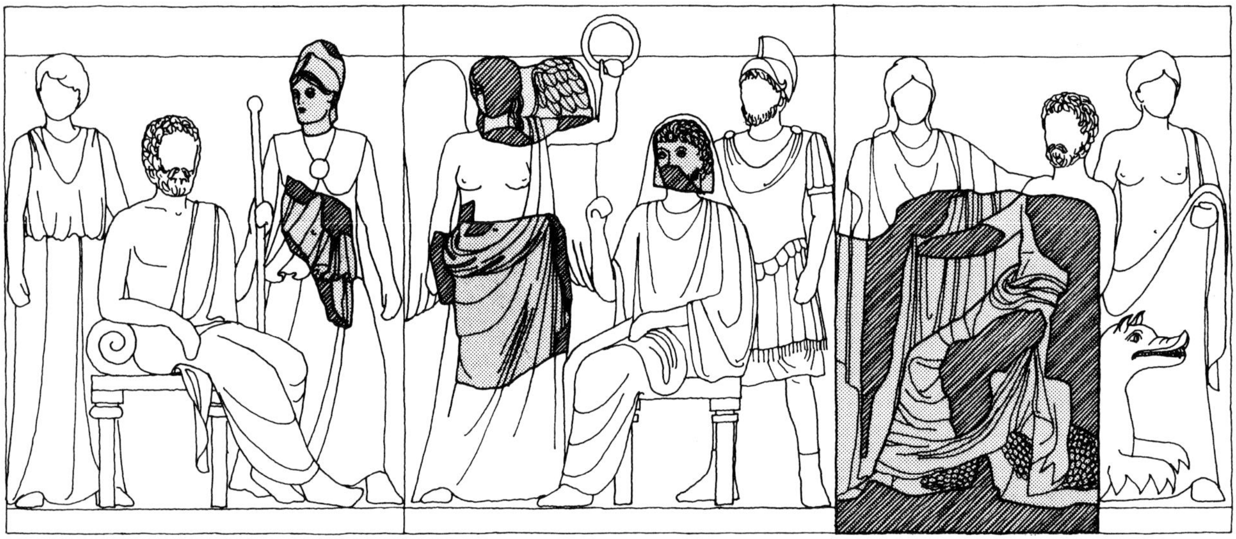

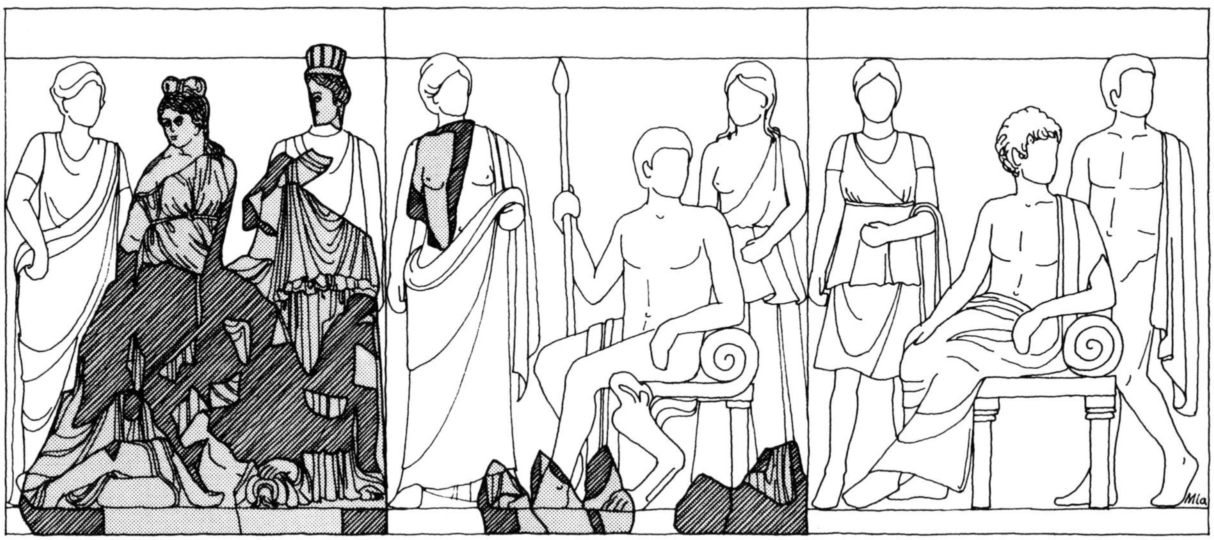

55, 56 *Rekonstruktion des Götter-Frieses*

Depot; Inv. I 1668, 1675, 1679). Zu ergänzen vielleicht Ariadne und Mänade?

3. Platte fehlt zur Gänze. Hier könnten Apoll, Artemis und Hermes dargestellt gewesen sein.

Der Kaiser, der Sieger im Partherkrieg, der im Wagen des Helios in den Olymp aufgefahren ist, thront als divus inmitten der Götter.

Eine mit den Städtepersonifikationen gemeinsame Reihung an einer Seite des Denkmals ist m. E. auszuschließen, da sowohl die Plattenbreite als auch das Kompositionsschema der einzelnen Platten zu unterschiedlich ist. Wohl steht hier wie dort links und rechts je eine Figur. Auf den Städtereliefs sind aber in der Mitte zwischen beiden oben ein Symbol, unten der Oberkörper eines Flußgottes angebracht, während auf den Götterplatten die zwei stehenden Figuren zu beiden Seiten einer sitzenden dargestellt sind; die Gottheit wird durch ein Attribut in der Mitte unten identifiziert.

Als Ort der Anbringung kommen die Innenwangen der Flügelbauten in Frage.

Für die Verteilung der Platten wird man davon ausgehen müssen, daß die Mehrzahl der sitzenden Figuren zum Eingang, also zu dem den Altar Betretenden gerichtet ist. Damit wären der Kaiser (Kat.-Nr. 78) und Poseidon (Kat.-Nr. 79) an die linke, die Aphrodite-Platte (Kat.-Nr. 80) an die rechte Seite zu stellen. Bei letzterer könnte es sich wegen der Profilstellung der linken Figur um eine Endplatte handeln, die an der rechten Wange an der dem Eingang abgekehrten Seite eingeordnet werden müßte.

Wenn der Kaiser und die Nike (Kat.-Nr. 78) als zentrales Thema in der Mitte der linken Reihe

angenommen werden, wird man davor – also nahe der Stirnseite des Flügelbaues mit der Apotheose – Zeus und als seine Begleitfigur Athena (Kat.-Nr. 77) annehmen dürfen; ihr Kopf ist erhalten, Zeus konnte in einer Götterversammlung nicht fehlen. Hinter dem Kaiser stand vielleicht die Platte mit Poseidon (Kat.-Nr. 79). An der rechten Wange wird man an die Aphroditeplatte (Kat.-Nr. 80) die Reste eines sitzenden Dionysos (?) anschließen.
Mit Hilfe der errechneten Plattenbreiten kommt man auf eine Frieslänge an den beiden Innenwangen von je knapp 5,00 m.

Die Gesamtmaße des rekonstruierten Frieses betragen ca. 70 m. Die zur Gänze oder fragmentarisch erhaltenen Platten ergeben aneinandergereiht ca. 45 m, d. h. daß zwei Drittel des ursprünglichen Reliefbestandes, wenn auch zum Teil nur bruchstückhaft, vorhanden sind.

VERZEICHNIS DER RELIEFPLATTEN

Eine Fundortangabe wird – wie üblich – nur dort gemacht, wo eine nähere Bestimmung möglich ist. Sonst ist selbstverständlich die Angabe „Ephesos" einzusetzen. Es soll aber darauf hingewiesen werden, daß eine große Anzahl kleinerer Fragmente auf dem Platz zwischen Arkadiane und dem Atrium der Hafenthermen gefunden wurden.
An Literatur ist in den meisten Fällen nur Eichler, Zum Partherdenkmal, zitiert. Von hier aus kann die weitere Literatur aufgefunden werden; vor allem finden sich dort laufend Hinweise auf C. Vermeule, Roman Imperial Art in Greece and Asia Minor (1968), S. 95 ff. Die Platten Kat.-Nr. 61, 62, 65, 67, 69, 78 sind bei E. Lessing – W. Oberleitner, Ephesos, Weltstadt der Antike (1978), abgebildet und besprochen.

Beginnend vor dem rechten hinteren Säulenpaar des Apsidensaales von links nach rechts:

59–64 ADOPTION

59 TEILNEHMER AM STAATSAKT DER ADOPTION.

Unterteil einer Platte mit 4 Figuren. Die linke Figur stellt einen Knaben in Mantel und Sandalen dar; vermutlich zugehörig ist ein Knabenkopf, der wie der Körper stark ins Profil nach rechts gedreht ist. Es folgt ein in einen Mantel gehülltes, nicht gänzlich erwachsenes Mädchen (?), das sich ebenfalls leicht nach rechts (zur Adoption) wendet. Figur drei ist eine in Chiton und Mantel gekleidete frontal stehende Frau, deren linke Hand die Steilfalten des Mantels faßt. Vielleicht gehört dazu ein lorbeerbekränztes Kopffragment. Rechts steht – wiederum etwas nach rechts gewendet – ein Mann in Toga und Schuhen (calcei). Dargestellt sind wohl Angehörige der kaiserlichen Familie und hohe Beamte.

Fundort von Knabenkopf und Platte ist derselbe; dadurch wird auch die Zugehörigkeit des ersteren wahrscheinlich gemacht. Der Frauenkopf ist ein Abguß nach einem Original, das ich 1976 im Depot des Museums Selçuk auffand (Inv. des Museums in Selçuk: 163–57).

57 *Kat.-Nr. 60*

Nach Stil, Marmor und Technik sicher zum Parthermonument gehörig; Kranz, Haarbehandlung und Stil sind der Siebenfigurenplatte der Adoptionsserie (Kat.-Nr. 60) eng verwandt. Es wäre natürlich auch möglich, daß der Kopf zu einer Figur der zwischen Kat.-Nr. 59 und Kat.-Nr. 60 fehlenden Platten gehört.

Lit.: Eichler, Zum Partherdenkmal, S. 117 f., 122, Abb. 2, 17, 25
FO, Platte: östlich des Oktogons. Knabenkopf: „Schutt bei Stufenbau" (Oktogon)
Frauenkopf „1957 in Ephesos gefunden" (Angabe des Museumsinventars in Selçuk)
Maße, Platte: B 146 cm, H (noch) 116,5 cm, T 68 cm. Reliefhöhe (max.) 34 cm
Knabenkopf: H (noch) 22 cm, B (noch) 18,5 cm, T (noch) 14,5 cm
Frauenkopf: H (noch) 20 cm, B 24 cm, T 25,5 cm
Inv., Plattenunterteil: I 1657, Knabenkopf: I 1661

60 Abb. 57
PRIESTERINNEN UND MITGLIEDER DES KAISERLICHEN HOFES (?)

Die Figuren sind in zwei Ebenen hintereinander angeordnet, wobei die Frauen der hinteren Reihe höhergestaffelt sind.
Hintere Reihe: links ein stehendes Mädchen, in der rechten Hand eine Opferkanne haltend. Von der zweiten, ebenfalls weiblichen Figur ist nur der Kopf in strengem Profil nach rechts zu sehen. Rechts schließt der Oberkörper eines Mädchens in Vorderansicht an, das mit beiden Händen ein Attribut, vermutlich ein Kästchen mit Opfergaben, hält. Rechts daneben steht ein Mädchen in Vorderansicht. Drei Figuren sind lorbeerbekränzt, alle vier tragen schulterlanges Haar und sind mit Chitonen bekleidet.
Vordere Reihe: die linke männliche Figur trägt einen Mantel und Sandalen, das halbwüchsige Mädchen in der Mitte Chiton und Mantel, ebenso die Frau rechts. Die Figuren der hinteren Ebene sind Priesterinnen, die Opfergerät tragen, die der vorderen möglicherweise ein Ehepaar mit Tochter, wohl Mitglieder des kaiserlichen Hofes.

Am Deckprofil ist links außen ein T, in der Mitte ein △ als Zählmarke angebracht, an der Vorderseite der Bodenleiste links ist PΩMH eingemeißelt.
Lit.: Eichler, Zum Partherdenkmal, S. 114 ff., Abb. 15
FO: östlich des Oktogons
Maße: B 117 cm, H 203 cm,T 70 cm, Reliefhöhe 36 cm
Inv.: I 882

61 Abb. 58
DIE KAISER

Adoption des Antoninus Pius durch Hadrian, des Mark Aurel und des Lucius Verus durch Antoninus Pius. In der vorderen Reihe steht rechts Kaiser Hadrian; beide Unterarme sind vorgestreckt. Links vorne Antoninus Pius, die linke Hand auf die Schulter des Lucius Verus legend, der rechte Unterarm war vorgestreckt. Möglicherweise hielt Antoninus Pius eine Opferschale in der rechten Hand. Zwischen Hadrian und Antoninus Pius befindet sich im Hintergrund das Szepter, davor steht der achtjährige Lucius Verus; links hinter Antoninus Pius steht der siebzehnjährige Mark Aurel. Über die linke Schulter Hadrians blickt ein Kopf, der vermutlich als Genius des Aelius Verus, des erst kurz vor der Adoption – am 1. Jänner 138 – verstorbenen Vaters des Lucius.
Die Kaiser stehen auf einer Bodenerhöhung, ihre Köpfe reichen weit in das Deckprofil; sie sind – ihrem Rang gemäß – den Figuren der anderen Platten gegenüber hervorgehoben. Die vier Figuren sind in Toga und Calcei gekleidet. Hadrian und Antoninus Pius haben den Mantel über den Kopf gezogen; das bedeutet in diesem Fall wohl, daß sie als vergöttlichte Verstorbene, als divi, dargestellt sind, da die Adoption – vom Datum der Errichtung des Denkmals aus gesehen – eine Rückblendung ist.

Rechte Seite:
58 *Kat.-Nr. 61*

Der rechte Unterarm Hadrians war gesondert angesetzt; der Bruch geht durch eine tiefe viereckige Ausnehmung. Die rechte Hand des Mark Aurel hielt vermutlich ein Attribut, das durch einen Steg mit dem rechten Oberschenkel verbunden war. – An der Vorderseite der Fußleiste steht links ein M, rechts ein N.

Lit.: Eichler, Zum Partherdenkmal, S. 115, Abb. 1, 12. Bonanno, Relief Portraiture, S. 114 ff.

FO: vor der Celsusbibliothek
Maße: B 150 cm, H 206 cm, T 51 cm, Reliefhöhe 32 cm
Inv.: I 864

62 Abb. 59
STIEROPFER

In der Mitte der vorderen Reihe steht mit gesenktem Kopf der Stier (der Hinterkörper verschwindet rechts zwischen den beiden Figurenreihen). Zu beiden Seiten kurzgekleidete Opferdiener (victimarii), die gemeinsam das Tier festhielten, der linke bärtige umfaßte vielleicht mit der rechten Hand das Beil, um im nächsten Augenblick zum Schlag auszuholen, während in der links zu ergänzenden Platte möglicherweise der Opferdiener (der cultrarius, derjenige, der das Tier tötet) das Beil bereits in die Höhe schwingt. In der hinteren Figurenebene steht rechts ein bärtiger Tubabläser, kurzgekleidet und in Stiefeln, im Profil nach links, das Instrument ist – über die ganze Platte – zur Adoption gerichtet. In der Mitte steht, im Profil nach rechts, ein zweiter Musikant, der den Doppelaulos bläst. Am linken Plattenrand hinten ein ju-

gendlicher Opferdiener (camillus), der in der rechten Hand ein Opferkännchen hält. Üblicherweise wurde das Opfer in der Nähe eines Altares vollzogen; der Priester sprach die rituellen Gebete, dann wurde das Tier getötet und zerlegt, die Eingeweide – als Anteil der Gottheit – nach genauen Vorschriften gekocht und auf dem Altar dargebracht und verbrannt. Den Rest verzehrten die Priester und Opferteilnehmer.

Rechts hat vermutlich eine weitere Platte mit einem Stier angeschlossen. Reste davon befinden sich im Depot der Antikensammlung: 1. Zwei Stiervorderbeine im Profil (Inv. I 1681); 2. Die linke Ecke einer Fußleiste mit den linken Füßen eines Knaben und eines Erwachsenen (Inv. I 1682); 3. Hüfte und Oberschenkel eines kurzgekleideten Knaben (camillus? Inv. I 1683). Die Stoßfugen der beiden letztgenannten Fragmente passen gut an die erhaltene Stieropferplatte (Kat.-Nr. 62) an.

Lit.: Eichler, Zum Partherdenkmal, S. 116 f., Abb. 16. Bonanno, Relief Portraiture, S. 116.
FO: vor der Celsusbibliothek
Maße: B 125 cm, H 206 cm, T 69 cm, Reliefhöhe 41 cm
Inv.: I 859

63 SABINA

Abb. 60

Die mit dem Mantel bekleidete Frau trägt im Haar ein Diadem. Der Kopf ist etwas geneigt und nach seiner Rechten gewendet. Der rechte, vom Mantel verhüllte Arm hielt in der Beuge ein nicht mit Sicherheit bestimmbares Attribut (Kästchen?). Der Kopf

59 *Kat.-Nr. 62*

60 *Kat.-Nr. 63*

ist höchstwahrscheinlich ein Porträt der Sabina, der Gattin Hadrians, die 136 starb und hier als diva dargestellt ist. Rechts sind wohl drei stehende Figuren, Mitglieder der kaiserlichen Familie, zu ergänzen.

Erhalten sind Kopf und Oberkörper der Figur. M. E. ist an der Identifizierung kaum zu zweifeln (s. unten die Parallelen). Der Kopf entspricht im wesentlichen dem Haupttypus des Sabinabildnisses, scheint aber als postumes Porträt hinsichtlich des Lebensalters etwas idealisiert zu sein. Das Fragment ist mit ziemlicher Sicherheit der Adoptionsserie zuzuordnen, da neben Faustina d. Ä. die Gattin Hadrians kaum gefehlt hat. Kopf und Oberkörper konnten 1976 an einer kleinen Partie nahe der Halsgrube im Bruch zusammengepaßt werden.

Lit.: Eichler, Zum Partherdenkmal, S. 122, Abb. 24; Inv. I 1674 unpubliziert
Maße: B 67,5 cm, H 96 cm, T 41 cm, Reliefhöhe 28 cm. Ergänzte Breite der Platte: 145 cm
Vgl.: M. Wegner, Hadrian (1956), S. 89 f., 129; Taf. 45 a, 47 a, S. 71, 89 f., 129; Taf. 44 a, 46 a, 48 a, S. 90, 129; Taf. 45 b, 47 b, 48 b.
Inv., Kopf: I 1660; Oberkörper: I 1674

64
FAUSTINA DIE ÄLTERE

Faustina trägt den Peplos und Schuhe. Im linken Arm hält sie ein Füllhorn mit Früchten. Sie ist, da ein Schleier den Kopf bedeckt, als diva, wegen des Füllhorns darüber hinaus wohl als Fortuna (Göttin des Glücks) oder Abundantia (vergöttlichte Personifikation des Überflusses) dargestellt. Das Mädchen neben ihr (der Kopf ist nicht erhalten) ist in Chiton und Mantel gekleidet. Es wäre möglich, daß in dieser Figur Faustina die Jüngere, die Tochter des Antoninus Pius und der Faustina d. Ä., die spätere Gattin des Mark Aurel, zu erkennen ist, obwohl das Mädchen etwas älter als 8 Jahre zu sein scheint (Faustina ist um 130 geboren) und die Verlobung mit Markus 139 stattfand.
Am linken Bruch der Bodenleiste ist der rechte Vorfuß mit Sandale einer dritten Figur zu sehen, die wohl auch ein Mitglied der kaiserlichen Familie darstellte.

Die Zuweisung zur Adoptionsserie scheint erwiesen. Es ist mehr als wahrscheinlich, daß Faustina am Staatsakt teilnahm. Ihr Lebensalter – ca. 38 Jahre – stimmt mit dem Porträt überein. Der mögliche Einwand, sie sei durch das Füllhorn in den mythischen Bereich übernommen, und daher der Götter- oder Städteserie zuzuzählen, ist m. E. nicht stichhältig, da bei einer 32 Jahre zurückliegenden Handlung und 29 Jahre zuvor erfolgten Konsekration eine Darstellung als mythische Figur ohne weiteres möglich ist. M. E. hat Faustina unter den Städtepersonifikationen und Göttern, in Szenen also, die um 170 auf die Partherkriege und auf Lucius Verus Bezug nehmen, genausowenig zu suchen wie Sabina. Außerdem ist die Vorderseite der Fußleiste denen der übrigen Adoptionsplatten gleich, nämlich grob gearbeitet und damit unvollendet, während die der Städtepersonifikationen glatt und einfach profiliert sind. – Die Zugehörigkeit des Brustfragmentes zur Faustina d. J. (?) ist durch den Sägebruch an der Rückseite, der seine Fortsetzung im unteren Teil der Platte findet, gesichert.

Lit.: Eichler, Zum Partherdenkmal, S. 117, Abb. 13. Bonanno, Relief Portraiture, S. 116
FO, I 1656 a: auf dem Platz vor dem Atrium Thermarum
Maße, I 1656 a: B (noch) 95 cm, H 208 cm, T 46,5 cm, Reliefhöhe 30 cm; I 1656 b: B (noch) 52 cm, H (noch) 28 cm, T (noch) 40 cm, Reliefhöhe 14 cm. Ergänzte Breite der Platte: 145 cm
Vgl.: zur Identifizierung mit Faustina d. Ä. M. Wegner, Die Herrscherbildnisse in antoninischer Zeit (1939), S. 166; Inan – Rosenbaum, S. 76, Nr. 42
Inv., Faustina d. Ä. und Unterkörper des Mädchens: I 1656 a; Oberkörperfragment des Mädchens: I 1656 b

65–68
SCHLACHT

65 — Abb. 61
VERWUNDETER PARTHERFELDHERR ZU PFERD

Im Vordergrund ist auf einem Pferd, dessen Hinterhand einknickt, ein nach vorne gesunkener verwundeter oder toter Partherführer (die Augen sind geschlossen) in Hosen und kurzem, ärmellosem Chiton dargestellt. Vielleicht ist es der Oberbefehlshaber, da das Pferd durch die Satteldecke (Wolfsfell?) besonders geschmückt ist. Vor dem Pferd steht ein umblickender Barbar in kurzärmeligem Chiton und phrygischer Mütze, mit der Linken den Schild haltend. Vor ihm ist ein verwundeter Barbar auf die Knie gesunken; mit der rechten Hand versucht er einen Pfeil aus seinem Rücken zu ziehen. Hinter dem Pferd blasen zwei gepanzerte Römer die Tuba, ein Instrument, das im Heer für Signale verwendet wurde. Durch den toten Partherfeldherrn, die beiden Tubabläser, durch die gemäßigte Bewegung unterscheidet sich diese Platte deutlich von den übrigen dieser Serie. Hier wird nicht mehr gekämpft, der römische Sieg ist offenkundig. Der obere Abschluß der Platte fehlt.

61 *Kat.-Nr. 65*

Lit.: Eichler, Zum Partherdenkmal, S. 109, 129 f., Abb. 1, 5, 29, 30
FO: vor der Celsusbibliothek
Maße: B 163 cm, H (noch) 186 cm, T 47 cm, Reliefhöhe 32 cm.
Inv.: I 858

66 Abb. 62

ZWEIGESPANN (BIGA), MARS PROPUGNATOR (?) UND KAMPFSZENEN

Zwei Platten, deren Relief von der linken auf die rechte übergreift.
Die Pferde sprengen über ein gestürztes Pferd und zwei Barbaren hinweg. Der links sitzende, mit Lendenschurz und phrygischer Mütze bekleidete, zieht einen Pfeil aus einer Brustwunde, der rechts kniende zückt über dem Schild das Kurzschwert. Vor der Biga steht ein Mann in kurzem Chiton und kurzem Schultermantel, mit Schild und Schwert, der sicher den Römern zuzuweisen ist. Möglicherweise handelt es sich um Mars Propugnator, den Kriegsgott als Vorkämpfer. Im Hintergrund der rechten Platte eine zweifigurige Kampfgruppe im Profil: rechts ein Barbar, der mit einem Stein in der Rechten gegen einen Römer mit Helm und Schild ausholt. Auf der linken Platte hebt ein Römer das Schwert gegen einen Barbaren, der seinen Oberkörper mit dem Schild deckt und mit dem Schwert den Schlag abzuwehren versucht. Der linke Plattenrand durchschneidet unten die Deichsel des auf der anschließenden, jetzt fehlenden Platte dargestellten Wagens, auf dem höchstwahrscheinlich Lucius Verus stand (s. S. 68, 70 f.).

Versatzmarken: auf dem Deckprofil der linken Platte in der Mitte ein △. Die rechte Platte zeigt im Deckprofil links außen IB.

62 *Kat.-Nr. 66*

Lit.: Eichler, Zum Partherdenkmal S. 109 f., Abb. 1, 6, 29/30
FO: vor der Celsusbibliothek
Maße: H 206 cm, T 64 cm, Reliefhöhe 38 cm; linke Platte: B 114 cm, rechte Platte: B 110 cm
Inv.: I 865

67 Abb. 49
SCHWERTKÄMPFER UND REITER

(rechts anpassend ein Abguß nach einem originalen Fragment im Archäologischen Museum Selçuk). In der Mitte holt ein römischer Soldat (in kurzem Chiton, mit Helm, Schild und Stiefeln) mit dem Schwert gegen einen links knienden Barbaren aus, der mit der Linken Schild und Schwertscheide, in der Rechten das Schwert hält. Hinter dem Schwertkämpfer bäumt sich dessen Pferd auf. Rechts ein gepanzerter, behoster römischer Reiter, der dem knienden Barbaren auf dem Abguß die Lanze in die Halsgrube stößt. Hinter dem Reiter oben die rechte, eine Lanze haltende Hand eines zweiten Reiters, auf dem Abguß Reste seines Pferdes.

Am Barbarenschild des Abgusses ist das Ende eines Pferdeschweifes zu sehen, der wahrscheinlich zum Pferd des Gepanzerten in Rückenansicht (Kat.-Nr. 68) gehört.
Im Deckprofil von Kat.-Nr. 67 ist links der Mitte ein △ angebracht.

Lit.: Eichler, Zum Partherdenkmal S. 110, 126, Abb. 8, 29/30
FO, I 866: 1903 vor der Bibliothek; Fragment in Selçuk: 1965 auf der Tetragonos Agora
Maße, I 866: B 146 cm, H 208 cm, T 59 cm, Reliefhöhe 32 cm
Abguß: B (noch) 90 cm, H (noch) 169 cm, T (noch) 42 cm, Reliefhöhe 31 cm. Ergänzte Breite der Platte in Selçuk: 138 cm
Inv.: I 866

68 Abb. 71
REITER IN RÜCKENANSICHT, ZWEI REITENDE FELDHERREN (?)

Zwei Platten, deren Relief von der linken auf die rechte übergreift. Links sprengt ein gepanzerter Reiter in Rückenansicht, die jetzt fehlende Lanze auf einen nicht erhaltenen Gegner der links anschließenden Platte (Kat.-Nr. 67, Abguß) schwingend, nach rechts auf einen Parther im Hintergrund zu, der mit wehendem Mantel und phrygischer Mütze bekleidet ist. Vor ihm steht ein Römer in kurzem Chiton und Stiefeln. Er faßt mit der Linken das Haar eines gestürzten, nackten Barbaren, die Rechte holt mit dem Schwert aus. Der Barbar hält Schild und Schwert. Links außen ein kniender Parther, der das Schwert zückt. Rechts davon, etwas im Hintergrund, ein totes Pferd (geschlossene Augen) und sein gestürzter parthischer Reiter. Rechts sprengen zwei Reiter, möglicherweise zwei der Generäle des Lucius Verus, beide die Lanzen schwingend, etwas schräg aus dem Bild. Das Pferd im Hintergrund beißt in das Haar des vor ihm stehenden Barbaren. Darunter ist ein Barbar nach vorne zusammengebrochen.
Unter Kat.-Nr. 68 sind zwei Stierkopf-Girlandenreliefs ausgestellt (s. Kat.-Nr. 84, 85)

Versatzmarken, linke Platte: im Deckprofil zu beiden Seiten nächst der Stoßfuge je ein H, in der Mitte ein △. Rechte Platte: im Deckprofil rechts nächst der Stoßfuge ein Z.

Lit.: Eichler, Zum Partherdenkmal S. 110 f., Abb. 1, 7, 29/30
FO: vor der Celsusbibliothek
Maße, linke Platte: B 149 cm, H 210 cm, T 57,5 cm, Reliefhöhe 36 cm; rechte Platte: B 143 cm, H 212 cm, T 67 cm, Reliefhöhe 42 cm
Inv.: I 863

Weitere höchstwahrscheinlich zur Schlachtserie gehörige Fragmente befinden sich im Depot der Antikensammlung: das Fragment einer Bodenleiste (linke Ecke) mit dem behosten Bein eines liegenden Barbaren (Inv. I 1694), das Bruchstück eines Gepanzerten in Rückenansicht (Inv. I 1690), eines nach links sprengenden Reiters (Inv. I 1695), einer nackten Brust mit Wehrgehenk (Inv. I 1697); mehrere Bruchstücke von Panzern und Pferden. Im Depot des Museums in Selçuk werden verwahrt: das Bruchstück eines Gepanzerten (Pteryges), das behoste Bein eines Reiters (?). Mehrere kleinere Fragmente befinden sich im Depot des British Museum.

An der Saalwand gegenüber von links nach rechts:

69–76
STÄDTEPERSONIFIKATIONEN

69 Abb. 63
ALEXANDRIA (?)

Links steht Isis mit Hut, Chiton und Fransenmantel. Auf der linken Hand sitzt der Ibis, der heilige Vogel der Göttin. Die rechte Hand hielt vermutlich das Sistrum, ein klapperartiges Musikinstrument, das im Isiskult Bedeutung hatte. Der Unterkörper der Figur ist in Vorderansicht wiedergegeben, Oberkörper und Kopf sind ins Profil nach rechts gedreht; der Blick der Göttin ist also zur zentralen Platte, zu Lucius Verus und Dea Roma gerichtet. Die rechte Frau steht en face, nur der Kopf ist etwas nach rechts gewendet. Unten zwischen den beiden Figuren ist ein Flußgott, in diesem Fall der Nil, zu ergänzen.

Eichler hat die linke Figur als „Aegyptus" gedeutet, was ohne weiters möglich ist. Die Frage ist nur, ob nicht sämtliche Reliefs dieser Reihe als Personifikationen von Städten zu verstehen sind, da zwei – nämlich Roma und Carrhae – einigermaßen gesichert sind und eine dritte – Ephesos – anzunehmen ist. Natürlich können die zwei stehenden Figuren einer Platte je eine Stadt symbolisieren, ebensogut können aber beide Figuren als

Hinweis auf nur eine Stadt zu verstehen sein. Zu deuten ist bei Kat.-Nr. 69 mit Sicherheit nur die linke Figur – als Isis. Da auf alexandrinischen Münzen sowohl Isis als auch der Ibis dargestellt sind, liegt der Gedanke nahe, in der linken Figur die Personifikation der Stadt Alexandria zu sehen. Häufig ist auf alexandrinischen Münzen auch Euthenia, die Personifikation des Überflusses, dargestellt. Daran könnte bei der Deutung der rechten Figur, von der nur Kopf und Oberkörper erhalten sind, gedacht werden. Als Attribute wären wahrscheinlich Ähren und Füllhorn zu ergänzen (s. unten das Vergleichsmaterial). Ebenso kann jedoch die rechte Figur eine zweite ägyptische Stadt – etwa Memphis – symbolisieren.
Daß die beiden Figuren von einer Platte stammen, wird durch den identischen Stil und die eng verwandte technische Behandlung (Reliefoberfläche, Haar, Rückseite) wahrscheinlich gemacht.

Lit.: Eichler, Zum Partherdenkmal S. 111 f., Abb. 11; Inv. I 1666 unpubliziert
FO, I 1654: beim Atrium Thermarum; I 1666: ohne genaue Angabe.

Maße, I 1654 a–c: H (noch) 184 cm, B (noch) 70 cm, T (noch) 37 cm, Reliefhöhe 25 cm;
I 1666: H (noch) 112 cm, B (noch) 47 cm, T (noch) 39 cm, Reliefhöhe 24 cm. Ergänzte Breite der Platte: ca 135 cm
Vgl.: BMC Alexandria (1892), S. 37, Nr. 302 ff., S. 114, Nr. 989 f., S. 158, Nr. 1303; F. Feuardent, Numismatique Égypte Ancienne 2 (1870), S. 338, Nr. 3625
Inv.: I 1654 a, b, c (linke Figur), I 1666 (rechte Figur)

70 — Abb. 64
CARRHAE UND EDESSA (?)

Die linke Figur, in Hosen, kurzem Chiton und Mantel, wendet den Kopf leicht nach rechts. Mit der Rechten hielt sie ein Vexillum, eine Feldstandarte, deren Tuch Sichelmond und Stern zeigt. Die rechte Figur ist in Hosen, kurzen Chiton, Mantel und Schuhe gekleidet. Möglicherweise ist in der linken Figur die Stadt Carrhae, in der rechten Edessa zu sehen; der Flußgott, dessen linker Arm sich auf ein Kissen (?) stützt und dessen Hand einen Delphin hält, wäre die Personifikation des Skirtos, der Edessa durchfließt.
Mond und Stern sind Münzzeichen von Carrhae (s. unten Vgl.). Die Stadt scheint im Partherkrieg eine bedeutende Rolle auf seiten der Römer gespielt zu haben, da sie mit dem Titel Colonia und ihre Bürger mit der Bezeichnung Philoromaioi geehrt wurden. Das nahegelegene Edessa, Hauptstadt der mesopotamischen Landschaft Osroëne, wurde in

63 *Kat.-Nr. 69*

64 *Kat.-Nr. 70*

schweren Kämpfen von den Römern erobert.

Die Bruchstücke stammen höchstwahrscheinlich von derselben Hand, die abgetreppten Brüche der Hinterseiten sind so ähnlich, daß die Vereinigung auf einer Platte begründet ist. Ein Teil der rechten Stoßfuge ist erhalten. Keine der übrigen Städteplatten paßt hier an. Die Vorderfläche der Bodenleiste ist – im Gegensatz zu den meisten der übrigen Seiten des Denkmals – fertig gearbeitet. Sie bildet ein einfaches, nach unten eingezogenes Profil.

Lit.: Eichler, Zum Partherdenkmal S. 111 f., 122 f., Abb. 10, 26
FO: beim Atrium Thermarum
Maße, I 1655: H (noch) 168 cm, B (noch) 57 cm, T = Reliefhöhe 34 cm.
I 1662: H (noch) 145 cm, B (noch) 87 cm, T (noch) 59 cm, Reliefhöhe 44 cm. Ergänzte Breite 140 cm
Vgl.: BMC Arabia, Mesopotamia, Persia (1922) Taf. 12, 3, 5, 9–12, 23; 13, 3, 5
Inv.: I 1655 (linke Figur), I 1662 (rechte Figur)

71
EPHESOS (?)

Abguß nach einem originalen Fragment im Archäologischen Museum Selçuk.
Stehende, etwas nach rechts gewendete Figur im Muskelpanzer mit Pteryges, Paludamentum, Wehrgehenk und Stiefeln. Der verlorene Kopf trug wohl einen Helm, die rechte Hand hielt das Schwert. Vielleicht ist in diesem Krieger Androklos zu erkennen, der – so berichtet der Mythos – die Stadt an der Stelle gründete, an der ein Eber erlegt wurde. In der Mitte der Platte neben der linken Schulter des Androklos könnte man in flachem Relief den Eber ergänzen, rechts möglicherweise eine Amazone (Amazonen waren an der Gründung des Heiligtums der Artemis beteiligt), unten zwischen den beiden stehenden Figuren einen Flußgott, der den Kaystros darstellte.

Das Fragment – eine kurze Partie der linken Stoßfuge ist erhalten – paßt gut an die Platte mit Carrhae und Edessa (?) an. Zur Einordnung in die Reihe der Städtepersonifikationen s. S. 73

Lit.: Eichler, Zum Partherdenkmal S. 110, 124, 126, 130, Abb. 9, 29
FO: östlich des Odeions, vor dem „Straßenbrunnen"
Maße: H (noch) 127 cm (mit dem nicht auffindbarem rechten Bein 167,5 cm), B (noch) 47,5 cm, T (noch) 44 cm, Reliefhöhe 30 cm. Ergänzte Breite 135 cm
Vgl.: R. Fleischer, Festschrift F. Eichler (1967), S. 23 ff., Abb. 14 ff. (thematisch verwandte Darstellung auf dem Fries des Hadriantempels in Ephesos)
Inv. Museum Selçuk: 1016

72 — Abb. 30
ROM

Das Fragment der linken Figur trägt Muskelpanzer und Paludamentum, in der rechten Armbeuge das Szepter. Die linke Hand hielt wahrscheinlich das Schwert. Rechts neben der Schulter säugt die römische Wölfin die Zwillinge Romulus und Remus. Von der rechten Figur, der Göttin Roma, ist nur der Kopf mit dem Helm erhalten. In dem Gepanzerten dürfen wir wohl Lucius Verus – vielleicht als Mars – erkennen (vor allem der Adler auf dem Panzer und das Szepter sprechen dafür), der im Zentrum der Städtepersonifikationen steht. Mars ist als Vater des Romulus und Remus der Stammvater des römischen Volkes. Lucius Verus wäre nach einem Sieg über die Parther als Novus Mars, als neuer Kriegsgott dargestellt (in der Apotheose ist er der Neos Helios, der neue Sonnengott; s. Kat.-Nr. 82). Die Wölfin mit den Zwillingen und die Dea Roma erweisen die Platte als Darstellung der Stadt Rom. Der bekränzte Flußgott ist demnach der Tiber.

Der Romakopf ist aus thematischen Gründen (Nähe des Kaisers und der Lupa) der Platte zugewiesen. Die Zuordnung des Flußgottes ist hypothetisch und erfolgt auf Grund ähnlicher Korrosion und technischer Verwandtschaft mit dem Romakopf. Eine Hand mit dem Schwertknauf (Adlerkopf) ist vermutlich zugehörig: sie ist in der Bearbeitung der rechten Hand des Kaisers sehr ähnlich; außerdem kann das Schwert in der Linken nur als Repräsentationsgestus anzusehen sein, vor allem wenn die Rechte das Szepter hielt. Die Hand (Inv. I 1688) befindet sich im Depot.

Lit.: Eichler, Zum Partherdenkmal S. 105, 108, 126, Abb. 3; Inv. I 1676 unpubliziert
FO, I 1652 a: vor dem Atrium Thermarum im Fußboden des Platzes
Maße, I 1652 a: H (noch) 134 cm, B (noch) 96 cm, T (noch) 43 cm, Reliefhöhe 28 cm; I 1652 b: H (noch) 51 cm; I 1667: H (noch) 68 cm, B (noch) 33 cm, T (noch) 33 cm; I 1676: H (noch) 48 cm, B (noch) 24 cm, T (noch) 34 cm. Ergänzte Breite 160 cm
Vgl., zur Roma: W. Amelung, Die Skulpturen des Vatikanischen Museums (1903), Taf. 116, Nr. 223; G. Traversari, Aspetti formali della Scultura neoclassica (1968), fig. 29. Zum Panzer des Kaisers: Inan – Rosenbaum, Taf. 19, 2
Inv.: I 1652 a, b (Panzertorso, linkes Beinfragment), I 1667 (Flußgott), I 1676 (Romakopf)

73 — Abb. 65
KTESIPHON UND SELEUKIA (?)

Die linke Frau in Chiton und Mantel hält in der linken Armbeuge ein Schilfbündel, die rechte Figur ist in Peplos und Mantel gekleidet. Zwischen den Schultern der beiden Frauen ist in flachem Relief ein geflochtener Korb voll Ähren dargestellt, in der Mitte unten die Halbfigur eines nach links blickenden Flußgottes mit schuppigem Oberkörper. Die linke Hand hält einen Fisch.
Bisher wurde die Platte als Personifikation von Mesopotamien gedeutet

65 *Kat.-Nr. 73*

(Eichler). Wenn man aber davon ausgeht, daß die stehenden Figuren Städte bezeichnen, könnten links Ktesiphon, die Hauptstadt des Partherreiches, und rechts Seleukia dargestellt sein. Die erste lag am linken Tigrisufer, die zweite gegenüber am rechten. Beide Städte wurden von den Römern eingenommen und zerstört. Der Flußgott wäre der Tigris, vielleicht aber auch – zusammen mit dem Schilf – Hinweis auf Tigris und Euphrat, da hier die beiden Flüsse sehr nahe zueinandertreten. Der Ährenkorb symbolisiert die Fruchtbarkeit des Zweistromlandes. Die Köpfe der drei Figuren waren nach links zur Kaiserplatte gewendet.

Der Fisch ist an seiner Oberseite nur grob bearbeitet, ein Beweis für die Unteransichtigkeit des Frieses. Der Kopf der rechten Figur war antik angedübelt. Ein Teil des linken Armes der rechten Figur ist nachträglich abgearbeitet (für zweite Verwendung?).

Lit.: Eichler, Zum Partherdenkmal S. 121 f., Abb. 19
FO: vor der Celsusbibliothek
Maße: H 209 cm, B 135 cm, T 76 cm, Reliefhöhe 38 cm
Inv.: I 860

74
STEHENDE FRAU UND BARTLOSER FLUSSGOTT

Der Torso der linken Figur ist in Chiton und Mantel gekleidet. Ihr Oberkörper ist leicht nach rechts, der Kopf war anscheinend etwas nach links gewendet. Der unbärtige Flußgott mit Schulterlocken blickte nach rechts. Die Figuren sind mangels irgendwelcher Attribute nicht zu deuten. Anzunehmen ist allerdings, daß sich unter den Städtepersonifikationen auch Antiochia befand, wo Lucius Verus, bevor er nach Ephesos übersiedelte, sein Hauptquartier eingerichtet hatte. Das Attribut in der rechten Hand der linken Figur wäre im Fall einer solchen Deutung wohl ein Ährenbüschel oder ein Steuerruder, die Kopfbedeckung eine Mauerkrone. Am rechten Bruch der Platte ist der rechte, gestiefelte Unterschenkel der rechten, kurz gekleideten Figur erhalten.

Lit.: Eichler, Zum Partherdenkmal S. 123, Abb. 27
FO: östlich des „Odeions"
Maße: H (noch) 150 cm, B (noch) 107 cm, T (noch) 40 cm, Reliefhöhe 31 cm. Ergänzte Breite 135 cm
Inv.: I 1663

75
BÄRTIGER FLUSSGOTT UND RESTE EINER STEHENDEN FRAU

Die Fragmente der linken stehenden Figur zeigen Chiton, Mantel und Sandalen. Der Flußgott ist bärtig und bekränzt. Eine Deutung der Figuren ist unmöglich. Aus dem umkämpften Land bieten sich natürlich zahlreiche Städte für Personifikationen an, die im Partherkrieg eine Rolle spielten: Artaxata am Araxes, Zeugma, Sura, Nikephorion am Euphrat u. a. Vermutlich waren etliche davon in den fehlenden oder sehr fragmentarischen Platten personifiziert.

Die fast sichere Zusammengehörigkeit der Fragmente (ein zugehöriges, unbedeutendes Gewandfragment im Depot: Inv. I 1686) ergibt sich aus der gleichartigen technischen Bearbeitung von Unter- und Rückseite und aus Verlauf und Art des Sägebruchs an der Rückseite.

Lit.: Eichler, Zum Partherdenkmal S. 120, Abb. 22
Maße, I 1659: H (noch) 68 cm, B (noch) 42 cm, T 45 cm, Reliefhöhe 31 cm; I 1669: H (noch) 42 cm, B (noch) 40 cm, T (noch) 31 cm; I 1680: H (noch) 31 cm, B (noch) 18 cm, T (noch) 28 cm. Ergänzte Breite 130 cm
Inv.: I 1659 (Flußgott). I 1669 (Unterteil einer langgekleideten Figur). I 1680 (Fragment einer bekleideten weiblichen Brust)

76
FRAU IM PEPLOS UND REST EINES FLUSSGOTTES

Der Torso der rechten Figur der Eckplatte ist mit dem Peplos bekleidet. An sein rechtes Bein schließt der stark nach links gedrehte Oberkörper des Flußgottes an. Links ist eine weitere stehende Figur, in der Mitte oben ein Stadtsymbol zu ergänzen.

Lit.: Eichler, Zum Partherdenkmal S. 123, Abb. 28
Maße: H (noch) 137 cm, B (noch) 69 cm, T (noch) 48 cm, Reliefhöhe 32 cm. Ergänzte Breite ca 125 cm
Inv.: I 1664

Im Depot der Antikensammlung werden Fragmente verwahrt, die sicher oder höchstwahrscheinlich zur Städtereihe gehören, u. a. ein Palladion (Inv. I 1671) und ein vegetabiles Fragment (Akanthus?, Inv. I 1696).

77–80
GÖTTER

77 — Abb. 66
ATHENA

Der etwas geneigte und nach links gewendete Kopf der Athena ist von einem korinthischen Helm bedeckt, dessen verlorener Helmbusch wahrscheinlich von einer Sphinx getragen wurde. Die Figur wird man sich etwas nach rechts zu Verus hinbewegt, mit dem Peplos bekleidet, Lanze und Schild haltend, vorstellen müssen. In der Mitte der Dreifigurenplatte sind möglicherweise Zeus thronend, mit dem Szepter in der Rechten, den Adler zu seinen Füßen, als linke stehende Figur vielleicht Hera zu ergänzen.

Das Körperstück (unterhalb Brust bis linker Oberschenkelansatz) könnte – entsprechend der Athena der Cancelleriareliefs (s. unten Vgl.) und nach dem ähnlich abgetreppten Bruch – zum Kopf gehören. Möglicherweise ist der Ansatz am oberen Ende des Fragmentes ein Rest der Ägis.

Lit.: F. Eichler, Das sogenannte Partherdenkmal von Ephesos (Internationaler Kongreß für Archäologie Berlin 1939), S. 493
Maße, I 1672: H (noch) 58 cm, B 23 cm, T (noch) 33 cm, Reliefhöhe 25 cm;

66 *Kat.-Nr. 77*

I 1692: H (noch) 62 cm, B (noch) 27 cm, T (noch) 32 cm, Reliefhöhe (noch) 28 cm. Ergänzte Breite ca 157 cm
Vgl.: G. M. A. Hanfmann, Römische Kunst (1964), Abb. 111, 113
Inv.: I 1672 (Kopf), I 1692 (Körperfragment)

78 — Abb. 67
LUCIUS VERUS UND NIKE

In der Mitte war – wohl thronend, vielleicht das Szepter haltend – Lucius Verus dargestellt. Der Mantel bedeckt den etwas geneigten Kopf, der Kaiser ist demnach als divus wiedergegeben. Links steht Nike. Der Oberkörper ist nackt, nur über die linke Schulter fallen die Falten des Mantels herab. In der linken erhobenen Hand sind vielleicht der Lorbeerkranz, in der rechten die Siegespalme zu ergänzen. Beide Figuren blicken zum Zeus (?) der Nachbarplatte hin. Rechts neben Lucius Verus war wohl ebenfalls eine stehende Figur angebracht, möglicherweise Helios oder Mars.

Die charakteristische Frisur mit dem tief in die Stirn reichenden Haaransatz und den kurzen, buschigen Strähnen, welche die Schläfen und Ohren bedecken, der im Ansatz vorhandene Bart, die steile Stirn und die vorstehenden Backenknochen lassen eine Identifizierung des Porträtfragmentes mit L. Verus als gesichert erscheinen, besonders wenn man in Betracht zieht, daß auch die übrigen Kaiserporträts des Denkmals (Kat.-Nr. 61) Abweichungen vom stadtrömischen Porträttypus aufweisen (am Fragment des Veruskopfes ist es die Augenpartie).
Die Zusammengehörigkeit der Fragmente ist aus den völlig gleichartig behandelten Rückseiten, dem Thema Kaiser – Nike und aus der exakten Fortsetzung der Gewandfalten von der Nikeschulter zur Hüfte erschlossen. Eine direkte Bekränzung ist unmöglich, da der Kaiser capite velato (mit verhülltem Haupt) dargestellt ist.

Lit., Nikekopf: Eichler, Das sogenannte Partherdenkmal von Ephesos (Internationaler Kongreß für Archäologie Berlin 1939), S. 493. Nikeunterkörper: Eichler, Zum Partherdenkmal S. 124. Veruskopf: unpubliziert.

Maße, I 1673: H (noch) 29,5 cm, B (noch) 23,3 cm, T 30,5 cm, Reliefhöhe 14 cm; I 1670: H (noch) 41 cm, B (noch) 59 cm, T 27 cm, Reliefhöhe 14,5 cm; I 1665: H (noch) 83 cm, B (noch) 61 cm, T (noch) 40 cm, Reliefhöhe 32 cm. Ergänzte Breite ca 170 cm
Vgl.: M. Wegner, Die Herrscherbildnisse in antoninischer Zeit (1939), Taf. 45
Inv.: I 1673 (Kopffragment des Verus), I 1670 (Kopf der Nike), I 1665 (Körperfragment der Nike)

79
POSEIDON UND AMPHITRITE (?)

Poseidon sitzt – den Mantel um den Unterkörper geschlungen – auf einem geschuppten Seewesen (Hippokamp?, Ketos?, Triton?), dessen Schwanzflosse unter der rechten Achsel zu sehen ist. Links steht Amphitrite, gekleidet in Chiton und Mantel, dessen Falten vom linken, zu Poseidon hingestreckten Arm herabhängen; die Hand lag vielleicht auf seiner Schulter. Rechts ist höchstwahrscheinlich eine stehende Figur zu ergänzen, am ehesten eine Nereide (Meeresnymphe) aus dem Gefolge des Poseidon.

Die Oberteile der Figuren sind weggebrochen, rechts ist ein Teil der Platte antik abgemeißelt, wodurch die sitzende Figur und das Seewesen durchschnitten sind.

Lit.: Eichler, Zum Partherdenkmal S. 108 f., 120, Abb. 2, 4
FO: östlich des Oktogons
Maße: H (noch) 138 cm, B (noch) 98 cm, T (noch) 41 cm, Reliefhöhe 45 cm. Ergänzte Breite ca 155 cm
Vgl.: B. Andreae, L'art de l'ancienne Rome (1975), Taf. 42; D. E. Strong, Roman Imperial Sculpture (1961), Abb. 23
Inv.: I 1653

67 *Kat.-Nr. 78*

80 Abb. 68
APHRODITE UND KYBELE (?)

In der Mitte sitzt eine weibliche Figur nach rechts, wegen der Hetärenfrisur und dem von der rechten Schulter gleitenden Chiton wohl Aphrodite. Der Kopf ist nach links gewendet und gesenkt. Rechts eine stehende Frau im Peplos. Die linke weibliche Figur ist mit überkreuzten Beinen, im Profil nach rechts stehend, zu ergänzen. Die rechte Figur stellt vermutlich Kybele, die Muttergöttin, Beherrscherin der Natur, dar, die linke könnte man als eine der Chariten (Göttinnen der Anmut, des Frohsinns und Liebreizes) oder als Nymphe ergänzen. Unterhalb der sitzenden Aphrodite ein gelagerter Flußgott mit einem Schilfbüschel (?) in der Rechten. Die Linke hält ein umgestürztes Gefäß, aus dem Wasser fließt. Aphrodite und die Nymphen haben eine enge Beziehung zum Wasser, aus der Verbindung der Kybele mit dem phrygischen Flußgott Sangarios stammt die Nymphe Nikaia.

An der rechten Ecke der Bodenleiste eine wohl nachträgliche Ausnehmung. Links daneben die Zählmarke Π. Die mutmaßliche Zuweisung des Kopffragmentes ergibt sich aus einer sehr engen stilistischen und technischen Verwandtschaft.

Lit.: Eichler, Zum Partherdenkmal S. 120, Abb. 18
FO: vor dem Atrium Thermarum
Maße, I 1658: H (noch) 179 cm, B (noch) 145 cm, T (noch) 54 cm, Reliefhöhe 29 cm;

68 *Kat.-Nr. 80*

I 1677: H (noch) 29 cm, B (noch) 17 cm, T (noch) 22 cm. Ergänzte Breite ca. 155 cm
Vgl., zum Aphroditekopf: E. Akurgal, Ancient Civilisations and Ruins of Turkey (1973), Abb. 97
Inv.: I 1658, I 1677 (Kybelekopf)

Im Depot der Antikensammlung befinden sich mehrere Bruchstücke (Inv. I 1668, I 1675, I 1679), die möglicherweise von einer Dionysosplatte stammen.

81-83
APOTHEOSE UND SELENE

81
DEMETER

Die stehende Demeter ist mit Ärmelchiton, Peplos, Mantel und Sandalen bekleidet. In der Rechten hält sie die brennende Fackel.

An der Vorderfläche der Bodenleiste als sicher nicht primäre Zählmarke ein Σ. Rechts im oberen Drittel der Platte eine sekundäre antike Ausnehmung.

Lit.: Eichler, Zum Partherdenkmal S. 121, Abb. 20
FO: vor der Celsusbibliothek
Maße: H 208 cm, B 86 cm, T 58 cm, Reliefhöhe 42 cm
Inv.: I 861

Neben dem Säulenpaar rechts:

82 Abb. 69
APOTHEOSE DES LUCIUS VERUS

Zwei Platten, deren Relief von der linken auf die rechte übergreift.
Links besteigt der Kaiser (in kurzem Chiton, Panzer und Paludamentum) den mit Ranken verzierten Wagen. Der Panzer ist mit dem Cingulum umgürtet und mit zwei gegenständigen Greifen geschmückt. Nike, die Siegesgöttin (im Peplos, mit ausgebreiteten Flügeln) faßt mit der Rechten den Unterarm des Kaisers, mit der Linken hält sie die Zügel. Das sprengende Viergespann wird von Virtus, der Personifikation der militärischen Tüchtigkeit, geführt. Bekleidet ist sie mit kurzem Chiton, Mantel und Stiefeln. Im Hintergrund Helios, der Sonnengott, in Chiton und Mantel, die Strahlenkrone auf dem Haupt. Unter den Pferden sitzt Tellus, die Erdmutter, Göttin der Fruchtbarkeit, die durch den Kranz, den die rechte Hand hielt, durch das von Früchten überquellende Füllhorn und den Knaben symbolisiert wird, der ebenfalls Früchte herbeiträgt.
Lucius Verus besteigt, geleitet von Nike, den Wagen, den ihm der Sonnengott zur Verfügung gestellt hat, damit er nach seiner consecratio in den Olymp auffahren könne. Virtus ist – wie Nike – ein Hinweis auf den Sieg des Kaisers im Partherkrieg, Tellus symbolisiert das Gedeihen des Reiches unter der Regierung des Lucius Verus und des Mark Aurel.

Zahlreiche stehengebliebene Meßpunkte sprechen für die Unfertigkeit der Platte.

Lit.: Eichler, Zum Partherdenkmal S. 112 ff., 124 f., Abb. 14; Bonanno, Relief Portraiture S. 116
FO: vor der Celsusbibliothek
Maße: Gesamtbreite 306 cm
Linke Platte: H 207 cm, B 150 cm, T 80 cm, Reliefhöhe 45 cm
Rechte Platte: H 208 cm, B 156 cm, T 84 cm, Reliefhöhe 43 cm
Inv.: I 867

An der Saalwand gegenüber:

83 Abb. 70
SELENE

Selene, in Peplos und Mantel, besteigt den von Hirschen gezogenen Wagen. In der Linken hält sie die (abgebrochene) Fackel, am Rücken trägt sie den Köcher (die Rechte hielt vielleicht den Bogen), auf den Schultern sind die Spitzen der Mondsichel zu sehen. Über dem Gespann hielt Hesperos, die Personifikation des Abendsternes, den Mantel um die Schultern, sonst nackt, die Zügel des Gespanns. Vor diesem steht – den Mantel über den Kopf gezogen – Nyx, die Personifikation der Nacht. Unter den Hirschen reitet Thalassa, die Personifikation des Meeres, auf einem Meerpanther (?). In der Linken hält sie das Steuerruder. Selene, die griechische Mondgöttin, ist Schwester und Gattin des Helios. Sie wird mit dem Blühen und Vergehen auf Erden, mit der Fruchtbarkeit von Men-

69 *Kat.-Nr. 82*

schen und Tieren in Zusammenhang gebracht. Auf unserem Relief ist sie durch Kleidung und mehrere Attribute (Hirschgespann, Köcher und Bogen) der Artemis gleichgesetzt, die wie Selene eine Naturgöttin ist, ja sogar die Funktion einer Mondgöttin übernehmen kann. Hier ist Selene – als Pendant zur aufgehenden Sonne des Lucius Verus (Kat.Nr. 82) – das sinkende Gestirn.

Das Deckprofil und die rechte obere Plattenecke waren gesondert gearbeitet. Links neben der Stoßfuge eine sekundäre Abmeißelung. Auf dem Reliefgrund links KH, rechts TY[XH?], beides wohl ebenfalls sekundär. Zur Seleneserie gehört möglicherweise ein dem Helios der Apotheose (Kat.-Nr. 82) entsprechender bekränzter Kopf (Inv. I 1719, Depot der Antikensammlung)

Lit.: Eichler, Zum Partherdenkmal S. 105, 108 f., 119 ff., Abb. 21
FO: vor der Celsusbibliothek
Maße: H 184 cm, B 282 cm, T (noch) 58 cm, Reliefhöhe 45 cm
Vgl., zum Thema: B. Andreae, L'art de l'ancienne Rome (1975), Abb. 622, 623
Inv.: I 862

Unter Kat.-Nr. 68:

84, 85 DIE STIERKOPF-GIRLANDEN-RELIEFS

Eine größere Anzahl von Reliefplatten mit Stierköpfen, die untereinander durch Eichengirlanden verbunden sind, wurden gefunden. Von den Köpfen hängen nach unten und nach

70 *Kat.-Nr. 83*

den Seiten Bänder, die über den Köpfen verknotet sind. Am oberen und unteren Rand läuft ein Perlstab. Der Stierkopf-Girlandenfries war höchstwahrscheinlich unterhalb der Figurenreliefs als Sockelverzierung angebracht.

Sechs verschiedene Plattentypen sind zu unterscheiden:

1. Stierkopf neben der rechten Stoßfuge, nach links die ganze Girlande.
2. Stierkopf neben der linken Stoßfuge, nach rechts die ganze Girlande.
3. Stierkopf in der Mitte, nach beiden Seiten je eine halbe Girlande.
4. Zwei Stierköpfe (je einer neben den Stoßfugen), verbunden durch die Girlande.
5. Eckplatten, an der Kante diagonal der Stierkopf, nach beiden Seiten je eine halbe Girlande.
6. Kurze Verbindungsstücke

Zwei Platten, die den Stierkopf in der Mitte zeigen, sind nach Wien gelangt:

84 Abb. 71

STIERKOPF-GIRLANDENRELIEF

Nahe den Stoßfugen die Zählmarken: links ΛΒ (=32), rechts ΛΓ (=33)

Lit.: Eichler, Zum Partherdenkmal S. 134 f., Abb. 33
FO: im „Südgraben" nördlich der Arkadiane
Maße: H 118 cm, B 144,5 cm, D 46 cm
Inv.: I 1026

85 Abb. 71

STIERKOPF-GIRLANDENRELIEF

Neben den Stoßfugen die Zählmarken: links ΛΓ (=33), rechts ΛΔ (=34). Die Platte ist also die Fortsetzung von Kat.-Nr. 84

Lit.: Eichler, Zum Partherdenkmal S. 134 f., Abb. 33
FO: wie Kat.-Nr. 84
Maße: H 118 cm, B 152 cm, D 49 cm
Inv.: I 1027

Die Zugehörigkeit zum Partherdenkmal erscheint gesichert: die technische Bearbeitung ist eng verwandt, einige der Stierköpfe sind dem Stierkopf der Adoptionsserie (Kat.-Nr. 62) stilistisch nahestehend; die meisten Stierkopfplatten haben den gleichen Fundort wie zahlreiche größere und kleinere Fragmente der Figurenreliefs und schließlich sind Monumentalaltäre des öfteren zusätzlich mit Stierkopf-Girlandenfriesen geschmückt. Die Fundorte sämtlicher Platten liegen unweit voneinander: im sogenannten Südgraben nördlich der Arkadiane, beim Südeingang des Atrium Thermarum (an diesen beiden Fundorten wurden die Platten in späterer Verwendung zu Wasserbecken zusammengestellt) und beim mittleren Hafentor. Insgesamt wurden 21 größtenteils gut erhaltene Platten und das Fragment einer zweiundzwanzigsten gefunden. Sie sind mit griechischen Zahlzeichen versehen, die eine gesicherte Abfolge gewährleisten. Neben der linken Stoßfuge steht jeweils die laufende Nummer des Stückes, rechts die Nummer des folgenden. Da die Breitenmaße der einzelnen Platten nur um wenige Zentimeter differieren, läßt sich eine annähernd exakte Länge des Frieses errechnen. Die einzige wesentlich breitere Platte mit zwei Stierköpfen könnte das Friesende sein. Sie trägt die Zahl 41. Da keine Eckplatte vorhanden ist, müssen solche – den Ecken der Figurenreliefs entsprechend – ergänzt werden, die allerdings vermutlich gesondert numeriert waren. Die Summe der Breitenmaße der erhaltenen Platten ergibt 30,58 m, die der fehlenden (errechnet nach einer Durchschnittsbreite) 35,28 m. Die Gesamtlänge des Stierkopf-Girlandenfrieses ist demnach 65,86 m. Die Mehrzahl der Dübel- und Klammerlöcher in den Oberseiten der Platten sind nach demselben Schema, daher für die primäre Aufstellung gearbeitet.

71 *Kat.-Nr. 84, 85 darüber Kat.-Nr. 68*

STIL UND DATIERUNG

Die Darstellung ist kontinuierlich: zeitlich getrennte Geschehnisse sind in fortlaufender Abfolge auf einem Denkmal wiedergegeben (Adoption, Partherkrieg, Apotheose des Kaisers); daher scheint auch ein und dieselbe Person – Lucius Verus – mehrmals und in verschiedenen Lebensaltern auf. Diese Art der Darstellungsweise hat wohl in Kleinasien Parallelen (z.B. im Telephosfries des Zeusaltares von Pergamon), nicht aber in Griechenland; hier bleibt immer die Einheit der Zeit gewahrt.

Der Stil trennt die Figurenreliefs in zwei große Gruppen: die Schlachtreihe (Kat.-Nr. 65–68) zeigt hohes Relief (manchmal sind die Figuren nahezu vollplastisch), starke Bewegung, komplizierte Überschneidungen, drei Reliefebenen hintereinander, Variabilität der Motive. Dem steht das starre Repräsentieren, die Eintönigkeit in Komposition und Thematik der meisten übrigen Serien gegenüber: überwiegende Frontalität der Figuren in der Adoption (nur wenige Figuren sind ins Profil gedreht; Kat.-Nr. 59–64), steifes Stehen oder nur verhaltene Bewegung, Ein- bis Zweischichtigkeit der Reliefebenen. Bei den Städte- und Götterserien (Kat.-Nr. 69–80) kommt ein starres Kompositionsschema hinzu, das jede Platte mit je zwei stehenden Figuren zu beiden Seiten und einem Flußgott in der Mitte unten, bzw. mit einer sitzenden Figur in der Mitte versieht. Das barocke Pathos der Kampffiguren, vor allem der Barbarenköpfe, das dem Stil des Gigantenfrieses vom Zeusaltar in Pergamon nachempfunden ist, zeigt sich nur in dem einen oder anderen Flußgott, am stärksten in dem der Ktesiphon-Seleukiaplatte (Kat.-Nr. 73). Eine Mittelstellung zwischen dem dynamischen Stil der

Kampfszenen und dem statischen der Adoptions-, Städte- und Götterreihe nehmen Apotheose und Selene (Kat.-Nr. 82, 83) ein. Zahlreiche Motive – vor allem aus den Götter- und Kampfserien – gehen auf Figurentypen der griechischen Klassik und des Hellenismus, manches aus der Adoption auf stadtrömische Vorbilder zurück. Zweifellos haben an den ca 70 m langen Friesen viele Hände und wohl auch mehrere Werkstätten gearbeitet. Man wird sogar in der Annahme nicht fehlgehen, daß – wegen der starken Differenzen in der Komposition – auch Planung und Entwürfe nicht auf einen Meister beschränkt sind.
Das Denkmal ist in das Jahr 169 oder kurz danach zu datieren.

Für die zeitliche Einordnung (s. Eichler, Zum Partherdenkmal S. 131 ff.) sind in erster Linie die an zahlreichen Stellen verwendete Bohrtechnik und vor allem die Staffelung der Figuren in der Priesterinnenplatte (Kat.-Nr. 60) der Adoptionsserie heranzuziehen, wodurch die Reliefs zweifellos in die 2. Hälfte des 2. Jahrhunderts n. Chr. gestellt werden. Durch den kürzlich in einem Depot der Antikensammlung aufgefundenen Kopf des Lucius Verus (Kat.-Nr. 78) ist eine Entstehung ab 169 so gut wie sicher: der Kaiser ist mit bedecktem Haupt, also als divus, dargestellt. Die Konsekration durch den Senat erfolgte nach dem Tod des Verus im Februar 169.

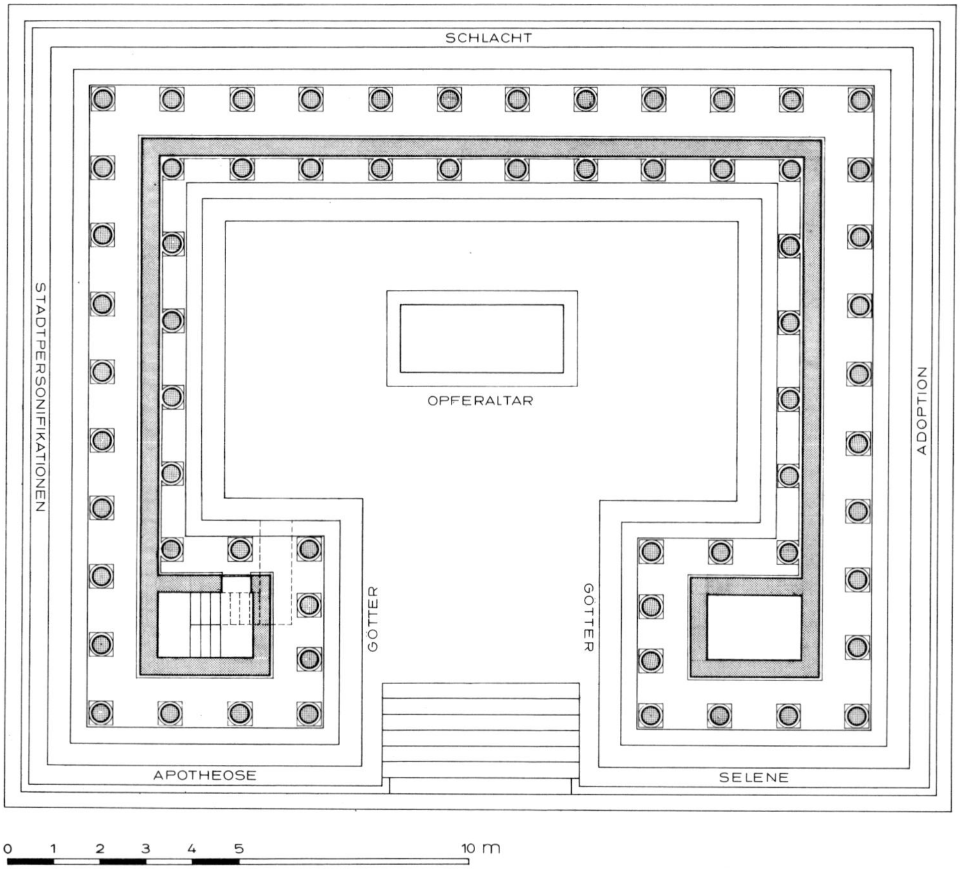

72 *Grundriß des Parther-Denkmals. Hypothetische Rekonstruktion*

FORM DES DENKMALS

Über die Gesamtform des Denkmals wissen wir nichts, da nicht ein einziges Architekturstück zugewiesen werden kann und kein Relief in ursprünglicher Verwendung gefunden wurde. Für eine Rekonstruktion des Denkmals sind wir also auf die Figuren- und Stierkopfplatten und auf Parallelen angewiesen. Daß es sich um Friese handelt, die außen an einem Bauwerk angebracht waren, ergibt die Eckplatte (Außenecke, Kat.-Nr. 76). Bei einer Gesamtlänge der Friese von ca 70 m kommt wohl nur ein Monumentalaltar in Frage. Derartige Bauten sind sowohl in Rom (Ara pacis) als auch vor allem in Kleinasien erhalten: der Altar im Hof des Rathauses von Milet, der Artemisaltar in Magnesia, der Athenaaltar in Priene u. a.. Als Vorbilder kommen aber in erster Linie der Zeusaltar in Pergamon (auch die Reliefs des Partherdenkmals sind zum Teil stilistisch stark von Pergamon beeinflußt) und der Opferaltar des Artemisions in Ephesos selbst in Frage.

Man wird das Partherdenkmal als Monumentalaltar rekonstruieren müssen (Abb. 72, 73): über einem U-förmigen Grundriß erhebt sich ein Sokkel, der mit Stierkopf-Girlandenreliefs geschmückt ist. Nach oben folgt der monumentale Figurenfries. Daß darüber eine Säulenhalle stand, kann zwar durch kein Fundstück erwiesen werden, ist aber doch anzunehmen, da die kleinasiatischen Parallelen, einschließlich der in Pergamon und Ephesos, eine solche aufweisen. Über eine Freitreppe gelangte man in einen Hof, in dem der eigentliche, für die Opfer bestimmte Altar stand. Wahrscheinlich waren sowohl die Innenseiten des Bauwerkes als auch der Opferaltar mit weiteren figürlichen oder ornamentalen Reliefs – darunter eventuell ein Waffenfries – verziert.

STANDORT DES MONUMENTES

Reste eines Fundamentes oder gar des aufgehenden Mauerwerks wurden bis jetzt nicht entdeckt. Man kann deshalb nur mutmaßen, daß das Denkmal in der Nähe der Celsusbibliothek oder des Atrium Thermarum bzw. der Arkadiane stand.

Eichler hat angenommen, daß der Standort im Sattel zwischen Bülbüldağ und Panayirdağ, also in der Gegend des Staatsmarktes lag, weil dort einige Relieffragmente zutage kamen und man die schweren Platten eher bergab als bergauf transportierte. Die Mehrzahl der kaiserlichen Ehrenmonumente ist tatsächlich in der Nähe von offiziellen Stadtzentren anzutreffen. Man braucht dabei nur an die Triumphbögen in Rom zu denken, die auf dem Forum Romanum oder in dessen Umgebung stehen. Gerade der Ehrenbogen für Lucius Verus lag allerdings weit ab davon, wohl neben der Via Appia, wie auch andere kaiserliche Monumente an Ausfallstraßen errichtet sind, so die Ara Pacis an der Via Flaminia. Da fast alle einigermaßen erhaltenen Platten vor oder in der Nähe der Bibliothek, eine Unzahl von Bruchstücken vor dem Atrium Thermarum gefunden wurden, ist wohl eher anzunehmen, daß einige wenige Platten bergauf als nahezu sämtliche bergab transportiert wurden; dazu kommt, daß sämtliche Stierkopfplatten ebenfalls im Umkreis des letztgenannten Fundortes zutage kamen, die man kaum quer durch die ganze Stadt transportierte. Der Standort des Partherdenkmals wäre demnach in der Nähe der Bibliothek, wo weitere kaiserliche Ehrenbauten stehen (Mazaeus-Mithridatestor, Hadriantempel, Nymphaeum Traiani) oder im Gebiet der unteren Arkadiane anzunehmen. Hier hat es den Anschein, als seien die „Abfälle“ des Denkmals, das allzu Trümmerhafte, liegen geblieben und nur die rein ornamentalen Stierkopfplatten in nächster Umgebung des ursprünglichen Standortes in später Zeit zu Wasserbecken zusammengestellt worden.

73 *Perspektivische Ansicht des Parther-Denkmals. Hypothetische Rekonstruktion*

Sektor B 4 (Plan Abb. 31):

86–104
DAS OKTOGON

Das Oktogon ist der mittlere dreier Grab- bzw. Ehrenbauten, die an der Südseite der Kuretenstraße, etwa gegenüber der Scholastikiatherme, errichtet waren (Abb. 74). Das Oktogon ist sicher ein Grab: im Sockel ist die Grabkammer erhalten. Gräber innerhalb einer antiken Stadt waren etwas Verbotenes, und dieses sich Hinwegsetzen über eine so tief verwurzelte Tradition (s. S. 113 f.) ist nur aus den ephesischen Besonderheiten zu verstehen.

Der mit glatten Orthostatenplatten versehene Sockel des Oktogons diente in der zweiten Hälfte des 4. Jh. n. Chr. gewissermaßen als Gesetzbuch: Kaiser Valens ließ zwei Erlässe an seine Statthalter Eutropios und Festus einmeißeln. Leider läßt das Grab der Bestatteten – einer etwa zwanzigjährigen Frau – keine Hinweise auf die Zeitbestimmung zu. Der Sarkophag in der Grabkammer ist vollkommen schmucklos.

Das Oktogon ist in seinem Aufbau – wie so viele antike Bauten – dreigeteilt: Sockelgeschoß, Hauptgeschoß mit korinthischer Ringhalle und achteckiges Pyramidendach mit Stufen (Abb. 75). Der Sockel beginnt mit einem dreigliedrigen Stufenbau an der Straße; darauf liegt eine profilierte Schwelle, über der sich glatte konkave Wände erheben. Diese werden von einem Gesimse mit Hängeplatte geschützt. Es folgt eine Marmorlage, die wieder ein dreistufiges Krepidoma trägt. Damit sind wir auf der Plattform für die Säulenhalle in achteckiger Form angelangt. Die Basen weisen die einfache attische Form mit Plinthe auf. Das Kapitell zeigt den üblichen zweifachen versetzten Akanthuskranz, aus dem kannelierte Stengel herauswachsen, welche die Eckvoluten und Blüten tragen. Die Cellawand beginnt unten mit einer Sitzstufe, darüber liegt eine glatte Mauer, die einen umlaufenden Girlanden-Bukranienfries trägt.

74 *Die Ruine des Oktogons an der Kuretenstraße*

Architrav und Fries sind am Außengebälk aus einem Stück gearbeitet. Die Kassettenfelder der Decke sind nicht radial wie am Rundbau auf dem Panayirdağ ausgebildet. In der Mitte jedes Achteckfeldes liegen in doppelter Reihe viereckige Kassetten, an sie schließen gegen den Parameter des Achteckes zwei trapezförmige an. Im Kassettenboden hängen Rosetten. Das Geison ist ein einfaches Konsolgeison mit Löwenköpfen auf der Sima. Fries und Geison zeigen einen merkwürdigen zusammenhängenden Dekor. Jede Achteckseite weist einmal an den Ecken radiale Konsolen auf, dazwischen liegen gleichmäßig verteilt sechs senkrecht zur Achteckseite gerichtete Konsolen. Die Eckkonsolen und die zweiten an sie innen anschließenden werden von Löwenprotomen getragen, die beiden in der Feldmitte liegenden von Akanthusblättern. Nur die an die Ecken anschließenden Konsolen sind freitragend. Darüber lag ein Pyramidendach, bestehend aus 16 Stufen.

Die „Kuretenstraße", ein moderner archäologischer Name, benannt nach Listen eines Kultkollegiums, die dort gefunden worden waren, war eine sehr alte, in die archaische Zeit zurückverfolgbare Gräber- und Prozessionsstraße. Sie nahm am Artemision ihren Ausgang, umkreiste den Panayirdağ und ging wieder zum Heiligtum zurück. Als die Wohnstadt in den Bereich der alten Kuretenstraße verlegt worden war, wurde hier noch einigen wenigen Personen, denen sich die Stadtverwaltung besonders verpflichtet glaubte, das Begräbnis gestattet. Die Berufung auf die Tradition bot also die Möglichkeit, Ausnahmen zu gewähren, wenn die entsprechenden Interessen dahinter

75 *Oktogon. Modell (Kat.-Nr. 104)*

standen. So ist auch die Bibliothek des Celsus ein Grab, und gegenüber ist die Rustikamauer eines Rundbaues erhalten, der auch ein Ehren- oder Grabbau gewesen sein dürfte. Auch der Sarkophag des Sophisten Dionysios von Milet steht gleich daneben. Architektonische Grabbauten konnten in der Antike Wohnformen nachahmen, in denen die Verstorbenen gelebt hatten oder zumindest hätten leben wollen, meistens jedoch lagen den Grabbauten Formen zugrunde, die nicht nach irgendeinem Gebrauchswert eingeordnet werden können. So gewinnen Rund- und Vieleckbauten, denen in der Alltagsarchitektur eine hervorstechende Verwendung versagt blieb, gerade in der Grabarchitektur überdimensionale Bedeutung.

Das Oktogon entstand vermutlich in der 2. Hälfte des 1. Jh. n. Chr.

Eine Datierung, die sich nur auf stilistische Kennzeichen stützen kann, bleibt immer etwas problematisch. Allerdings weist das Oktogon diesbezüglich Besonderheiten auf, die einige Anhaltspunkte bieten: den konkaven Orthostatensockel, die tiergestaltigen Konsolenträger des Gebälks und die Konsolenabfolge an sich. Recht auffällig ist auch der Ranken-Palmettenfries des Gebälkes zwischen den Konsolenträgern. Aus diesen Konsolenträgern entspringen jeweils ziemlich steile Ranken, die sich zwischen den Akanthusträgern berühren, zwischen den Löwenträgern aber unterhalb der freitragenden Konsole eine offene Palmette eingeschaltet haben. Die Ösen der Akanthusblätter sind teigig rundlich, die Einzelblätter dazwischen löffelförmig, auch der darunter durchlaufende Eierstab macht einen teigigen Eindruck. Die älteste mir bekannte Blattornamentik mit löffelförmigen Zacken kommt am spätrepublikanischen Apollon-Sosianustempel in Rom vor. Ob die Ornamentik aus der gleichen Zeit stammt (es gibt Auffassungen, nach denen sie in das 2. Jh. n. Chr. gehört) mag dahingestellt bleiben. Im Osten sind löffelartige Akanthusblätter an dem Polster der ionischen Ersatzkapitelle aus hadrianischer Zeit des Aphroditetempels von Aphrodisias bekannt, ebenso an einem Blattkapitell aus Ephesos (Museum Selçuk, Inv. 336). Ähnlich wie am Rundbau auf dem Panayirdağ kann man auch hier vielleicht eine negative Entscheidung treffen: das Oktogon gehört aufgrund seiner experimentierfreudigen, undogmatischen Formen sicher nicht in die augusteische Epoche.

In der augusteischen Kunst wurden alte vertraute Formen wieder verwendet, archaische und klassische Elemente neu belebt, die Kunst diente der Konsolidierung. Kunst sollte beruhigen und nicht mit Neuem beunruhigen. Zu diesem Auftrag an die Kunst unter Augustus paßt weder das Oktogon noch der Rundbau. Beide erfinden oder verwenden sehr ungebräuchliche Motive. Mit der Datierung des Oktogons möchte man daher möglichst weit in die Kaiserzeit gehen, die Kaulesstengel der korinthischen Kapitelle machen dies aber unmöglich. In domitianischer Zeit sind sie in Ephesos bereits verschwunden. Ich möchte daher die 2. Hälfte des 1. Jh. n. Chr. dafür vorschlagen. Dies geht auch gut mit dem Auftreten eines Konsolgebälks in Ephesos zusammen (vgl. Rundbau S. 99 f.).

Lit.: R. Heberdey, ÖJh 8, 1905, Beibl., Sp. 70 ff.; J. Keil, ÖJh 26, 1930, Beibl., Sp. 41 ff.; W. Alzinger, Augusteische Architektur in Ephesos (1974), S. 40 ff.
Vgl., zu Konsolen: D. E. Strong, JRS 53, 1963, S. 73 ff.; ders. u. J. B. Ward Perkins, BSR 30, 1962, S. 1 ff.; I. Söderström, Opus. Arch. 5, 1948, S. 145 ff.

86–103 Abb. 76
AUFBAU EINER SEITE DES OKTOGONS

Aufbau des Hauptgeschosses: korinthische Ordnung über ein Säulenjoch (Seite eines Achteckes) mit der Jochweite von 268 cm. Die linke Basis (Kat.-Nr. 86) größtenteils erhalten, die rechts (Kat.-Nr. 89) ist ein Abguß; die Säulenschäfte und die beiden Kapitelle (Kat.-Nr. 87 f., 90 f.) sind erhalten. Darüber ein aus einem Stück gearbeiteter Dreifascienarchitrav mit Fries (Kat.-Nr. 92). Der Fries weist sechs Konsolenträger für die acht Konsolen des Kranzgesimses auf, die an den Ecken und seitlich der Mitte Löwenköpfe sind. Ranken und Palmetten schmücken die Friesfelder. Das Kranzgesimse ist links mit einem Eckblock (Kat.-Nr. 94) und mit einem Mittelblock (Kat.-Nr. 93) vertreten. Der Eckblock rechts (Kat.-Nr. 95) ist ein Abguß nach einem in Ephesos befindlichen Original. Die Sima zeigt Löwenköpfe als Scheinwasserspeier, die Eckkonsolen liegen auf Gehrung, zwischen den Konsolen befinden sich einfache Kassetten. Die Gebälkhöhe beträgt 113 cm. Vom Architrav zur Cella spannt sich eine diagonal geschnittene trapezförmige Kassettenplatte (Kat.-Nr. 96 f.) mit vier quadratischen Mittelkassetten und vier seitlichen Trapezkassetten. Die Kassettenplatte ruht auf einem abgegossenen Wandarchitrav (Kat.-Nr. 98), der über der Deckplatte (Kat.-Nr. 99 f.) einer Bukranien-Girlandenplatte (Kat.-Nr. 101) im oberen Drittel der Cellawand liegt. Am Fuß der Cellawand Abgüsse der umlaufenden Sitzbank (Kat.-Nr. 103) und des unteren Profils.

FO: 1904 beim Oktogon
Inv.: I 1633 A-M

VERZEICHNIS DER WERKSTÜCKE DES OKTOGONS

86
BASIS EINER KORINTHISCHEN SÄULE (links)

Attischer Typus

Maße: H 29 cm
Inv.: I 1633 A

87
MONOLITHER SCHAFT EINER KORINTHISCHEN SÄULE

In zwei aneinanderpassende Teile zerbrochen.

Maße: H 377 cm, u. Dm 46,8 cm
Inv.: I 1633 D 1/2

88
KORINTHISCHES KAPITELL

Maße: H 43,8 cm
Inv.: I 1633 E

76 *Wiederaufbau einer Seite des Oktogons*

89
BASIS EINER KORINTHISCHEN SÄULE (rechts)

Abguß.

90
MONOLITHER SCHAFT EINER KORINTHISCHEN SÄULE

In drei aneinanderpassende Teile zerbrochen.

Maße: H 378 cm, u. Dm 46,9 cm
Inv.: I 1633 B1/2/3

91
KORINTHISCHES KAPITELL

Maße: H 43,5 cm
Inv.: I 1633 C

92
GEBÄLKFRIES

Maße: H 67,5 cm, L 280 cm
Inv.: I 1633 K

93
GESIMSPLATTE

mit oberem Friesanschluß; Mittelblock

Maße: H 45 cm, L 108 cm
Inv.: I 1633 L

94
GESIMSPLATTE

mit oberem Friesanschluß; Eckstück (links).

Maße: H 48 cm, L (Vorderkante) 101 cm,
L (Seitenkante) 98 cm
Inv.: I 1633 M

95
GESIMSPLATTE

mit oberem Friesanschluß; Eckstück (rechts). Abguß eines in Ephesos befindlichen Originales.

96
TRAPEZFÖRMIGE KASSETTENPLATTE (links)

mit Rosetten in den Füllungen.

Maße: H 31 cm, L (außen) 125 cm,
L (innen) 79 cm, T 130 cm
Inv.: I 1633 F

97
TRAPEZFÖRMIGE KASSETTENPLATTE (rechts)

symmetrisch zu Platte Kat.-Nr. 96.

Maße: H 28,2 cm, L (außen) 124 cm,
L (innen) 73 cm, T 130 cm
Inv.: I 1633 G

98
ARCHITRAV

der Cellawand; links und rechts als Abgüsse eines in Ephesos befindlichen Originales.

99
DECKPROFIL (rechts)

zwischen Bukranien-Girlandenfries und Kassettenauflager; Eckstück.

Maße: H 28 cm, L 94,5 cm
Inv.: I 1633 I

100
DECKPROFIL (links)

wie Kat.-Nr. 99; Abguß.

101
PLATTE MIT BUKRANIEN UND GIRLANDEN

in zwei Teile zerbrochen.

Maße: H 105 cm, L 168 cm
Inv.: I 1633 H1/2

102
UNTERES PROFIL

der Cellawand; Abgüsse nach den in Ephesos befindlichen Originalen.

103
SITZBANK

am Fuß der Cellawand umlaufend; Abgüsse nach den in Ephesos befindlichen Originalen.

104 — Abb. 75
MODELL DES OKTOGONS

Maßstab 1 : 25. Plexiglas, weißgespritzt;
hergestellt 1977–1978

Links neben dem Eingang zur Dokumentation:

105
BLATTKRANZKAPITELL

Römisch, vermutlich hadrianische Zeit (117–138 n. Chr.)

Kelchförmiger Grundkörper mit Strigiles, oben und unten mit einem Eierstabkranz verziert; darüber quadratische Deckplatte. Vergleichbar mit dem Kapitell im Museum Selçuk Inv. 1613.

Lit.: unpubliziert
FO: Arkadiane
Maße: H 42 cm, Abakuslänge (noch) 62 cm,
u. Dm 37 cm
Inv.: I 1628

Sektor B 5 (Plan Abb. 31):

106–121 DER RUNDBAU AUF DEM PANAYIRDAĞ

Das Konzept des turmartigen Zentralbaues liegt auch dem Rundbau auf dem Panayirdağ zugrunde (Abb. 77). Wie beim Oktogon entwickelt er sich über einem vierseitigen Sockel, die Säulen der Geschosse liegen jedoch in einem in zwölf Abschnitte geteilten Kreis. Im Gegensatz zum Oktogon sind auch die Kassetten des Obergeschosses radial ausgeteilt. Der Rundbau folgt jener im Hellenismus entstandenen Idee der Übereinanderfolge der Ordnungen: das Untergeschoß ist dorisch, das Obergeschoß ionisch, allerdings hat nur letzteres freie Säulen, das untere bleibt mit seinen Halbsäulen geschlossen (Abb. 78). Auffallend am Obergeschoß sind vor allem die ionischen Kapitelle, deren Vorderseiten von Ranken und Akanthusblättern bedeckt sind.
Römisch, 2. Hälfte 1. Jh. n. Chr.

77 *Die Ruine des Rundbaues auf dem Panayirdağ*

Die vertikale Ordnungsabfolge ist etwa am Mausoleum von Belevi oder am Propylon des Athenatempels in Pergamon ausgeführt worden. Der Sockel aus Kalkstein ist hervorragend gearbeitet, die bombierten Steine sind an den Stoßfugen schräg geschlitzt, an den Bauecken in hellenistischer Manier verkröpft. Über der Euthynterie beginnt der Aufbau aus Marmor. Die Basis bildet ein ionischer Torus mit oben stärkerer Krümmung als unten. Darüber liegt ein Orthostatenring, der die Halbsäulenordnung trägt. Das hellenistische Kapitell mit kleinem Wulst weist ein glattes Hypotrachelion (Säulenhals) auf. Den Abschluß des Untergeschosses bildet ein einfaches dorisches Gebälk mit einem Triglyphenfries und Löwenköpfen an der Sima. Im Obergeschoß wird eine runde Cella von einer ionischen Säulenhalle umhüllt. Die Säulenbasis mit einer Plinthe ist eine Mischung der kleinasiatischen (mit doppelter Spira) und glockenartiger Form, abgeleitet von klassischen Vorbildern aus Athen.
Eigentümlich ist das Kapitell gearbeitet. Über einem glatten, abgesetzten Säulenhals (mit einfacher Volutendekoration) sitzt der Grundkörper eines ionischen Kapitells, der an der Vorderseite der Voluten von Blattranken, im Canalis und Polster von Akanthusblättern überzogen ist. Auch auf dem Geison des schlichten darüberliegenden Gebälks sind am Hängeplattenträger eine alternierende Folge von Blattkonsolen und Akanthusblättern und auf der Sima darüber stehende Akanthusblätter sichtbar. Die Akanthusblätter fallen wegen ihrer dreieckigen Ösen auf. Den Dachaufbau bildet, soweit erhalten, ein dreistufiges Krepidoma mit einem zylindrischen Parapet darüber.
Bei der Datierung und Deutung des Rundbaues sind wir wieder auf stilistische und technische Gegebenheiten angewiesen. Die Marmorschalen sind mit Gußmörtelmauerwerk hinterfüllt. Es gibt zwar keine exakten Daten für die Einführung dieser Technik, soweit man dies jedoch für Ephesos überblicken kann, dürfte die späte Republik – etwa mit dem Memmiusbau – der wahrscheinlichste Terminus post quem gewesen sein. Die schöne Rustikatechnik des quadratischen Sockels wurde in ähnlicher Form an der neronischen Osthalle der Tetragonos Agora ausgeführt. Das krautige Überziehen der Architektur ist eine Vorliebe der flavischen Architektur; das ionische Kapitell, das an der Frontseite ganz mit Ranken und in der Mitte mit einem Akanthusblatt überzogen ist, könnte daher gut in diese Zeit passen. Außerdem muß man sagen, daß die Akanthusblätter auf dem Kapitell und dem Gebälk des Obergeschosses im Stil nicht sehr viel mit den beiden korinthischen späthellenistischen Kapitellen (beide jetzt im Museum Selçuk) gemein haben. Vor allem aber die zweite Seite des ionischen Kapitells mit dreifacher Volute und einem Ei auf dem Echinus wirkt nicht hellenistisch, sondern römisch. Ich kann mich daher nicht entschließen, den Rundbau noch als hellenistisch zu bezeichnen, ich möchte ihn vielmehr in flavische Zeit, in die 2. Hälfte des 1. Jh. n. Chr. datieren. Auch das an sich hellenistische Konzept der vertikalen Übereinanderfolge verschiedener Ordnungen ist ein architektonisches Mittel, das in flavischer Zeit (man denke an das Kolosseum) wieder viel geübt worden ist. Die flavische Zeit war außerdem die große Zeit der Experimente in der römischen Architektur; fast der ganze Formenvorrat, der in den darauffolgenden Epochen Verwendung fand, ist eine Erfindung der flavischen Zeit. Dieser Charakter des Experimentierens – von der feinen Rustika, wie sie noch aus der Zeit Neros bekannt ist, bis zu den krautigen Überwucherungen des ionischen Kapitells – ist auch dem Rundbau zu eigen. In flavische Zeit deutet auch die Kompositbasis des Obergeschosses, wie sie in

78 *Rundbau auf dem Panayirdağ. Modell (Kat.-Nr. 121)*

Rom etwa am Vespasiantempel, in Ephesos am Domitianbrunnen erstmals vorkommen. Auch die Andeutung eines Konsolgebälkes im Obergeschoß weist in das späte 1. Jh. n. Chr.

Lit.: FiE I, S. 146 ff.; W. Alzinger, Augusteische Architektur in Ephesos (1974), S. 37 ff. (mit älterer Lit.)
Vgl., zur Datierung von Konsolgebälken in Rom (nachcaesarianisch): D. E. Strong, JRS 53, 1963, S. 73 ff.; ders. u. J. B. Ward Perkins, BSR 30, 1962, S. 1 ff.; I. Söderström, Opus. Arch. 5, 1948, S. 145 ff. Zu den Kompositbasen: M. Wegner, Schmuckbasen des antiken Rom (1965)

106–120 Abb. 79
ARCHITEKTURPROBE VOM RUNDBAU

Der Museumsaufbau beginnt mit vier Steinringen (Kat.-Nr. 106), die zur Euthynterie des runden Sockels gehören. Darauf stehen drei übereinanderliegende Wandplatten mit angearbeiteten dorischen Halbsäulen (Kat.-Nr. 107–109). Das dorische Kapitell mit glattem Säulenhals ist nur als Ergänzung vorhanden. Darauf liegen zwei aneinanderstoßende Fragmente des Architravs mit Tropfplättchen (Kat.-Nr. 110). Der Fries mit den Triglyphen (Kat.-Nr. 111) ist ebenfalls eine Ergänzung; links darüber liegt das ionische Kranzgesimse (Kat.-Nr. 112) mit Hängeplatte und Löwenkopfsima. Das Obergeschoß beginnt mit der Ergänzung eines zweistufigen Unterbaues (Kat.-Nr. 113). Darauf steht im Original eine Kompositbasis (Kat.-Nr. 114), darauf drei Trommeln einer ionischen Säule (Kat.-Nr. 115), die untere teilweise ergänzt. Den Abschluß bildet ein ionisches Kapitell (Kat.-Nr. 116), das auf den Scheiben anstelle von Voluten ein Rankengeschlinge zeigt. Die Säule bildet die linke Stütze eines Zweifascienarchitravs (Kat.-Nr. 117) mit Sima, auf dem ein glatter Fries (Kat.-Nr. 118) liegt. Auf dem einen Block des Kranzgesimses (Kat.-Nr. 119) wechseln unter der Hängeplatte Konsolen mit stehenden Akanthusblättern; auf der Sima Akanthusblätter. Den Abschluß bildet ein Steinring des Dachaufbaues (Kat.-Nr. 120).

FO: 1897 beim Rundbau
Inv.: I 1634 A-K, I 1699 A, B

VERZEICHNIS DER WERKSTÜCKE DES RUNDBAUES

106
SOCKELSTEINE

Abgüsse nach den in Ephesos befindlichen Originalen.

107
WANDPLATTE MIT HALBSÄULE

Maße: H 87 cm, L 134 cm, o. Dm (Säule) 37,5 cm
Inv.: I 1634 A

108
WANDPLATTE MIT HALBSÄULE

Maße: H 86 cm, L (noch) 136,5 cm, o. Dm (Säule) 35,9 cm
Inv.: I 1634 B

109
WANDPLATTE MIT HALBSÄULE

Das dorische Halbsäulenkapitell ist eine Ergänzung.

Maße: H 88,5 cm, L 110 cm, o. Dm (Säule) 32,8 cm
Inv.: I 1634 C

110
DORISCHER ARCHITRAV

mit Tropfplättchen; an den Stoßfugen zwei aneinanderpassende Fragmente, sonst Ergänzung.

Maße: rechts (A) H 18 cm, B 19,5 cm; links (B) H 18 cm, B 13 cm
Inv.: I 1699 A, B

111
METOPEN-TRIGLYPHENFRIES

Ergänzung

112
GEISON

mit Blütenkelch links und nicht durchbohrtem Löwenkopf rechts auf der Sima; rechte Seite ergänzt.

Maße: H 21,9 cm, L 81 cm
Inv.: I 1634 D

113
STUFENBASIS

zweistufig; Ergänzung.

114
BASIS

Fragment einer ionischen Säulenbasis (komposit).

Maße: H 15,5 cm, o. Dm 46 cm
Inv.: I 1634 E

115
MONOLITHER SÄULENSCHAFT

Drei Fragmente eines ionischen Säulenschaftes, aneinanderpassend.

Maße: H 251 cm, u. Dm 30,5 cm
Inv.: I 1634 F1/2/3

116
IONISCHES KAPITELL

mit angearbeitetem Säulenschaft

Maße: H (Kapitell) 27 cm
Inv.: I 1634 F 4/5

117
ARCHITRAV

Vorderseite Doppelsima, Rückseite einfache Hohlkehle; in zwei aneinanderpassende Teile zerbrochen.

Maße: H 24,2 cm, L 156 cm
Inv.: I 1634 G1/2

118
KASSETTENPLATTE

Maße: H 25 cm, L 136 cm
Inv.: I 1634 H

119
KRANZGESIMSE

mit Hängeplatte; darunter Akanthusblätter und Scheinkonsolen.

Maße: H 33 cm, L 93,5 cm
Inv.: I 1634 I

120
STUFENSEGMENT DES DACHES

Maße: H 24,3 cm, L 132 cm
Inv.: I 1634 K

121 Abb. 78
MODELL DES RUNDBAUES

Maßstab 1 : 25. Plexiglas, weißgespritzt; hergestellt 1977–1978

79 *Rundbau. Ionisches Obergeschoß, wiederaufgerichtete Säule mit Gebälk*

Gegenüber dem Stadtmodell Eingang zu Dokumentation und Buffet, Sektoren B 6, 7 (Plan Abb. 31):

122–128 EINZELOBJEKTE

122
IONISCHES KAPITELL MIT STIER-PROTOMEN

Aus den mit Lanzettblättern geschmückten Polstern kragen Stierköpfe vor. Die Köpfe hatten wohl eine statische Funktion wie in Persien, woher dieses Motiv ursprünglich kommen dürfte. Die Kapitelle gehörten zu den Säulen des Mittelschiffes im Untergeschoß der Basilika auf dem Staatsmarkt. Das Untergeschoß der römischen Basilika ist in die 1. Hälfte des 1. Jh. n. Chr. zu datieren.

Die Datierung ergibt sich teils aus der Bauinschrift der Basilika, teils aus dem Vergleich mit der tiberianischen Halle in Aphrodisias. Die Stierprotomen der paphlagonischen Felsgräber und in Delos hatten keine tragende Funktion; angearbeitete Säulenhälse gibt es bereits bei altattischen Kapitellen.

Lit.: W. Wilberg, ÖJh 12, 1908, S. 207 ff.; Führer Museum Selçuk, S. 121 f.
FO: Basilika am Staatsmarkt
Maße: H 38 cm, L 146 cm, u. Dm 49 cm
Inv.: I 1635

123
IONISCHES KAPITELL

Römisch, Kaiserzeit

Abakus mit Eierstab; fünf Fronteier auf Echinus, der nicht unter dem Polster durchläuft. Unter den Eiern stehendes lesbisches, krautiges Kyma. Hohler Frontcanalis, dreigekehltes Polster mit stehenden Palmetten, die mittleren Rundstäbe sind als Stengel der Verbindungsranken gebildet. Alle Ornamente sind stark gebohrt, stellenweise sind die Bohrstege erhalten.

Lit.: unpubliziert
FO: ohne genaue Angabe
Maße: H 31,5 cm, Abakus 70 x 70 cm
Inv.: I 1636

Rechts neben dem Buffetausgang:

124 Abb. 80
KORINTHISCHES KAPITELL

Römisch, Kaiserzeit

Bemerkenswert, weil eine Volute gut erhalten ist, was bei korinthischen Kapitellen selten ist. Zweireihiger Akanthuskranz, spitzzahnige Blätter, Helices enden in Volutenspitzen; anstelle einer Abakusblüte abwechselnd stehende und fallende krautige Palmetten.

Lit.: Ausstellung Volksgarten[2], S. 12, Nr. 8
FO: Marmorsaal des Hafengymnasiums
Maße: H 68 cm, u. Dm 50 cm
Inv.: I 840

125
FRAGMENT EINES GROSSEN KOMPOSITKAPITELLS

Römisch, Kaiserzeit

Rechte Volute und Zwickelpalmette großteils erhalten; zwischen den Voluten keine Frontcanalis, wie in Kleinasien üblich; Abakusblüte als Rosette ausgebildet, auf dem Rücken der Volute liegt eine Ranke.
Die Pfeilspitzen des Eierstabes sind angedeutet, die Perlen des darunterliegenden Astragals sind walzenförmig. Am Kalathoshals (Kapitellgrundkörper) ist eine Lotosblüte sichtbar.

Lit.: unpubliziert
FO: 1897 im Marmorsaal des Hafengymnasiums
Maße: Abakuslänge (rekonstruiert) 148 cm
Inv.: I 1627

Auf dem Treppenabsatz zu Sektor C:

126
SCHRÄGES PFEILERKAPITELL

Rhombischer Grundriß, drei Seiten als Kompositkapitell ausgebildet, die vierte Seite ist kurz verkröpft.

Das Kapitell stammt von der Westseite des südlichen Hafentores, das einen schrägen Grundriß und eine apsidenförmige Ostfront aufwies.
Römisch, 3. Jh. n. Chr.

Lit.: FiE III, S. 179, Fig. 168; E. Weigand, Wiener Jb. Kunstgesch. 5, 1928, S. 75 f. (3. Jh. n. Chr.)
FO: 1896 beim südlichen Hafentor
Maße: H 65 cm, L 130 cm, Auflagerrhombus 59 x 65 cm
Vgl.: die Ornamentik des Serapeions
Inv.: I 1630

127
TÜRKONSOLE

Römisch, Kaiserzeit

Stehende Doppelvolute mit starkem konkavem Kanal; aus Innenzwickel entsprießt Ranke, die in vierblättrigen Rosetten endet. Am Volutenrücken Palmette. Starke Bohrungen.

Lit.: unpubliziert
FO: ohne genaue Angabe
Maße: H 83 cm, B 18,5 cm, T (noch) 38 cm
Inv.: I 1638

Auf dem nächsten Treppenabsatz vor dem Säulenpaar:

128
SONNENUHR

auf einem angearbeiteten Standsockel. In der Wölbung die senkrechten Stundenlinien, die von drei Horizontallinien geschnitten werden. Unten Linie der Sommersonnenwende (Beischrift [ΘΕ]ΡΙΝΗ), in der Mitte Aequinoctiallinie (Beischrift [ΙΣ]Η[Μ]ΕΡΙΝ[Η]), oben Wintersonnenwende (Beischrift [ΧΕ]ΙΜΕΡ[ΙΝΗ]). An der Oberseite die Einzapfung für den Schattenwerfer.
Römisch, Kaiserzeit

Lit.: Noll, Inschriften S. 36 Nr. 64
FO: ohne genaue Angabe
Maße: H (noch) 101 cm, B (noch) 132 cm, B (Sockel) 59 cm

Linke Seite:
80 *Kat.-Nr. 124*

81 *Kat.-Nr. 129*

Vgl., Sonnenuhr mit Inschriftsockel aus Ephesos im Museum Selçuk (Inv. 375): Führer Museum Selçuk S. 109 f.; zu samischen Sonnenuhren: R. Tölle, Festschrift Ulf Jantzen (1969), S. 164 ff.
Inv.: I 1639

Sektor C 1 (Plan Abb. 31):

129–157 IDEALSKULPTUR UND RELIEFS

129 Abb. 1, 81
STATUE EINES ATHLETEN

Nach dem Wettkampf pflegten die Athleten ihren eingeölten Körper vom Sand der Palästra mit einem Schabeisen (Strigilis) zu säubern. Der ephesische Athlet hat diese Tätigkeit bereits beendet: mit noch schweißnassem, aus der Stirn gestrichenem Haar reinigt er mit Daumen und Zeigefinger der linken Hand die Strigilis, die er einst in der Rechten gehalten hat. Auf diesen, an sich nebensächlichen Vorgang ist die ganze Aufmerksamkeit des Jünglings gerichtet, in der Aktion der Hände sammeln sich Blick und Linien der Gestalt. Der Neigung und Drehung von Kopf und Oberkörper entspricht die Stellung des Spielbeinfußes, der nur mit Zehen und Ballen den Boden berührt. Die Statue läßt sich keinem griechischen Künstler mit Sicherheit zuschreiben, doch beweisen römische Wiederholungen in Marmor und Wiedergaben auf Tonreliefs und geschnittenen Steinen den Bekanntheitsgrad des Originals, dessen stilistisch treueste Kopie unsere Bronzestatue darstellt.
Römische (flavische?) Kopie nach griechischem Original der Zeit um 340/330 v. Chr.

Die Datierung folgt W. Fuchs, Die Skulptur der Griechen (1969), S. 114 ff.; anders zuletzt Lattimore (s. u.): frühhellenistisch. – Replikenverzeichnis: FiE I, S. 193 ff. (O. Benndorf). – Gegen ein Original und für eine römische Kopie spricht neben stilistischen Kriterien die Form des Einlaßzapfens: D. Arnold, JdI Erg.-H. 25, 1969, S. 269 u. Anm. 134. – Die Plinthe ist modern.

Lit.: F. Eichler, JbKSWien 50, 1953, S. 15 ff., Abb. 3–10; S. Lattimore, AJA 76, 1972, S. 13 ff., Taf. 7–8.
FO.: 1896 im Marmorsaal des Hafengymnasiums
Mat.: Bronze, aus 234 Fragmenten zusammengesetzt
Maße: H 192 cm
Inv.: VI 3168

An der Innenseite der Pfeiler von rechts nach links:

130 Abb. 82
HERME

mit dem bärtigen Kopf des Gottes Hermes. Als Zaunherme gearbeitet,

82 *Kat.-Nr. 130*

als Türsturz wiederverwendet. Die Hermen – in griechischer Zeit als Kultbild des Hermes mit behütendem und fruchtbarkeitsspendendem Charakter an Wegen, Grenzen und auf Gräbern aufgestellt – wurden in der römischen Kaiserzeit meist als Stützen für Zäune verwendet; dabei waren Darstellungen von Hermes, Dionysos und Herakles besonders beliebt. Der Hermenschaft, mit den Vertiefungen zum Einsetzen des männlichen Gliedes an der Vorderseite und von „Armen" und Geländern an den Schmalseiten, wurde bei der Wiederverwendung an der Vorderseite mit einer kassettenartigen Verzierung versehen.
Römische Kopie (2. Jh. n. Chr.) nach griechischem Original des 5. Jh. v. Chr.

Herme vom Typus C: L. Curtius, RM Erg.-H. 1, 1931, S. 61, Nr. 16

Lit.: H. Wrede, Die spätantike Hermengalerie von Welschbillig (1972), S. 128, Nr. F 3e, Taf. 71,3.
FO: 1903 zwischen Mazaeus–Mithridatestor und Bibliothek
Maße: H (gesamt) 135 cm, H (Kopf) 36 cm
Inv.: I 848

131
HERME

mit dem bärtigen Kopf des Gottes Hermes; Typus wie Kat.-Nr. 130. Ursprünglich als Zaunherme verwendet, wurde der Hermenschaft später zu einer Konsole umgearbeitet.
Römische Kopie (2. Jh. n. Chr.) nach griechischem Original aus dem 5. Jh. v. Chr.

Lit.: unpubliziert
FO: 1897 im Atrium Thermarum Constantianarum
Maße: H (gesamt) 108 cm, H (Kopf) 33 cm
Inv.: I 920

Lit.: unpubliziert
FO: 1904 östlich vom „Auditorium der Bibliothek"
Maße: H (noch) 91 cm
Inv.: I 934

134 Abb. 84
KOPF DES HERMES

Der jugendliche Kopf des Gottes ist eine Replik des polykletischen Herakleskopfes, der vom Kopisten durch die Flügel in einen Hermes umgewandelt wurde. Eine der wenigen kleinasiatischen Wiederholungen, die bisher von Schöpfungen des Polyklet – des führenden Bildhauers von Argos in der 2. Hälfte des 5. Jh. v. Chr. – bekannt geworden sind.
Römische Kopie (2. Jh. n. Chr.) nach einem Bronzeoriginal des Polyklet aus der Zeit um 430 v. Chr.

Replikenverzeichnis: H. v. Steuben, Antike Plastik VII, 1967, S. 101 f.; zur Datierung der Replik in Wien: H. Lauter, Zur Chronologie römischer Kopien (1966), S. 107 (Zeit des Antoninus Pius).

Lit.: W. Alzinger, RE Suppl. XII, Sp. 1691 f.
FO: 1895 im Hafengymnasium
Maße: H 39 cm
Inv.: I 828

Links:
83 *Kat.-Nr. 132*
84 *Kat.-Nr. 134*

132 Abb. 83
KOPF EINER GÖTTIN (?)

mit gescheiteltem, leicht gewelltem Haar, das hinten in einer Rolle zusammengenommen ist. Der Kopf war streng frontal in eine Peplosstatue eingelassen.
Römische Kopie (2. Hälfte 1. Jh. n. Chr.) nach einem griechischen Original aus der Zeit um 460 v. Chr.

Kopfreplik des Typus Candia (Heraklion oder Peplophoros Ludovisi); Replikenverzeichnis: V. H. Poulsen, Acta Archaeologica 8, 1937, S. 119 ff.; E. Paribeni, Museo Nazionale Romano, Sculture greche del V secolo (1953), S. 52, Nr. 89.

Lit.: W. Alzinger, RE Suppl. XII, Sp. 1689 f.
FO: 1896 im Marmorsaal des Hafengymnasiums
Mat: pentelischer Marmor
Maße: H 31 cm
Inv.: I 829

133
JÜNGLINGSTORSO

Nackter Jüngling, stehend, mit rechtem Standbein. Der fehlende Kopf war nach rechts gewendet. Auf der linken Schulter Rest der Locken.
Römische Kopie nach griechischem Original aus der Zeit um 400 v. Chr.

85 *Kat.-Nr. 137*

135
HERMESTORSO

Nackter männlicher Torso, stehend, mit rechtem Standbein. Der linke Arm war seitlich in die Hüfte gestützt, in der gesenkten Rechten hielt er vermutlich das Kerykeion. Der fehlende Kopf war zu seiner Rechten gewendet. Auf der linken Schulter liegt zusammengeballt der Mantel, der auch über den linken Vorderarm geschlagen ist.
Römische Kopie nach griechischem Original aus der 2. Hälfte des 4. Jh. v. Chr.

Vom Motiv her verwandt mit dem Hermes von Andros (Athen, Nationalmuseum) und dem Hermes vom Belvedere (Rom, Vatikan).

Lit.: Ausstellung Belvedere^{3}, S. 22, Nr. 24
FO: 1901 an der Südseite der Arkadiane
Maße: H (noch) 106 cm
Inv.: I 869

136
APOLLONTORSO

Nackter jugendlicher Torso, stehend, mit linkem Standbein. Der linke Arm war vorgestreckt, mit dem rechten stützte sich der Gott auf einen Pfeiler. Der – größtenteils fehlende – Kopf mit dem hochaufgenommenen Haar war zu seiner Linken gewendet. Zugehörig ist die unvollständige Plinthe mit den Resten beider Füße.
Römische Kopie (2. Hälfte des 1. Jh. n. Chr.) nach griechischem Original aus der Zeit um 350 v. Chr.

Im Depot befinden sich drei zugehörige Fragmente des Kopfes mit der Haarkalotte. Typus Florenz Palazzo Vecchio (Marella – Anzio); Replikenliste: G. Lippold (s. u.) S. 264, Anm. 12.

Lit.: G. Lippold, Die griechische Plastik (1950), S. 264, Anm. 12
FO: 1898 in den Unterbauten des Theaters
Maße: H (noch) 133 cm, Plinthe B (noch) 54 cm, T 49,5 cm
Inv.: I 823

137 Abb. 85
KOPF DES APOLLON

überlebensgroß; der Kopf des Gottes war in eine bekleidete Statue – vermutlich des Apollon Musagetes (Führer der Musen) – eingesetzt.
Römische Kopie nach griechischem Original des 4. Jh. v. Chr.

Lit.: Ausstellung Belvedere^{3}, S. 15, Nr. 17
FO: Theater, im Schutt des südlichen Parodos
Maße: H 52 cm
Inv.: I 876

138
GANYMED UND ADLER

Stark fragmentierte Gruppe mit der Entführung des Ganymed. Der Adler ergreift den jugendlichen, mit dem Schultermantel (Chlamys) bekleideten Körper des Ganymed, der auf einem Felsen kniet, mit den Fängen, um ihn in die Lüfte zu heben. Darunter ein Hund. Der Adler – Zeus oder sein Bote – ist als Geleiter des Ganymed mit weitausgebreiteten Flügeln wiedergegeben. Der Baumstamm im Hintergrund dient als Stütze für die Gruppe.
Römische Kopie (Mitte des 2. Jh. n. Chr.) nach griechischem Original aus der 2. Hälfte des 4. Jh. v. Chr.

Liste weiterer Wiederholungen dieses Motivs (Plastik, Relief, Mosaik): H. Sichtermann, Ganymed (1953), S. 66 ff., 88 ff.

Lit.: K. M. Phillips, Art Bulletin 42, 1960, S. 260, Abb. 22; W. Alzinger, RE Suppl. XII, Sp. 1695
FO: 1903 vor der Celsusbibliothek, am Südende des Wasserbeckens, in das sie mit den Reliefplatten des Partherdenkmals verbaut war.
Maße: H (noch) 169 cm
Inv.: I 875

139 Abb. 86

KAPITELL EINES LAMPENTRÄGERS

aus 16 gesondert gegossenen Teilen zusammengesetzt. Die einzelnen Bestandteile von unten nach oben:
a) Massiver Ring aus 15 Halbkugeln.
b) Doppelkopf Herakles – Omphale. Herakles, bärtig, mit Stirnreif und Schleier, Omphale mit dem am Hals geknoteten Löwenfell.
c) Doppelter Blattkelch über einer Hohlkehle.
d) Reichverziertes ionisches Kapitell. Auf der Stirnseite drei Appliken (nur auf der Herakles-Seite vorhanden): im Frontcanalis auf dem Löwenfell die nackte Gestalt des ausruhenden Herakles mit einem Kranz in der Rechten und vermutlich einer Schale in der weggebrochenen Linken; an den Voluten kniende Eroten, die den tafelnden Herakles bedienen. Von den Polstern hängen zwei üppige Akanthusranken herab, die in einem doppelten Blattkelch enden. Aus diesen wachsen die Halbfiguren kleiner Heraklesknaben (Herakliskoi) mit dem über den Kopf gezogenen Löwenfell, die geschulterten Keulen in der rechten und drei Hesperidenäpfel in der linken Hand. – Der Abakus besteht aus einem Perlstab, einem ausladenden Kyma mit Akanthusblättern und einem Rundstab mit Flechtband.
e) Rechteckige Platte mit gezähntem Rand als oberer Abschluß.
Dem figürlichen Schmuck des Kapitells liegt der Mythos vom Sklavendienst des Herakles bei der Lyderkönigin Omphale zugrunde, wobei Herakles Löwenfell und Keule gegen Frauenkleider tauschen und den Spinnrocken ergreifen mußte.
Römisch, augusteisch (27 v.–14 n. Chr.)

Die Datierung in augusteische Zeit, die auf K. A. Neugebauer, JdI 49, 1934, S. 176 (vgl. E. v. Mercklin, Antike Figuralkapitelle, 1962, S. 283, 289 f. Nr. 692) zurückgeht, fußt auf dem Ornament der Scheibenfragmente Inv. VI 4051 (im Depot), die Eichler (s. u.) S. 215 ff. Abb. 149 f. dem Kandelaberfuß zuwies. Doch ist ihre Zugehörigkeit m. E. sehr fraglich. – In hadrianische Zeit datiert P. C. Bol, Antike Plastik X, 1970, S. 88. – Aus technischen Gründen konnte von der Deckplatte e) nur ein Abguß vom Original (dieses im Depot) verwendet werden. – Die Heraklesapplik auf der Omphale-Seite befindet sich in London: Brit.Mus.Cat., Walters, Bronzes Nr. 1244.

Lit.: F. Eichler, ÖJh 24, 1929, S. 207 ff. Taf. 3 u. Abb. 143–146, vgl. S. 198 Abb. 140, S. 217 Abb. 150; H. Kenner, Das Phänomen der verkehrten Welt in der griechisch-römischen Antike (1970), S. 136 ff.; H. Scharmer, Der gelagerte Herakles, 124. BWPr (1971), S. 37 f. Nr. 56, 56a
FO: 1896 im Marmorsaal des Hafengymnasiums
Mat.: Bronze, gegossen; mit Silbereinlagen
Maße: H 34 cm, B (Deckplatte e) 39 cm
Inv.: VI 3170

86 *Kat.-Nr. 139, 140*

Auf dem Kapitell montiert:

140 Abb. 86

KOLOSSALE FÜNFSCHNAUZIGE LAMPE

Aus Bruchstücken rekonstruiert. Die Lampe stellt eines der größten, wenn nicht das größte bekannte antike Exemplar dar. Die Schnauzen sind an der Unterseite in Relief reich verziert: vegetabilischer Dekor und ein Löwenfell, dessen Kopfhaut das ausladende Schnauzenende bildet. Die

kreisförmige Basis bedeckt ein lesbisches Kymation mit alternierenden Palmetten und Lotosblüten in den Zwickeln.
Römisch, 1. Jh. n. Chr.

Fundort, Datierung und die der Lampe und dem Kapitell gemeinsame Beziehung zu Herakles im Dekor machen die Zusammengehörigkeit der beiden Stücke wahrscheinlich. Der Rekonstruktionsversuch geht im wesentlichen auf F. Eichler (s. u.) zurück. Die Fehlstellen wurden mit Epoxyharz ergänzt, wobei die Form des Lampenkörpers und des Spiegels hypothetisch bleiben. – Die Zugehörigkeit der Basis (Abguß, Original im Depot) ist nicht völlig gesichert, sie könnte auch von einer Hydria stammen: vgl. D. v. Bothmer, Gnomon 37, 1965, S. 604. – Die Schnauzenform – lange, gerundete Volutenschnauze – bildet eine Variante von Loeschcke Typus 19.

Lit.: F. Eichler, ÖJh 24, 1929, S. 211ff., Abb. 147 f.; 150 f.
FO: 1896 im Marmorsaal des Hafengymnasiums
Mat.: Bronze, gegossen
Maße: Dm (samt Schnauzen) ca 80 cm, H 20,5 cm
Inv.: VI 4053 (Schnauzen), VI 4047 (Basis)

141 Abb. 87
HERAKLES-KENTAURENGRUPPE

Tischkandelaber; Herakles im Kampf mit einem Kentauren. Der Heros holt mit der Keule zum Schlag aus. Der Kentaur weicht – sich aufbäumend – vor dem Angriff des Herakles zurück. Im Hintergrund zwischen den beiden diagonal auseinanderstrebenden Körpern ein Baum, der als oberen Abschluß eine Rundbasis mit lesbischem Kymation trägt, die wohl den Fuß einer Lampe bildete. Auffallend ist der Unterschied der beiden Figuren in bezug auf Dreidimensionalität und plastische Modellierung: dem fast reliefartig konzipierten, kraftvoll, aber ruhig wirkenden Herakles steht die wilde Bewegtheit und räumliche Tiefe des Kentauren gegenüber.
Hellenistisch, 2. Hälfte 2. Jh. v. Chr.

87 *Kat.-Nr. 141*

Die Zugehörigkeit des Baumes ist sehr wahrscheinlich, aufgrund des Fehlens einer Basis aber nicht beweisbar. – Während sich der Herakles an ein Vorbild aus der Nachfolge des Lysipp anzulehnen scheint, dürfte der Kentaur eine originale Schöpfung eines eklektisch orientierten Künstlers nach der Mitte des 2. Jh. sein, auf den auch die Komposition zu einer Gruppe zurückgehen wird.

Lit.: F. Eichler, ÖJh 24, 1929, S. 198 ff. Abb. 140–142, Taf. 2; P. C. Bol, Antike Plastik X, 1970, S. 81 ff. Taf. 59–64
FO: 1896 im Marmorsaal des Hafengymnasiums
Mat.: Bronze, Hohlguß; aus vielen Fragmenten zusammengesetzt; mit zahlreichen Ergänzungen
Maße: H (des Herakles) 38 cm, H (des Kentauren) 38,5 cm, H (des Baumes) 50,8 cm
Inv.: VI 3169

142
MELPOMENE

Zur figürlichen Ausschmückung der Fassade der Celsusbibliothek (vgl. Kat.-Nr. 159–162) gehört eine weibliche Statuette, die durch die Keule als Melpomene, die Muse der tragischen Dichtkunst, gekennzeichnet ist. Bekleidet ist sie mit dem hochgegürteten Peplos und einem Mantel. Mit ihrer Rechten stützt sie sich auf eine Keule, die auf einem Stierhaupt ruht; das fehlende Attribut in ihrer linken Hand dürfte daher die Maske

des Herakles gewesen sein. Die Federkrone, das Zeichen der Musen, schmückte ihr Haupt.
Römisch, 3. Jh. n. Chr.

Lit.: FiE V/1, S. 59 f., Abb. 102
FO: 1903 im Schutt vor der Celsusbibliothek
Maße: H 132 cm
Inv.: I 812

143
KOPF EINES FLÖTEBLASENDEN SATYRKNABEN

von einer Statuette. Der jugendliche Satyr, mit Spitzohren und kleinen Hörnern, bläst die Querflöte. Mit den Füßen trat er vermutlich die Fußklapper (Krupezion).
Römische Kopie (1. Hälfte 2. Jh. n. Chr.) nach griechischem Vorbild aus der 2. Hälfte des 4. Jh. v. Chr.

Weitere zugehörige Fragmente der Statuette (Hände mit Flöte, Plinthenfragment mit Fuß) befinden sich im Depot. Replikenverzeichnis: G. Lippold, Die griechische Plastik (1950), S. 252, Anm. 3.

Lit.: Ausstellung Volksgarten[2], S. 12, Nr. 7
FO: 1895 im Hafengymnasium
Maße: H 24,5 cm
Inv.: I 838

144
DIONYSOSTORSO

Oberkörperfragment, bekleidet mit der Nebris (Rehfell). Nach dem Rest der Locken auf den Schultern von einer Dionysosstatuette.
Römische Kopie nach griechischem Original aus der 2. Hälfte des 4. Jh. v. Chr.

In der Körperhaltung auf die Statue des einschenkenden Satyrs des Praxiteles zurückgehend; zu einem Dionysos umgestaltet.

Lit.: unpubliziert
FO: 1898 vor dem Theater
Maße: H (noch) 50,5 cm
Vgl.: E. Pochmarski, Das Bild des Dionysos in der Rundplastik der klassischen Zeit Griechenlands (1974), S. 123 ff., Abb. 29 F
Inv.: I 813

145
THRONENDER SERAPIS

auf einem massiven Sessel, mit Fußschemel, sitzend; bekleidet mit Chiton und Mantel. In der erhobenen Linken hielt er das Szepter, die gesenkte Rechte lag auf dem Haupt des – weggebrochenen – Kerberos.
Der Kult des vom Hellenismus übernommenen ägyptischen Totengottes fand in der römischen Welt große Verbreitung (s. S. 17, Kat.-Nr. 176).
Römisch, 2. Jh. n. Chr.

Nachbildung der Serapisstatue des Bryaxis in Alexandria: W. Hornbostel, Sarapis (1973), S. 59 ff., Taf. 8, 31, 39.

Lit.: unpubliziert
FO: Theater
Mat.: dunkler Marmor, weiß geädert
Maße: H (noch) 46 cm
Inv.: I 832

146
NEMESIS

Die stehende Frauengestalt, bekleidet mit dem hochgegürteten, ionischen Chiton und dem Mantel, mit der Götterkrone (Polos) auf dem Haupt, ist durch ihre zahlreichen – heute z. T. fehlenden – Attribute als Schicksalsgöttin gekennzeichnet: in ihrer Rechten hält sie die Elle (?), in der Linken das Füllhorn. Der Greif an ihrer rechten Seite legt sein linkes Vorderbein auf ein Rad (Sinnbild der rastlosen Bewegung); die Weltkugel ist das Symbol der Göttin als Beherr-

 Kat.-Nr. 147

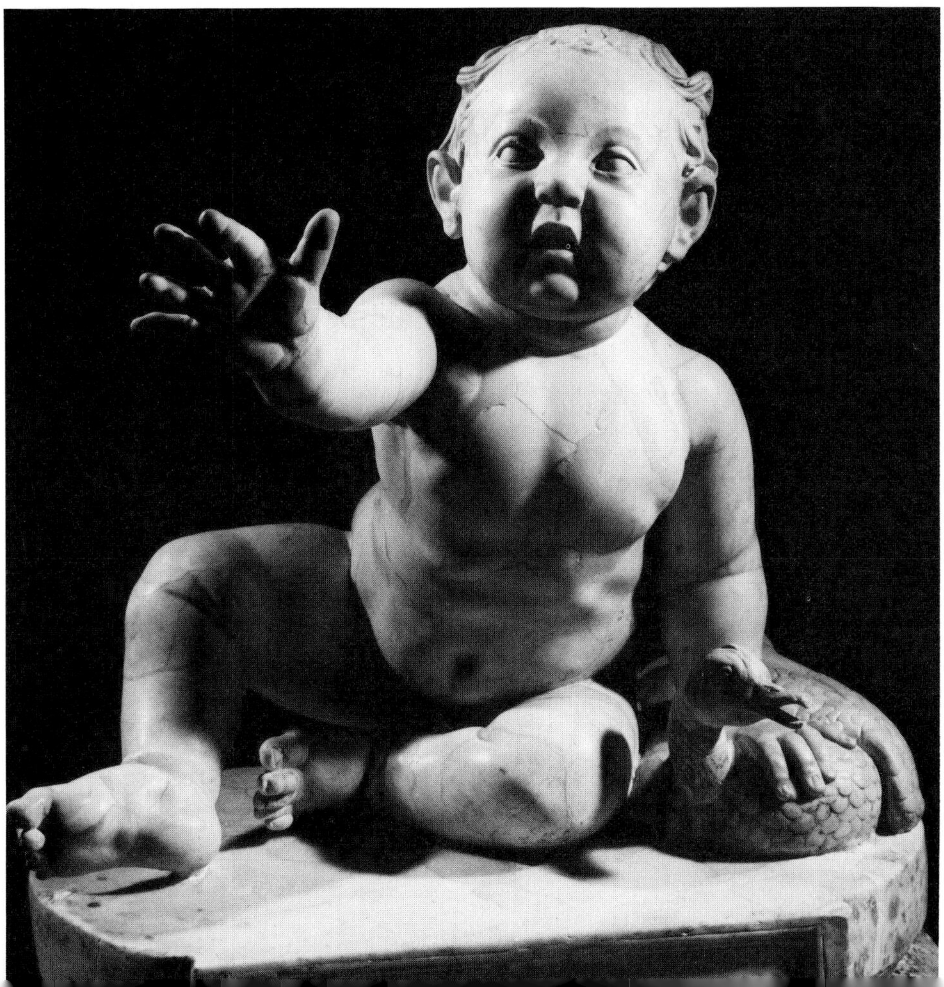

scherin der Erde, das darauf stehende Steuerruder das als Lenkerin des Alls.
Römisch, um 200 n. Chr.

Weiterbildung des Typus der Nemesis von Smyrna aus dem 3. Jh. v. Chr.: B. Schweitzer, JdI 46, 1931, S. 205 ff.

Lit.: I. Flagge, Untersuchung zur Bedeutung des Greifen (1975), S. 108, Anm. 19
FO: 1897 im Theater, im Schutt der Kammern des Bühnenhauses
Maße: H (mit Basis) 121,5 cm
Inv.: I 931

147 Abb. 88
KNABE MIT DER FUCHSGANS

Ein etwa zweijähriger, auf dem Boden sitzender Knabe wird vermutlich von einem Erwachsenen angesprochen, dem er die Arme entgegenstreckt und zu dem er aufblickt. Dabei drückt er seinen Spielgefährten, eine Fuchsgans (kleine ägyptische Gansart) zu Boden.
Römische Kopie (Mitte 2. Jh. n. Chr.) nach einem Bronzeoriginal des frühen 3. Jh. v. Chr.

Das Original für diese Gruppe wird allgemein mit dem im Asklepieion von Kos erwähnten Bildwerk des Boethos (Herondas, Mimiambus IV 31) gleichgesetzt. Zu weiteren Repliken: E. Künzl, Frühhellenistische Gruppen (1968), S. 85 ff.

Lit.: W. Alzinger, RE Suppl. XII, Sp. 1695 f.
FO: 1896 vor dem Marmorsaal des Hafengymnasiums
Aus zahlreichen Fragmenten zusammengesetzt, mit Ergänzungen
Maße: H 62 cm
Inv.: I 816

148
WEIBLICHER GEWANDTORSO

Die überlebensgroße, stehende Frauengestalt, mit linkem Standbein, ist bekleidet mit dem hochgegürteten Chiton und dem fransenbesetzten Mantel. Der heute fehlende Kopf und die vorgestreckte linke Hand waren antik eingesetzt.
Römische Kopie (2. Jh. n. Chr.) nach hellenistischem Vorbild (2. Jh. v. Chr.)

Lit.: unpubliziert
FO: 1904 an der Straßenbiegung östlich der Bibliothek
Maße: H (noch) 197 cm
Vgl.: M. Bieber, The Sculpture of the Hellenistic Age^2 (1967), S. 131 f., Fig. 515
Inv.: I 949

Hinter dem rechten Säulenpaar:

149 Abb. 89
ALTAR MIT NIKEN

Kleiner Weihealtar mit Opferszene in flachem Relief an der Vorderseite: zwei geflügelte Siegesgöttinnen (Niken), bekleidet mit leichtem Chiton, führen einen Widder und einen Ziegenbock zur Opferhandlung. Die linke Figur hält außerdem einen Weihrauchständer in der linken Hand. Als Göttin des Sieges ist Nike Botin und Dienerin der Götter, sie bringt meist auch für den Sieger das Dankopfer dar.

89 *Kat.-Nr. 149*

Römisch, 1. Jh. n. Chr.; auf ältere Vorbilder zurückgehend.

Der Altar, seiner Form nach zu den kleinasiatischen Reliefaltären hellenistischer und römischer Zeit gehörig, war in zweiter Verwendung als Säulenbasis auf der Arkadiane aufgestellt. Die Rinne an der Oberseite ist eine spätere Einarbeitung; die Hinterseite ist modern abgemeißelt.

Lit.: A. H. Borbein, JdI Erg.-H. 14, 1958, S. 122, Anm. 610
FO: Arkadiane
Maße: H 65 cm, B 87 cm, T 40 cm
Vgl., zum Motiv: A. H. Borbein a. O.;
N. Kunisch, Die stiertötende Nike (1964)
Inv.: I 854

Sektor C 2 (Plan Abb. 31):

150–151
SPHINXGRUPPE

Die thebanische Sphinx zerfleischt einen unter ihr liegenden Knaben mit den Krallen. Eine Nachbildung der von Pausanias beschriebenen Arm-

stützen des Zeusthrones von Olympia.
Römische Kopie (1. Hälfte 2. Jh. n. Chr.) nach griechischem Original des Bildhauers Phidias um 440 v. Chr.

In Ephesos wurden 74 Fragmente (heute in Wien und London) gefunden, die zu zwei gleichen Gruppen gehören. Rekonstruktion der Gruppe durch F. Eichler (1. Versuch – ÖJh 30, 1937, S. 75 ff.; 2. Versuch – ÖJh 45, 1960, S. 5 ff.).

Lit.: F. Eichler, ÖJh 45, 1960, S. 5 ff.;
W. Alzinger, Die Stadt des siebenten Weltwunders. Die Wiederentdeckung von Ephesos (1962), S. 58f.; ders., RE Suppl. XII, Sp. 1690 f.; H. Demisch, Die Sphinx (1977), S. 84, Abb. 238
FO: 1896 im Marmorsaal des Hafengymnasiums
Mat.: Grauwacke
Inv.: I 1536

150
REKONSTRUKTION DER SPHINXGRUPPE

Gipsmodell (Atelier A. Rainbauer) des zweiten Herstellungsversuches durch F. Eichler (1959).

Maße: H (ohne Plinthe) 79 cm
Dauerleihgabe der Archäologischen Sammlung der Universität Wien

Vitrine II:

151
FRAGMENTE DER SPHINXGRUPPE

Jüngling:

Haarpartie vom Oberkopf (J 1)

Maße: H (noch) 6 cm

Reste von Kopf, Hals und Brust (J 2)

Maße: H (noch) 18 cm

Rücken (J 4)

Maße: H (noch) 29 cm

Rechter Unterschenkel (J 12)

Maße: H (noch) 26 cm

Sphinx:

Haarpartie vom Hinterkopf (S 1)

Maße: H (noch) 7,5 cm

Linke Brust, Oberarm und Flügel (S 2)

Maße: H (noch) 27 cm

Zwei Zitzen (S 17)

Maße: L (noch) 12,5 cm

Rechter Flügel (S 11)

Maße: L (noch) 18 cm

Teil vom rechten Flügel (S 12)

Maße: L (noch) 25 cm

Teil vom linken Flügel (S 15)

Maße: L (noch) 15 cm

Rechte Hinterpranke (S 24)

Maße: L (noch) 15 cm

Rechte Vorderpranke (S 25)

Maße: L (noch) 11 cm

90 *Kat.-Nr. 152*

152 Abb. 90
ARCHAISTISCHES RELIEF

von einem Ehrenmal für Kaiser Augustus und seine Enkel C. Caesar, L. Caesar und Marcus Agrippa. Auf dem erhaltenen Eckfragment der Hauptseite (links) ist nur eine – nicht näher bestimmbare – Göttin erhalten, darüber das Ende der Weiheinschrift. Die drei schreitenden Gottheiten auf der Schmalseite stellen (von links nach rechts) Athena, Ares und Poseidon dar. Die Rückseite (rechts) zeigt drei Nymphen vor einem Rundaltar und Pan in der Grotte.
Römisch, 12 v. Chr.–2 n. Chr.

Die Reste des Frieses der zwei Langseiten und der rechten Schmalseite zeigen Götterfiguren, die dem neuattischen Typenschatz entnommen sind. Durch die Kombination mit beschrifteten Architekturstücken (Deckprofilblöcke), die 1906 an der Marmorstraße in sekundärer Verwendung gefunden wurden und sich im Museumsdepot Selçuk befinden, sind Aufriß, Gesamtmaße (146 x 75 cm) und Datierung (Inschrift) des Denkmals gesichert:
W. Alzinger, Augusteische Architektur in Ephesos (1974), S. 20 f., Abb. 10, 165.

91 *Kat.-Nr. 155*

Lit.: F. Eichler, WSt 79, 1966, S. 592 ff.
FO: 1905 an der Ostseite der Marmorstraße in sekundärer Verwendung
Maße: Vorderseite (E) L (noch) 28,5 cm, H 57,5 cm, Reliefhöhe 3 cm; Schmalseite (A) L 62,5 cm, H 57,5 cm, Reliefhöhe 2,5 cm; Rückseite (B-D) L (gesamt) 102 cm, H 57,5 cm, Reliefhöhe 3,5 cm
Inv.: I 845 A-E

153
ASCHENKISTE DES T. GERILLANUS MARCELLUS

An der Vorderseite Girlande zwischen Stier- und Widderköpfen. Übersetzung der griechischen Inschrift: „(Aschenkiste) des Titus Gerillanus Marcellus, (errichtet) zu Lebzeiten. (Gestiftet hat sie) Apollonios der Sohn des Leon". Der Deckel der Kiste fehlt.
Römisch, 1./2. Jh. n. Chr.

Lit.: Noll, Inschriften S. 34, Nr. 55
FO: ohne genaue Angabe
Maße: H 28 cm, B 46 cm, T 29 cm
Inv.: III 1086

154
REITERGRABSTEIN

Im Bildfeld der Verstorbene als Reiter vor einem Opferaltar. Bekleidet mit dem kurzen Chiton und dem im Rükken flatternden Mantel (Chlamys) hält er in der Rechten eine Schale. Vor ihm steht unter einem Baum, um dessen Stamm sich eine Schlange windet, ein Altar, auf dem ein Kegel die lodernde Flamme andeutet.
Hellenistisch (?)

Zur Bedeutung und Entwicklung der Grabreliefs mit Reiter, Baum, Schlange und Altar: Pfuhl – Möbius, Grabreliefs Bd. 1, S. 41 ff.

Lit.: Ausstellung Belvedere[3], S. 22 f., Nr. 26
FO: unbekannt; gekauft in Ayasoluk
Maße: H 35 cm, B 34 cm, Reliefhöhe 1,5 cm
Vgl.: Grabrelief aus Smyrna in Berlin (SK 811) mit ähnlichem Aufbau
Inv.: I 871

155 Abb. 91
HEROENRELIEF

Grabrelief mit der Darstellung des Totenmahles. Der bärtige Gelagerte trägt den Polos und hält in der Rechten eine Schale. Die auf der Kline sitzende Frau streut aus einem Kästchen Weihrauchkörner auf ein Thymiaterion, das neben verschiedenen Speisen auf einem niederen Tisch steht; links davon ein Krater, dahinter vermutlich der jugendliche Mundschenk. Anschließend die Adorantenfamilie (zwei Männer, zwei Frauen, zwei Kinder) und eine Dienerin, die eine große Kiste auf dem Kopf trägt. Im Hintergrund ein Pferdekopf, der durch ein Fenster blickt. Die architektonische Einfassung des Reliefs zeigt seitliche Antenpfeiler und ein Gebälk mit acht Ziegeln; an der Unterseite der Einlaßzapfen.
Hellenistisch

Nach der Vielfigurigkeit kleinasiatisches „Totenmahl"-Relief aus hellenistischer Zeit; da der Typus nach dem 2. Jh. v. Chr. kaum verändert wird, nur schwer datierbar: R. N. Thönges-Stringaris, AM 80, 1965, S. 1 ff.; Pfuhl – Möbius, Grabreliefs Bd. 1, S. 41 ff.

Lit.: unpubliziert
FO: ohne genaue Angabe
Maße: H 23 cm, B 35 cm, Reliefhöhe 1,5 cm
Vgl.: C. Blümel, Katalog der antiken Skulpturen in Berliner Museen Bd. III (1928), S. 69, K 100
Inv.: I 903

156
VOTIVRELIEF

Hellenistisches Votivrelief – Frau, auf einer Kline sitzend, mit Dienerin – das in römischer Zeit für die auf der Rückseite angebrachte Grabinschrift eines C. Iulius Theogenes oben und rechts verkleinert wurde. Im gerahmten Feld neunzeiliger Text. Übersetzung: „Nach seinem Tode soll [es die Grabstätte] seines Erben C. Iulius Theogenes, der noch am Leben ist, und seiner noch am Leben befindlichen Mitfreigelassenen sein."
Relief aus dem frühen 2. Jh. v. Chr., Grabinschrift vom Anfang des 2. Jh. n. Chr.

Lit.: Noll, Inschriften S. 33, Nr. 53, Abb. 5 (Inschrift); Pfuhl – Möbius, Grabreliefs Bd. 1, S. 248 f., Nr. 974, Taf. 147 (Relief)
FO: ohne genaue Angabe
Maße: H 26 cm, B 29 cm, D 8 cm, Reliefhöhe (Vs.) 1 cm
Inv.: I 901

157
GRABSTEIN DER HERO

Im Relieffeld steht streng frontal ein kleines Mädchen im langen, ungegürteten Ärmelchiton und in Schuhen. Mit der Linken drückt es eine Taube (?) an die Brust, in der Rechten hält es eine Traube. Unter dem Relief die Inschrift: „Hero, Tochter des Paramonos, (gestorben) im Alter von 4 Jahren. Lebe wohl."
Beginn des 3. Jh. n. Chr.

Form des ostgriechischen Grabreliefs, mit der für die Spätzeit charakteristischen Erstarrung eines Typus aus hellenistischer Zeit.

Lit.: Pfuhl – Möbius, Grabreliefs Bd. 1, S. 203, Nr. 760, Taf. 113
FO: ohne genaue Angabe
Maße: H 59 cm, B 36 cm, Reliefhöhe 1,5 cm
Inv.: I 904

92 *Die wiederaufgebaute Fassade der Celsusbibliothek. Zustand im Mai 1978*

158–162
DIE CELSUS-BIBLIOTHEK

Der Konsul des Jahres 110 n. Chr. Tiberius Iulius Aquila stiftete für seinen Vater Tiberius Iulius Celsus Polemaeanus, Konsul des Jahres 92 n. Chr. und Prokonsul von Asien im Jahre 105/106 n. Chr., eine Bibliothek, die im unterirdischen Teil das Grab des Vaters in Form einer Grabkammer mit einem Sarkophag enthalten sollte. Damit wurde das in römischer Zeit geltende Gesetz, wonach Gräber nicht innerhalb der Stadt angelegt werden durften, umgangen. Die Bibliothek steht am unteren Abschluß der „Kuretenstraße" (Abb. 92), der archaischen Gräber- und Prozessionsstraße. Celsus dürfte um 117 n. Chr. gestorben sein. Für die Einrichtung der Bibliothek hinterließ Tiberius Iulius Aquila 25.000 Denare, die aber auch teilweise zur Fertigstellung verwendet werden mußten und deren Zinsen den jährlichen Ausgaben dienen sollten.
Über einem Stufenunterbau kam man von Osten her durch eine zweigeschossige Fassade in den rechteckigen Lesesaal, der in seiner Westseite eine Mittelapsis aufwies. In den Wänden dieses Raumes waren hinter einer zweigeschossigen Säulengalerie Nischen für die Pergamentrollen angebracht. Um die Bücher vor Feuchtigkeit zu schützen, war die Bücherwand zweischalig ausgeführt, wobei der schmale Gang zwischen den Wänden die Zugangsmöglichkeit zum Sarkophag des Heroisierten bot. In vier Nischen der Fassade des Untergeschosses waren Frauenfiguren aufgestellt, welche die Haupttugenden des Celsus bzw. eines sonst unbekannten Philippos versinnbildlichen sollten (Kat.-Nr. 159–162). Die anläßlich der Grabung dort gefundenen Statuen sind aber erst in sekundärer Verwendung dort aufgestellt worden. Die Fassade zeigt im Untergeschoß vier sich verkröpfende Tabernakel mit Säulenschäften aus buntem Marmor und kompositen Kapitellen und im Obergeschoß Tabernakel, welche die Nischen des Untergeschosses abdecken. Die Wandpilaster und Friese der Gebälke sind mit einer überladenen Bauornamentik geschmückt.
Es ist ein bereits beim Oktogon angeschnittenes Phänomen, daß einflußreiche Persönlichkeiten Wert darauf legten, den Gesetzen zum Trotz als Tote noch innerhalb der Lebenden

93 *Kat.-Nr. 158*

zu verharren (s. S. 95 f.). Die Antike machte an sich eine klare Trennung zwischen den Toten und den Lebenden. Die Toten hatten ihre eigene Stadt, die Nekropole, außerhalb jener der Lebenden, tot und lebend waren auch architektonische und städtebauliche Antipoden.
Die Stiftungen von Bauten für die Öffentlichkeit gehen auf ein in Griechenland Liturgien, im römischen Reich Munera genanntes System zurück, das Wohlhabende auf freiwilliger Basis veranlaßte, öffentliche Einrichtungen zu subventionieren. Diese Mäzene – ob Bürger oder Nichtbürger – erwarben sich damit Ansehen und Prestige.
Die Bibliothek wurde nach 117 n. Chr. errichtet.

In den Jahren 1970–1978 wurde die Fassade der Bibliothek – da 80 Prozent des antiken Baumaterials erhalten sind – wieder aufgebaut. Die fehlenden Partien sind teilweise durch Abgüsse aus Kunststein ergänzt worden. Die Finanzierung des aufwendigen Projektes übernahm der Österreicher Anton Przkawetz.

Lit.: W. Wilberg, ÖJh 11, 1908, S. 118 ff.; FiE V/1; F. Hueber – V. M. Strocka, Antike Welt, 1975, 4, S. 3 ff.; E. Weigand, JdI 29, 1914, S. 59
FO: 1903/04 vor der Celsusbibliothek

158 Abb. 93

VIER TYMPANONFRAGMENTE VON DER CELSUSBIBLIOTHEK

Das Fragment neben der linken Ecke ist ein Abguß nach dem Original in Ephesos. In der Tympanonmitte ist der Kopf einer Medusa mit schlangenartigem Haar, rechts davon sind zwei Rankenspiralen, die in Rosetten münden, dargestellt; der Rand des oben kreisbogenförmigen Tympanons ist mit Eierstab und Astragal verziert. Die Rundgiebelfüllung war in einer der seitlichen Ädikulen (Tabernakel) des Obergeschosses angebracht.

Lit.: FiE V/1, S. 29, Abb. 61 (W. Wilberg); S. Nocentini, Sculture Greche, Etrusche e Romane del Museo Bardini in Firenze (1965), S. 18
Maße: H 67 cm, L (noch) 172 cm, T 63,5 cm
Inv.: I 1632

159–162 SKULPTUREN VON DER FASSADE DER CELSUSBIBLIOTHEK

Die Zugehörigkeit der vier Statuen zu den beschrifteten Basen ist von der Fundlage her gesichert, ebenso die Zugehörigkeit einer kleinen Musenstatuette (Kat.-Nr. 142) zur Fassade der Bibliothek. Der genaue Standort der letztgenannten Statuette ist allerdings unbekannt.

Aufstellung der Statuen in der ursprünglichen Reihenfolge auf verkleinerten Abgüssen der beschrifteten Basen (Originale in Ephesos).

Von links nach rechts:

159 Abb. 94

STATUE AUS DER SOPHIA-NISCHE

bekleidet mit Peplos, Mantel und Sandalen. Nach dem Rest der Schlange oberhalb der rechten Hüfte ursprünglich eine Hygieiastatue. In der Bibliothek in zweiter Verwendung

94 *Kat.-Nr. 159*

als Allegorie der Weisheit (Sophia) des Celsus aufgestellt.
Römische Kopie (Mitte des 2. Jh. n. Chr.) nach einem hellenistischen Original aus dem 3. Jh. v. Chr.

Abwandlung des Hera-Campana-Typus; zu den Wiederholungen des sog. Sophia-Typus: Linfert, Kunstzentren S. 162 f., Anm. 649.
Lit.: FiE V/1, S. 48 ff. A 1, Abb. 95 f. (F. Eichler)
Maße: H (m. Plinthe) 189 cm, H (Statue) 180 cm, H (Kopf) 29 cm
Inv.: I 948

160 Abb. 95
STATUE AUS DER ARETE-NISCHE

bekleidet mit dem Chiton und dem dünnen Mantel – dem sog. koischen

95 *Kat.-Nr. 160*

Gewand –, der das Hinterhaupt bedeckt. Der eingesetzte Kopf, der aus anderem Marmor gearbeitet ist, läßt individuelle Züge erkennen. In der Bibliothek in zweiter Verwendung als Allegorie der Tugend (Arete) des Celsus aufgestellt.
Römische Kopie (Mitte des 2. Jh. n. Chr.) nach hellenistischem Original aus der Zeit um 170–150 v. Chr.

Die Statue und der eingesetzte Kopf wurden von F. Eichler (s. u.) nach der Bearbeitung als Kopie antoninischer Zeit erkannt; die Annahme eines Originalwerkes durch A. Linfert (s. u.) unter Hinweis auf F. Eichler ist unrichtig.

Lit.: FiE V/1, S. 51 ff. A 2, Abb. 97 f. (F. Eichler); Linfert, Kunstzentren S. 64 f. Anm. 77, Abb. 44 f.
Mat.: pentelischer (?) Marmor (Körper), parischer (?) Marmor (Kopf)
Maße: H (m. Plinthe) 198,5 cm
Inv.: I 852

161
STATUE AUS DER ENNOIA-NISCHE

bekleidet mit Chiton und Mantel, der das Hinterhaupt bedeckt. In der Bibliothek in zweiter Verwendung als Allegorie der Ergebenheit (Eunoia, in der gemalten Sockelinschrift ein Schreibfehler) des Philippos aufgestellt.
Römische Kopie (2. Jh. n. Chr.) nach hellenistischem Original aus dem 2. Jh. v. Chr.

Typus Poggio Imperiale. Replikenliste: Linfert, Kunstzentren S. 160 f. Anm. 639 ff.

Lit.: FiE V/1, S. 53 ff. A 3, Abb. 99 (F. Eichler); W. Alzinger, RE Suppl. XII, Sp. 1695; Linfert, Kunstzentren S. 161 Anm. 642
Maße: H (noch) 167 cm
Inv.: I 928

162
STATUE AUS DER EPISTEME-NISCHE

bekleidet mit dem Chiton und dem über das Hinterhaupt gelegten Mantel. An den Füßen Sandalen. Vom Kopf, der wie an der Statue aus der Arete-Nische (Kat.-Nr. 160) gesondert eingesetzt war, ist nur das Halsstück erhalten. In der Bibliothek in zweiter Verwendung als Allegorie der Einsicht (Episteme) des Celsus aufgestellt.
Römisch, 2. Jh. n. Chr; nach Vorbildern aus hellenistischer Zeit (3. Jh. v. Chr.)

Zur Frage Original oder Kopie s. Kat.-Nr. 160

Lit.: FiE V/1, S. 55 f. A 4, Abb. 100 (F. Eichler); W. Alzinger, RE Suppl. XII, Sp. 1697; Linfert, Kunstzentren S. 20 ff. Anm. 36 b, Abb. 4
Maße: H (noch) 180,5 cm
Inv.: I 881

Sektor C 3 (Plan Abb. 31):

163
PALMENSÄULE

als Fackelhalter verwendet. Die Einlassung an der Oberseite konnte für die Pfanne gedient haben, die das Brennmaterial aufgenommen hat. Auf einer viereckigen Plinthe mit Einlaßzapfen an der Unterseite.
Römisch, Kaiserzeit

Lit.: unpubliziert
FO: 1904 hinter dem Oktogon
Maße: H 152 cm; Plinthe H 15 cm
Vgl.: W. Altmann, Die römischen Grabaltäre der Kaiserzeit (1905), S. 112 ff. Taf. 1 f.
Inv.: I 843

164
PALMENSÄULE

wie Kat.-Nr. 163.
Römisch, Kaiserzeit

Lit.: unpubliziert
FO: 1904 hinter dem Oktogon
Maße: H (gesamt) 152 cm; Plinthe H 17 cm
Inv.: I 842

165–175 PORTRÄTS, KAISERBRIEF

165
PORTRÄT DES PINDAR (?)

Bärtiger Kopf des lyrischen Dichters Pindar (?), geboren um 520 v. Chr. in Kynoskephaloi bei Theben. Der Kopf gehörte vermutlich zu einer Statue, die mit einem Mantel bekleidet war und in der Linken die Leier hielt. Römische Kopie nach einem griechischen (böotischen?) Werk der Zeit um 440 v. Chr.

Lit.: W. Gauer, JdI 83, 1968, S. 169 f.
FO: 1896 im Hafengymnasium, Marmorsaal
Mat.: pentelischer Marmor
Maße: H (noch) 30,5 cm
Inv.: I 853

166 Abb. 96
BILDNISKOPF HOMERS (?)

Bärtiger Kopf eines alten Mannes, möglicherweise Homers; mit Wulstbinde.

96 *Kat.-Nr. 166*

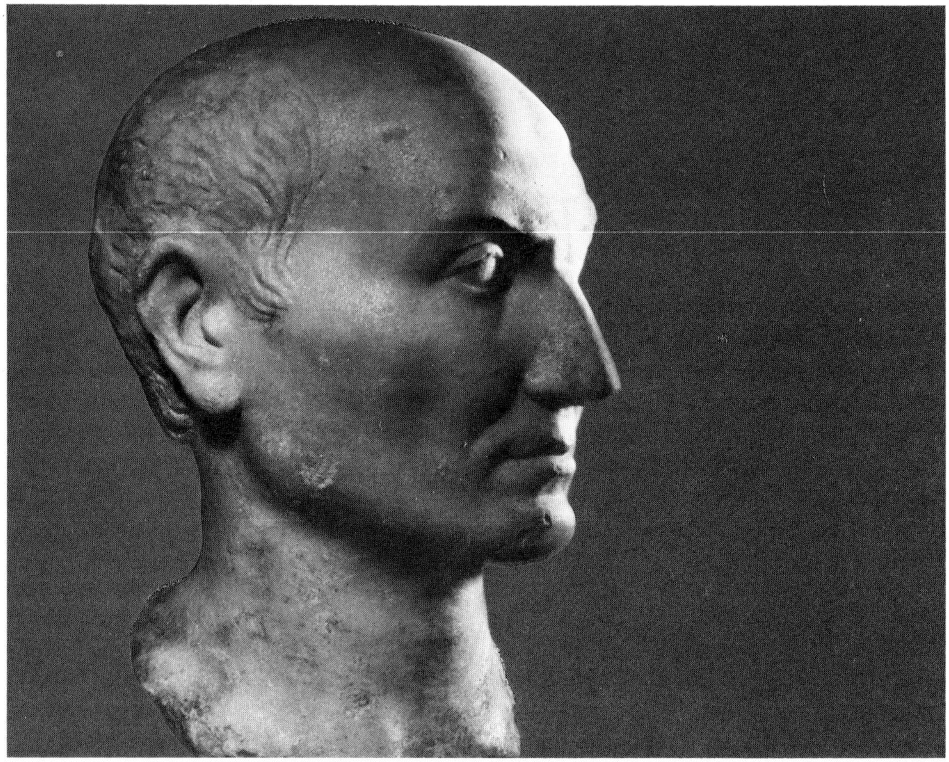

97 *Kat.-Nr. 167*

Römische Kopie nach einem griechischen Original der Zeit um 300 v. Chr.

Der Kopf war auf eine Statue aufgesetzt; an der Stückungsfläche Dübelloch, über der Knotung der Binde ein Stiftloch. Verwandtschaft mit Apolloniostypus.

Lit.: unpubliziert
FO: ohne genaue Angabe
Mat.: pentelischer Marmor
Maße: H (noch) 33,5 cm.
Vgl.: G. M. A. Richter, The Portraits of the Greeks (1965), Fig. 25 ff.
Inv.: I 1619

167 Abb. 97
PORTRÄTKOPF EINES ETWA FÜNFZIGJÄHRIGEN MANNES

Das Gesicht mit dem schmalen Mund, dem kantigen Unterkiefer, den hochschwingenden Brauenbögen und dem kahlen Scheitel verrät Energie und Intelligenz. Dem physiognomischen Typ nach handelt es sich um das Porträt eines Römers. Der Kopf war in eine Statue eingesetzt. 3. Viertel 1. Jh. v. Chr.

Lit.: Ausstellung Volksgarten[2], S. 20, Nr. 27
FO: 1899 in einer byzantinischen Mauer oberhalb des Theaters
Maße: H (noch) 43 cm
Vgl.: V. Poulsen, Les Portraits Romains I (1962), Taf. VI, Nr. 3
Inv.: I 817

168
TORSO EINES TOGATUS

Stehender Mann, bekleidet mit Tunica, Toga und Sandalen. Die rechte Hand faßt den Togasaum. Der jetzt fehlende Porträtkopf und die linke Hand waren antik eingesetzt. Römisch, 1. Hälfte 2. Jh. n. Chr.

Lit.: unpubliziert
FO: 1898 an der Westfront des Theaters, nahe dem Brunnenhaus
Maße: H (noch) 178 cm
Vgl.: F. W. Goethert, RM 54, 1939, S. 215 f., Taf. 50, 1 u. 2
Inv.: I 916

169
TORSO EINER FRAUENSTATUE

Stehende Frau in Chiton, Mantel und Sandalen. Die rechte Hand hält den über den Kopf gezogenen Mantel, der linke Unterarm war vorgestreckt. Römisch, 1. Jh. n. Chr.

Ähnlich dem Typus der „Kleinen Herkulanerin"

Lit.: Ausstellung Volksgarten[2], S. 14 f., Nr. 13
FO: Theater
Maße: H (noch) 133 cm
Inv.: I 830

170 Abb. 98
BÜSTE EINES KAISERPRIESTERS

Porträt eines bärtigen Mannes in mittleren Jahren, gekleidet in Tunica und Mantel. Der Kopf trägt einen von Rollbändern eingefaßten Lorbeerkranz, in den über der Stirnmitte eine Büste eingefügt ist. Der Kranztypus

99 *Kat.-Nr. 171*

98 *Kat.-Nr. 170*

kennzeichnet den Dargestellten als Priester des Kaiserkultes, vielleicht als Archiereus, den Oberpriester der Kaisertempel.
Römisch, Zeit des Kaisers Gallienus (260–268 n. Chr.)

Lit.: Inan – Rosenbaum S. 142 f., 139 f., Nr. 174, Taf. 103, 1–2
FO: 1897 im Theater
Maße: H (noch) 60 cm
Inv.: I 818

171 Abb. 99
PORTRÄTKOPF DES KAISERS HADRIAN

Der Kopf, der wahrscheinlich Teil einer Ehrenstatue war, ist das Werk einer ephesischen Werkstätte. Vermutlich wurde er anläßlich des Besuches Hadrians in Ephesos im Jahr 123 n. Chr. geschaffen.

Dem Typus „Chiaramonti 392" verwandt, aber nicht unmittelbar von ihm abhängig.

Lit.: Inan – Rosenbaum S. 70 f., Nr. 33, Taf. 20, 2–3
FO: 1903 im Schutt des Mazaeus-Mithridatestores
Maße: H (noch) 28,5 cm
Inv.: I 857

172 Abb. 100

BRIEF DER KAISER MARCUS AURELIUS UND LUCIUS VERUS

Bei vorliegendem Kaiserbrief handelt es sich um ein Antwortschreiben der beiden von 161–169 n. Chr. in einer Samtherrschaft verbundenen Adoptivbrüder Marcus Aurelius und Lucius Verus an Ulpius Eurykles, den Rechnungsführer der ephesischen Gerousie, der auf vereinsmäßiger Grundlage organisierten Körperschaft des „Rates der Alten". Ulpius Eurykles hatte sich – was ihm gleich eingangs eine sanfte Rüge einträgt – nicht an den Prokonsul als die nächste Instanz, sondern direkt an die beiden Kaiser gewandt, um ihre Entscheidung in drei Fragen zu erbitten:

1. Im Besitze der Gerousie befinden sich beschädigte silberne Statuetten früherer Kaiser; Eurykles hatte (dies ergibt sich aus der Antwort) offenbar den Vorschlag gemacht, diese einschmelzen zu dürfen, um aus einem Teil des Silbers Statuetten der beiden Regenten herstellen zu lassen;
2. Ein dazu gar nicht berechtigt gewesener Staatssklave namens Saturninus hatte Guthaben der Gerousie eingetrieben und das Geld (ganz oder teilweise) unterschlagen; Eurykles hatte gebeten, die Außenstände bei den Schuldnern neuerlich eintreiben zu dürfen;
3. Offenbar hatte die Gerousie bisher bezüglich ihrer Einkünfte Stundungen gewährt; Eurykles hatte den Vorschlag gemacht, diese einzuschränken oder überhaupt ganz zu verweigern. Der genaue Sachverhalt bleibt allerdings unklar. Das Antwortschreiben gibt einen interessanten Einblick in das antike Alltagsleben.

Sachlich bestimmen die Kaiser (ad 1), daß die Statuetten möglichst alle erhalten, auf gar keinen Fall aber zu ihrer eigenen Ehrung umgegossen werden sollten; nur in den Fällen, wo eine Identifizierung der dargestellten Personen nicht mehr möglich sei, dürften die Statuetten eingeschmolzen werden, vorausgesetzt, daß dadurch kein Präzedenzfall geschaffen und der Vorgang von eigens hierzu bestimmten Personen kontrolliert werde. Bezüglich des Saturninus (ad 2) kommen die Herrscher zu dem Schluß, daß zunächst zu prüfen sei, ob der Genannte das eingetriebene Geld abgeliefert habe oder nicht; im ersteren Falle könne man über das Faktum, daß er zum Inkasso nicht berechtigt war, hinwegsehen, da ja kein Schaden entstanden sei. Ansonsten sei zur Schadensdeckung zunächst das Privatvermögen bzw. der Nachlaß des Saturninus heranzuziehen und erst dann, wenn dies nicht ausreiche, solle man von den Schuldnern eine neuerliche Zahlung verlangen, wobei die Entscheidung darüber im Einzelfall dem Prokonsul zustehe. Was die Kaiser bezüglich des dritten Punktes (ad 3) verfügt haben, läßt sich auf Grund des Fehlens weiter Teile der Inschrift nicht mit Sicherheit feststellen. Wie es scheint, verurteilen sie zwar die häufigen Stundungen, wollen aber kein plötzliches scharfes Vorgehen in dieser Sache. 162/163 n. Chr.

100 *Kat.-Nr. 172*

Übersetzung des griechischen Textes:
„Imperator Caesar Marcus Aurelius Antoninus Augustus und Imperator Caesar Lucius Aurelius Verus Augustus Armeniacus grüßen Ulpius Eurykles.
Daß Du, von den Prokonsuln zum Rechnungsführer der Gerousie der Ephesier bestellt, Dich mit Deinen Schwierigkeiten an jene hättest wenden sollen, weißt Du selbst, und Du hast es vernünftigerweise auch klargemacht und Wir haben dies deswegen erwähnt, damit nicht jemand in leichtfertiger Weise durch dieses Beispiel angeleitet werde. Was Deine erste Frage betrifft, nämlich die Sache mit den silbernen Statuetten, eine Angelegenheit, die in der Tat Unserer Zustimmung bedarf, so ist klar, daß diese auch den Anstoß zu Deinen anderen Fragen gegeben hat. Die alten Statuetten der Kaiser, die Deinem Bericht zufolge in diesem Synedrion (= Gerousie) deponiert sind, soll man nach Unserem Dafürhalten kurz gesagt alle unter den Namen aufbewahren, unter denen jede von ihnen entstanden ist, und nicht jenes Material für Porträts von Uns verwenden; denn Wir, die Wir auch sonst keinen Wert auf die Uns zugedachten Ehrungen legen, würden es noch viel weniger hinnehmen, daß die für andere bestimmten auf Uns übertragen werden. Vielmehr sollen alle [größere Lücke] Gestalt haben und soweit man die Gesichtszüge der Personen erkennen kann – zu dieser Meinung kamst auch Du bei Deinen Überlegungen – unter denselben Namen aufbewahrt werden, unter denen sie

entstanden sind. Was diejenigen Statuetten betrifft, die allzu sehr beschädigt sind, wie Du berichtest, und kein Bild mehr zu vermitteln vermögen, von diesen kann man sich vielleicht einerseits durch die Aufschriften auf ihren Basen, anderseits an Hand von Verzeichnissen, die etwa in diesem Synedrion vorhanden sind, [größere Lücke] die Namen verschaffen, um so lieber die Ehrungen für die Vorgänger zu erneuern als sie durch Einschmelzen der Statuetten zu beseitigen. Für? die Einschmelzung [Verbum] Du zunächst [größere Lücke] des Maßes der Rechnungsbehörde. Aber nachdem [größere Lücke] Du [Lücke] begonnen hast (?) und Unsere Einwilligung erlangt hast [größere Lücke] gemacht werden und sodann auch andere nach dem Dir freilich [größere Lücke], die der hochmächtige Prokonsul aus der Gerousie selbst oder aus der gesamten Bürgerschaft bestimmt.
Was den Staatssklaven Saturninus angeht [größere Lücke], der, wie Du sagst, von den Schuldnern des Synedrions viel [Geld] eingetrieben hat, obwohl er zur Eintreibung nicht befugt war, so ist dazu folgendes zu sagen: wenn er etwas abgeliefert hat von dem, was er eingenommen hat, und die einzige Besonderheit darin liegt, daß die Einzahler ihre Zahlungen nicht an den dafür Zuständigen geleistet haben – ein Fall, vor dem zum Beispiel auch [Unser Verwalter] bei den eigenen Abrechnungen Unseres Hauses gewarnt hat – ohne daß jemand durch den Wechsel in der Person des Empfängers geschädigt wurde, dann hat dies keine Strafe zur Folge. Wenn aber sowohl jene die Zahlungen an einen nicht dafür Zuständigen geleistet haben als auch der Empfänger die eingezahlten Summen unterschlagen hat, dann sollst Du, wenn sich herausstellt, daß jener (= Saturninus) Vermögen besitzt, oder hinterlassen hat, d. h. das sogenannte Peculium, dieses ganz einziehen. Wenn aber auch dann über seine Zahlungsfähigkeit hinaus der Gerousie noch etwas von dem Geld, das er eingefordert und zurückbehalten hat, fehlt, soll der hochmächtige Prokonsul auf Grund Deiner Informationen entscheiden, an welche von denen, die schon an jenen (= Saturninus) gezahlt haben, Du Dich erneut wenden sollst, wobei er die inzwischen verflossene Zeit berücksichtigen soll und die Art ..."
Hier bricht der bisher trotz einiger größerer Lücken (die R. Heberdey z. T. mit ansprechenden Ergänzungen gefüllt hat)

101 *Kat.-Nr. 173*

zusammenhängende Text ab und reduziert sich auf wenige Worte, die bis zum Schluß der Inschrift keinen gesicherten Zusammenhang bzw. Sinn mehr erkennen lassen und auf deren Übersetzung daher verzichtet wurde, zumal bei einem Text wie dem vorliegenden die Worte nur im Gesamtzusammenhang mit Sicherheit verstanden werden können. Den Schlüssel zum Anliegen des letzten Punktes bietet die Zeile 43, wo von συνεχεῖς ἀναβολαί (= fortgesetzte Stundungen, doch wohl von Geldern der Gerousie) die Rede ist; in den Zeilen 50 und 55 ist wieder vom Prokonsul die Rede, dem offenbar auch diesbezüglich wieder die letzte Entscheidung übertragen wird.

Lit.: Textgestaltung und Übersetzung von D. Knibbe nach FiE II, S. 119 ff. Nr. 23 (R. Heberdey) und J. H. Oliver, Hesperia Suppl. VI, 1941, S. 93 ff., Nr. 11; Noll, Inschriften S. 34 f., Nr. 58
FO: 1897 im Theater an der Westfront der Bühnenterrasse.
Vier Wandquader (a–d); zwischen c) und d) Abguß des in London befindlichen Originals
Maße: H (gesamt) 290 cm, D 29 cm; Block a) H 60 cm, B 134 cm; Block b) H 22 cm, B 60 cm; Block c) H 60 cm, B 134 cm; Block d) H 126 cm, B (noch) 62 cm
Inv.: III 1081 a–d

173 Abb.101
TORSO EINER PANZERSTATUE

Überlebensgroße Statue eines Römers, gekleidet in Tunica, Panzer mit Pteryges, Paludamentum und Stiefel. Der Panzer ist mit dem cingulum umgürtet, in der Mitte trägt er das Medusahaupt, die rechte Schulterklappe ist mit einer tropaionhaltenden Victoria verziert. Statuenstütze in Form eines Baumstammes. Der Kopf war sicher ein Porträt, möglicherweise das eines Kaisers.
Römisch, Mitte des 2. Jh. n. Chr.

Lit.: F. Muthmann, Statuenstützen (1951), S. 44 und Anm. 75
FO: Theater
Maße: H (noch) 203 cm
Vgl., zum Panzer: Olympia III (1897), S. 272, Taf. 65, 3
Inv.: I 822

174
EHRENSTATUE DER ANTIA JULIA POLLIA (?)

Stehende Frau, mit Chiton, Mantel und Sandalen bekleidet. Beide Arme sind vom Mantel umhüllt, der auch über den Kopf gezogen ist.
Römisch, 105–108 n. Chr.

Die Frisur – in drei Reihen übereinander diademartig angelegt – entspricht der Mode trajanischer Zeit. Zur Statue gehört wahrscheinlich eine in der Nähe gefundene Basis, deren Inschrift die Dargestellte als Antia Julia Pollia, Schwester des Konsuls Quadratus, benennt. Nach den in der Inschrift enthaltenen Daten wäre die Statue in die Jahre 105–108 n. Chr. zu setzen.
Typus der „Kleinen Herkulanerin“.

Lit.: Inan – Rosenbaum, S. 123, Nr. 142, Taf. 82, 3–4; 83, 1
FO: 1903 im Schutt des Mazaeus-Mithridatestores
Maße: H 184,5 cm
Inv.: I 831

175
HALBKOPF EINES KNABEN

Das Porträt stammt vielleicht von einer Imago clipeata (Bildnis mit medaillonartigem Hintergrund) und stellt möglicherweise einen Prinzen dar. Die kreuzförmige, künstlich erzeugte Narbe auf der linken Wange könnte mit einer kultischen Ehrung in Zusammenhang stehen.
Römisch, Zeit des Kaisers Gordian III. (238–244 n. Chr.) ?

Hinterkopf antik abgemeißelt

Lit.: F. Studniczka, Text zu ABr. 1001, S. 3
FO: 1899 beim Mittleren Hafentor
Mat.: Inselmarmor (?)
Maße: H 26,5 cm
Inv.: I 915

176–212
KLEINFUNDE

Vitrine III:

176
SERAPISBÜSTE

Der bärtige Gott, mit den in die Stirne hängenden Haarsträhnen, trägt auf dem Haupt den Modius mit Ähren an der Vorderseite. Die Büste, bekleidet mit Chiton und Mantel, wächst aus einem dreiblättrigen Kelch empor. Zu Serapis s. Kat.-Nr. 145.
Römisch, 2. Jh. n. Chr.

Dem Kopf der Statue des Bryaxis in Alexandria verwandt; zum Fransentypus: W. Hornbostel, Sarapis (1973), S. 254 ff.

Lit.: unpubliziert
FO: ohne genaue Angabe
Mat.: Ton, hellrot, glimmerig; aus zwei Teilformen
Maße: H 10,9 cm
Vgl.: W. Hornbostel a. O. Abb. 236 ff.
Inv.: V 2064

177
DIONYSOSKÖPFCHEN

Als Büste ergänzt, linker Schulterteil antik. Der jugendliche Kopf des Gottes ist mit einem Diadem geschmückt. Beiderseits des Kopfes reicher Bindenschmuck.
Hellenistisch, 2. Jh. v. Chr.

Lit.: unpubliziert
FO: ohne genaue Angabe
Mat.: Ton, rötlich; Reste von weißem Farbüberzug und von Vergoldung (Wulstbinden)
Maße: H (ergänzt) 10,1 cm
Vgl.: S. Besques, Catalogue raisonné des terres cuites grecques et romaines III (1972), S. 192 ff., Pl. 273 ff.
Inv.: V 2030

178
KARIKATUR

Oberteil eines bärtigen, kahlköpfigen älteren Mannes mit übergroßem Kopf auf verkrümmtem Körper, der mit einem Mantel bekleidet ist. Vermutlich handelt es sich um die Karikatur eines Philosophen.
Hellenistisch

Lit.: unpubliziert
FO: ohne genaue Angabe
Mat.: Ton, rötlich; Vs. in Form gepreßt, Rs. fehlt
Maße: H (noch) 6,1 cm
Inv.: V 1730

179
SCHILDKRÖTE

mit quadratischen Panzerfeldern; als Votivgegenstand (oder Grabbeigabe) verwendet.

Lit.: unpubliziert
FO: ohne genaue Angabe
Mat.: Ton, rot, glimmerig
Maße: H 2,8 cm, L 2,6 cm
Inv.: V 2032

180
KOPFFRAGMENT EINER KAISERPRIESTERIN

Über dem Stirnhaar ein Lorbeerkranz mit acht bekleideten Büsten. Dadurch ist die Dargestellte als Priesterin des Kaiserkultes gekennzeichnet. Möglicherweise ist die bärtige Mittelbüste mit Kaiser Septimius Severus (193–211 n. Chr.) zu identifizieren.
Um 200 n. Chr.

Lit.: Inan – Rosenbaum S. 137, Nr. 169, Taf. 98, 4
FO: 1896 im Hafengymnasium (zur Zeit der Ausgrabung als „Agora der frühen Kaiserzeit" bezeichnet)
Maße: H (noch) 13 cm, B (noch) 21 cm
Inv.: I 922

181
FRAGMENT EINES PRIESTERDIADEMS

mit drei Büsten bartloser Männer und den Resten zweier weiterer auf doppeltem Reifen. Die Köpfe sind von sehr schematischer Bildung. Vgl. Kat.-Nr. 170, 180.
Römisch, 3.–4. Jh. n. Chr.

Ein zweites, nicht anpassendes Fragment des Reifens (B 15 cm) befindet sich im Depot.

Lit.: E. Rosenbaum, Cyrenaican Portrait Sculpture (1960), S. 47 f. Anm. 6, S. 74
FO: 1896 im Hafengymnasium
Mat.: Bronze, Vollguß
Maße: H 7,6 cm, B 16 cm
Inv.: VI 3253

182 Abb. 102
STIRNSEITE EINES DECKZIEGELS

mit einer geflügelten Hermesbüste zwischen Ranken; über dem Haupt ist der Palmettenansatz erhalten.
Späthellenistisch (?)

Lit.: unpubliziert
FO: ohne genaue Angabe
Mat.: Ton, hellrot; weißer Überzug. Vs. in Form gepreßt
Maße: H (noch) 17,1 cm, B (unten) 16 cm
Inv.: V 2600

102 *Kat.-Nr. 182*

183
STIRNSEITE EINES DECKZIEGELS

mit Gorgoneion zwischen Ranken; über dem Kopf einfache Palmette.
Späthellenistisch (?)

Lit.: unpubliziert
FO: ohne genaue Angabe
Mat.: Ton, hellrot; weißer Überzug, Haar mit gelber Bemalung, Grund rot. Vs. in Form gepreßt
Maße: H (noch) 18,2 cm, B (unten) 16,5 cm
Inv.: V 2599

103 *Kat.-Nr. 184*

184 Abb. 103
LÖWENKOPF-WASSERSPEIER

von einem Brunnen?
Römisch, spätere Kaiserzeit

Lit.: unpubliziert
FO: 1897 in den Hafenthermen
Mat.: Bronze, gegossen
Maße: H 15,4 cm, T 20,2 cm
Inv.: VI 4027

185
TÜRGRIFF

Löwen-Maskaron in Hochrelief. Der (nichterhaltene) Ring war durch den vorspringenden Rachen gezogen.
Römisch, 1./2. Jh. n. Chr.

Lit.: unpubliziert
FO: ohne genaue Angabe
Mat.: Bronze, gegossen
Maße: Dm 8,6 cm
Inv.: VI 4057

186
HERMES – BÜSTE

aus einem Blattkelch über profiliertem hohlem Sockel emporwachsend; im Haar kleine Flügel. Aufsatz eines Dreifußbeines: am Nacken rechtwinkeliger Haken zum Einhängen des Kessels.
Römisch, Kaiserzeit

Lit.: unpubliziert
FO: ohne genaue Angabe
Mat.: Bronze, Vollguß
Maße: H 8 cm
Inv.: VI 3987

187
FUSSGESTELL EINES KANDELABERS ODER THYMIATERIONS

Dreifüßig; die Füße in Form von Delphinen. Die Schwänze umgeben einen zentralen Knauf, in den der Schaft des Gerätes eingelassen war.
Römisch, Kaiserzeit

Lit.: unpubliziert
FO: ohne genaue Angabe
Mat.: Bronze, gegossen
Maße: H 7 cm
Inv.: VI 3249

188
ZWEI BECKENGRIFFE

Jeweils zwei kannelierte Schäfte, die mit Akanthuskelchen verziert sind und um die sich eine Schlange windet, bilden einen X-förmigen Griff. Die Wölbung der Ansatzflächen weisen auf ein ziemlich flaches, großes Becken hin.
Römisch, Kaiserzeit

Lit.: unpubliziert
FO: ohne genaue Angabe
Mat.: Bronze, Vollguß
Maße: H 21 bzw. 19 cm
Inv.: VI 4054, 4054 A

189
GEFÄSSHENKEL

mit dem Gesicht eines Gorgoneions als Applik. Aus den Haaren wachsen zwei Schlangen empor, deren nach vorne umgebogene und durch ein ovales Zwischenglied verbundene Körper den Griff (eines Beckens?) bilden.
Römisch, 2. Jh. n. Chr.

Fragmente von mindestens drei Repliken dieses Henkels sind im Depot vorhanden (Inv. VI 4001, 4001 a).

Lit.: unpubliziert
FO: ohne genaue Angabe
Mat.: Bronze, gegossen
Maße: H 9,8 cm, B 12,8 cm
Inv.: VI 4000

Vitrine IV:

190
SALBGEFÄSS

Kugelförmiger Aryballos mit umlaufendem Tierfries (erhalten äsende Antilope, seitlich je ein Löwe) zwischen zwei Schachbrettstreifen. Auf dem Boden stehender Hahn; auf dem breiten quadratischen Henkel eine Sirene.
Ostgriechisch, um 580 v. Chr.

Lit.: A. Rumpf, JdI 48, 1933, S. 83, Nr. IV C 1
FO: ohne genaue Angabe
Mat.: Ton, weißlich; mit schwarzbraunem Überzug. Ergänzungen in Ton
Maße: H 5,5 cm, Dm 6 cm
Inv.: IV 1983

191
LAMPE

mit dreieckiger Schnauze. Im Diskus sind um die Eingußöffnung drei Luftlöcher angeordnet. Auf der Schulter Palmetten, über der Schnauze eine Spirale.
Hellenistisch, 2./1. Jh. v. Chr.

Typus Ephesos-Lampe

Lit.: FiE IV/2, S. 177, Nr. 19, Taf. 11 (F. Miltner)
FO: Rundbau auf dem Panayirdağ
Mat.: Ton, schwarzgrau. Griff verbrochen
Maße: L 14,3 cm, Dm 8,2 cm
Vgl.: G. Heres, Die punischen und griechischen Tonlampen der Staatlichen Museen zu Berlin (1969), Nr. 105 ff.
Inv.: V 2103

192
LAMPE

mit zwei Volutenschnauzen und Henkelaufsatz, Diskus mit Reliefkranz und zentraler Eingußöffnung. Auf der dreieckigen Deckplatte des Henkelgriffs in flachem Relief ein nach links sprengender Reiter, der sich zu der auf einer hohen Säule aufgestellten Sonnenuhr umwendet.
Römisch, 1. Hälfte 1. Jh. n. Chr.

Loeschcke Typus III, spätere Form

Lit.: FiE IV/2, S. 179 f., Nr. 50 (F. Miltner)
FO: Rundbau auf dem Panayirdağ
Mat.: Ton, grau; mit sigillatatonigem Überzug. Beide Schnauzen verbrochen
Maße: L (noch) 36 cm, Dm 14,3 cm
Inv.: V 2060

193
BILDLAMPE

Im Diskus Victoria auf einer Kugel stehend, mit Kranz in der Rechten und Palmzweig in der Linken; rechts Eingußöffnung.
Römisch, 1. Jh. n. Chr.

Loeschcke Typus IV

Lit.: FiE IV/2, S. 179, Nr. 43, Taf. 11 (F. Miltner)
FO: ohne genaue Angabe
Mat.: Ton, graugelb; mit glänzend braunem Überzug
Maße: L 10,5 cm, Dm 7,6 cm
Vgl.: A. Leibundgut, Die römischen Lampen in der Schweiz (1977), Taf. 23, 3
Inv.: V 2035

194
BILDLAMPE

Im Diskus tanzende Mänade in flatterndem Gewand, mit entblößtem Oberkörper; in der Linken hält sie den Thyrsosstab. Links neben ihren Füßen Eingußöffnung. Schulter mit Weinblättern und Eierstab verziert. Bodenmarke: Fußsohle.
Römisch, 1. Jh. n. Chr.

Loeschcke Typus IV

Lit.: FiE IV/2, S. 181, Nr. 68, Taf. 11 (F. Miltner)
FO: ohne genaue Angabe
Mat.: Ton, rötlich
Maße: L 12,2 cm, Dm 7,7 cm
Inv.: V 1749

195
BILDLAMPE

Im Diskus Pegasus (Flügelpferd) nach links sprengend.
Römisch, 2. Hälfte 1. Jh. n. Chr.

Loeschcke Typus VIII

Lit.: FiE IV/2, S. 184, Nr. 124, Taf. 12 (F. Miltner)
FO: ohne genaue Angabe
Mat.: Ton, rötlichgelb
Maße: L 9,9 cm, Dm 7,8 cm
Inv.: V 1755

196
KOPFLAMPE

Lampe in Form eines weiblichen Kopfes mit Traubenranke als Haarumrahmung; aus einem die Schnauze tragenden Blattkelch herauswachsend. Eingußöffnung im Blatthenkelaufsatz. Bodenmarke: Fußsohle.
Römisch, 1./2. Jh. n. Chr.

Lit.: FiE IV/2, S. 187, Nr. 154, Taf. 12 (F. Miltner)

FO: ohne genaue Angabe
Mat.: Ton, rötlichgelb
Maße: L 13,6 cm, B 3,8 cm
Inv.: V 2501

197
SPÄTGRIECHISCHE LAMPE

Im Diskus Ornament in Form eines sphärischen Viereckes mit Innenstegen; umgeben von Kreisscheiben und „Zweiecken“. Auf der Schulter Eierstab. Im Boden Werkstattbezeichnung ΛΟΥΚΙΟΥ.
2. Jh. n. Chr.

Lit.: FiE IV/2, S. 187, Nr. 158, Taf. 12 (F. Miltner)
FO: ohne genaue Angabe
Mat.: Ton, gelblich (Import)
Maße: L 10,3 cm, Dm 8,9 cm
Inv.: V 2054

198
KLEINASIATISCHE LAMPE

Im Diskus eine mit Trauben gefüllte, zweihenkelige Vase; auf der Schulter Kreisscheiben. Griff mit Anker; Bodenmarke: Fußsohle.
2. Hälfte 4. Jh. n. Chr.

Miltner Typus VII, Form 1

Lit.: FiE IV/2, S. 192, Nr. 239, Taf. 13 (F. Miltner)
FO: spätantikes Gebäude oberhalb des Theaters
Mat.: Ton, rötlichgelb
Maße: L 9,3 cm, Dm 6,1 cm
Inv.: V 2065

199
KLEINASIATISCHE LAMPE

Im Diskus ein nach rechts springender Satyr, mit Syrinx (Hirtenflöte) in der Rechten, das Pedum (Hirtenstab) über der Schulter. Traubenranke auf der Lampenschulter. Bodenmarke: Fußsohle.
1. Hälfte 5. Jh. n. Chr.

Miltner Typus III, Form 3

Lit.: FiE IV/2, S. 189, Nr. 184 (F. Miltner)
FO: ohne genaue Angabe
Mat.: Ton, rötlichgelb
Maße: L 8 cm, Dm 5,4 cm
Inv.: V 2067

200
KLEINASIATISCHE LAMPE

Im Diskus geflügelter Eros, mit Mantel bekleidet, aus einem geflochtenen Korb Trauben schüttend; vgl. Kat.-Nr. 199
1. Hälfte 5. Jh. n. Chr.

Lit.: FiE IV/2, S. 190, Nr. 196, Taf. 13 (F. Miltner)
FO: ohne genaue Angabe
Mat.: Ton, rötlichgelb
Maße: L 9 cm, Dm 6,5 cm
Inv.: V 2040

201
KLEINASIATISCHE LAMPE

Zweischnauzige Lampe mit Lochgriff im Diskus. Schulterschmuck: zwei Tropfenpaare.
5. Jh. n. Chr.

Miltner Typus IX, Form 2

Lit.: FiE IV/2, S. 196, Nr. 313, Taf. 14 (F. Miltner)
FO: ohne genaue Angabe
Mat.: Ton, rot
Maße: L 13,1 cm, Dm 6,6 cm
Inv.: V 2543

202
ELEKTRONMÜNZE (Trite)

Vs.: Biene in einem Rechteck.
Münzstätte Ephesos. Ende 7. Jh. v. Chr.

Rs.: zweigeteilter Treibstockabdruck

Lit.: unpubliziert
FO: unbekannt
Mat.: Elektron (Original)
Maße: Dm 1,26 cm, Gew. 4,61 g
Vgl.: BMC Ionia S. 47, Nr. 2
Galvano (Original KhM/MK, Inv.: 35167)

203
SILBERDRACHME

Vs.: Biene in einem Perlkreis; Aufschrift *E–Φ*.
Münzstätte Ephesos. 480–450 v. Chr.

Rs.: viergeteilter quadratischer Treibstockabdruck

Lit.: unpubliziert
FO: unbekannt
Mat.: Silber (Original)
Maße: Dm 1,72 cm, Gew. 3,14 g
Vgl.: BMC Ionia S. 48, Nr. 7 ff.
Galvano (Original KhM/MK Inv.: 34586)

204
SILBERTETRADRACHME

Rs.: Hirschprotome vor einer Palme; Nennung des eponymen Magistratsbeamten ΧΑΙΡΙΤΗΣ.
Münzstätte Ephesos. 387–295 v. Chr.

Vs.: Biene in Perlkreis; Aufschrift Ε–Φ

Lit.: unpubliziert
FO: unbekannt
Mat.: Silber (Original)
Maße: Dm 2,29 cm, Gew. 15,13 g
Vgl.: BMC Ionia S. 51, Nr. 30 ff.
Galvano (Original KhM/MK Inv.: 17098)

205
SILBERDIDRACHME

Vs.: Artemis als Jägerin mit Köcher und Bogen.
Münzstätte Ephesos. 258–202 v. Chr.

Rs.: Hirschprotome, Biene, Aufschrift *E–Φ*, Name des Magistratsbeamten ΣΩΣΙΣ

Lit.: unpubliziert
FO: unbekannt
Mat.: Silber (Original)
Maße: Dm 2,1 cm, Gew. 6,54 g
Vgl.: BMC Ionia S. 60, Nr. 113 f.
Galvano (Original KhM/MK Inv.: 17114)

206
SILBERTETRADRACHME

Vs. (links): Kopf Alexanders des Großen als Herakles mit Löwenhaupt. Rs. (rechts): Olympischer Zeus mit Adler, rechts Aufschrift ΑΛΕΞΑΝΔΡΟΥ, links ΕΦΕ, darüber Biene.
Münzstätte Ephesos. Um 300 v. Chr.

Lit.: unpubliziert
FO: unbekannt
Mat.: Silber (Original)
Maße: Dm 2,9 cm, Gew. 17,7 g
Vgl.: L. Müller, Numismatique d'Alexandre le Grand (1855), Nr. 1015
Galvano (Original KhM/MK Inv.: 34551)

207
GROSSBRONZE

Vs.: Kopf des Kaisers Domitian, mit Lorbeerkranz.
Aufschrift: ΔΟΜΙΤΙΑΝΟΣ ΚΑΙΣΑΡ ΣΕΒΑΣΤΟΣ ΓΕΡΜΑΝΙΚΟΣ.
Münzstätte Ephesos. 81–96 n. Chr.

Rs.: Kultbild der ephesischen Artemis zwischen Hirschen; Aufschrift: ΕΦΕΣΙΑ ΑΡΤΕΜΙΣ

Lit.: unpubliziert
FO: unbekannt
Mat.: Bronze (Original)
Maße: Dm 3,25 cm, Gew. 17,59 g
Galvano (Original KhM/MK Inv.: 17153)

208
CISTOPHOR (dreifacher Denar)

Vs.: Kopf des Kaisers Hadrian, ohne Lorbeerkranz; mit der Aufschrift: HADRIANVS AVG
Münzstätte Ephesos. Überprägung aus hadrianischer Zeit (117–138 n. Chr.)

Rs.: Front des Artemistempels mit dem Kultbild der ephesischen Artemis; Aufschrift: DIANA EPHESIA

Lit.: unpubliziert
FO: unbekannt
Mat.: Silber (Original)
Maße: Dm 2,7 cm, Gew. 10,44 g
Vgl.: RIC II S. 399, Nr. 475 (a)
Galvano (Original KhM/MK Inv.: 29840)

209
BRONZEMEDAILLON

Vs.: Büste des Lucius Verus mit Lorbeerkranz, Panzer und Paludamentum; Aufschrift: ΑΥΚΑΙΛΟΥΚΙΟΣ-ΑΥΡ. ΟΥΗΡΟΣ.
Münzstätte Ephesos. 161–169 n. Chr.

Rs.: Tempelfront mit Kultbild der ephesischen Artemis

Lit.: unpubliziert
FO: unbekannt
Mat.: Bronze (Original)
Maße: Dm 3,7 cm, Gew. 22,87 g
Galvano (Original KhM/MK Inv.: 17185)

210
KUPFERMÜNZE

Vs.: Brustbild Kaiser Iustinians I. (527–565 n. Chr.) im Schmuckornat, in der Rechten Kreuzglobus haltend; rechts im Feld Kreuz. Aufschrift: D N IUSTINIANUS P P AUG
Um 550 n. Chr.

Rs.: Wertzeichen K; Zeichen der Münzstätte Antiochia; Aufschrift: ANNO XX.

Lit.: R. Münsterberg, Monatsblatt der Numismatischen Gesellschaft 10, 1915–1917, S. 235 ff.
FO: Ephesos
Mat.: Kupfer (Original)
Maße: Dm 2,8 cm, Gew. 9 g
Galvano (Original KhM/MK Inv.: 204154)

211
SELDSCHUKISCHE SILBERMÜNZE

Vs.: Aufschrift „Isa I. aus der Dynastie der Aydınoğlu, geprägt in Ayasoluk". 2. Hälfte des 14. Jh. n. Chr.

Rs.: im Quadrat Glaubensformel des Islam („Es gibt keinen Gott außer Gott und Mohammed ist sein Gesandter"); in Segmenten Namen der ersten vier Kalifen: Abu Bakr, Omar, Osman, Ali.

Lit.: unpubliziert
FO: unbekannt
Mat.: Silber (Original)
Maße: Dm 2 cm, Gew. 1 g
Galvano (Original KhM/MK Inv.: 4744)

212
OSMANISCHE SILBERMÜNZE

Vs.: Aufschrift „Chan Murad, Sohn des Mehmed". 1421–1451 n. Chr.

Rs.: „geschlagen zu Ayasoluk"

Lit.: unpubliziert
FO: unbekannt
Mat.: Silber (Original)
Maße: Dm 0,9 cm, Gew. 0,95 g
Galvano (Original KhM/MK Inv.: 7568)

105

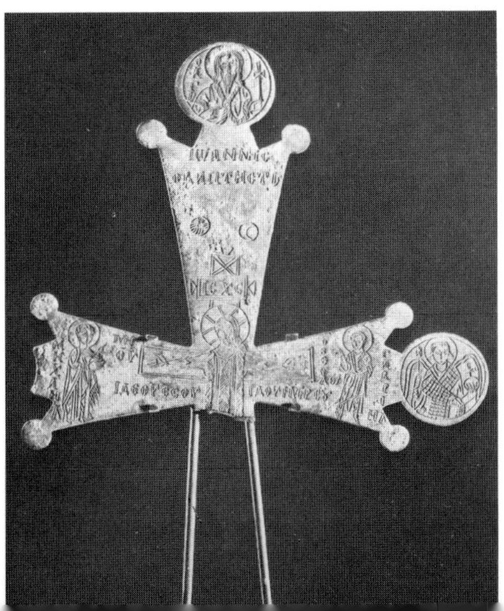

104

Die spätantiken und frühchristlichen Objekte aus Ephesos, die einen wesentlichen Bestandteil des Komplexes „Vom Altertum zum Mittelalter" (Katalog der Antikensammlung I) bilden, verblieben im Haupthaus des Kunsthistorischen Museums. Sie sind dort in den Sälen XVI und XVII der Antikensammlung ausgestellt. Zu den bedeutendsten Stücken zählen das Porträt des Eutropios (Abb. 105; s. S. 13, 20) und das Bronzekreuz mit gravierten Darstellungen von Christus und Maria, umgeben von Erzengeln und Heiligen (Abb. 104).

106 *Propylon des Temenos. Rekonstruktion der Frontansicht*

Sektor C4 im Pfeilerumgang (Plan Abb. 31):

213–219 PROPYLON DES TEMENOS

Dem Temenos (s. S. 44) war an seiner Ostseite ein zierlicher ionischer Torbau vorgelagert. Die eigentliche Torhalle in der Mitte (mit 2 Säulen), von der drei Türen direkt in den Temenos führten, wurde rechts und links von vorspringenden Flügelhallen (mit je 2 x 2 Säulen) flankiert (Abb. 107). Im Gebälk sind (wie beim etwa zeitgleichen Philippeion in Olympia) zum ersten Mal die Charakteristika der ionischen Ordnung des griechischen Mutterlandes mit jenen Kleinasiens vereinigt: auf Dreifascienarchitrav und Fries folgt unter dem Geison noch ein Zahnschnitt (Abb. 106). Ebenfalls erstmalig ist die Verwendung archaisierender Reliefs in der Bauplastik: ein Fries mit Musikantinnen und reigentanzenden Mädchen (Kat.-Nr. 217). Überhaupt ist der Reichtum an Ornamentik und Skulpturenschmuck auffallend: an den Säulenhälsen ein Anthemion aus Ranken und Palmetten; perspektivisch eingerollte Ranken an der Sima (Kat.-Nr. 213, 214); in den Giebeln wahrscheinlich Reliefs. Die Kassettendecke (Abb.109) mit Reliefköpfen auf den Schlußsteinen (Kat.-Nr. 218, 219; vgl. Kat.-Nr. 238) haben ihre Vorläufer in den gemalten Büsten der Kassettendecke des Nereidenmonumentes von Xanthos.
Das Propylon wird in die Zeit um 340 v. Chr. datiert und ist somit der älteste Marmorbau des Heiligtums. Als Stifter wird Philipp II. von Makedonien vermutet, Entwurf und Skulpturenschmuck mit Skopas von Paros in Verbindung gebracht.

Der Bau hatte auf der Innenseite des Temenos kein Pendant, bestand also – im Gegensatz etwa zum Propylon Ptolemaios' II. (s. S. 142 ff.) – nur aus einer Fronthalle. Bei den österreichischen Grabungen 1873 hatte man die SO-Ecke des Temenos angeschnitten, 1875 wurde das gesamte Terrain aufgedeckt und in ihm der „Alte Tempel" vermutet. Die Zusammengehörigkeit der Werkstücke Kat.-Nr. 213–215 und 217–219 wurde von Hauser (s. u.) erkannt, doch einem Neubau des Alten Tempels zugewiesen. Zum Gebälk vgl.: S. G. Miller, AM 88, 1973, S. 203 Anm. 66 (Philippeion von Olympia)

Lit.: Samothrake I, S. 31, 49, 76, Taf. 31, 2; 49; II, S. 13 ff., 21 ff., 99 ff., Taf. 2–10; Samothrace, Guide S. 61 ff., Fig. 29 f., 49; Lehmann, Skopas; Voigtländer, S. 57 (Wende 3. Jh.); Ph. W. Lehmann – D. Spittle, The Temenos. Bollingen Series LX, Samothrace Vol. 5 (im Druck).
FO: 1873 nahe der NO-Ecke des Hieron

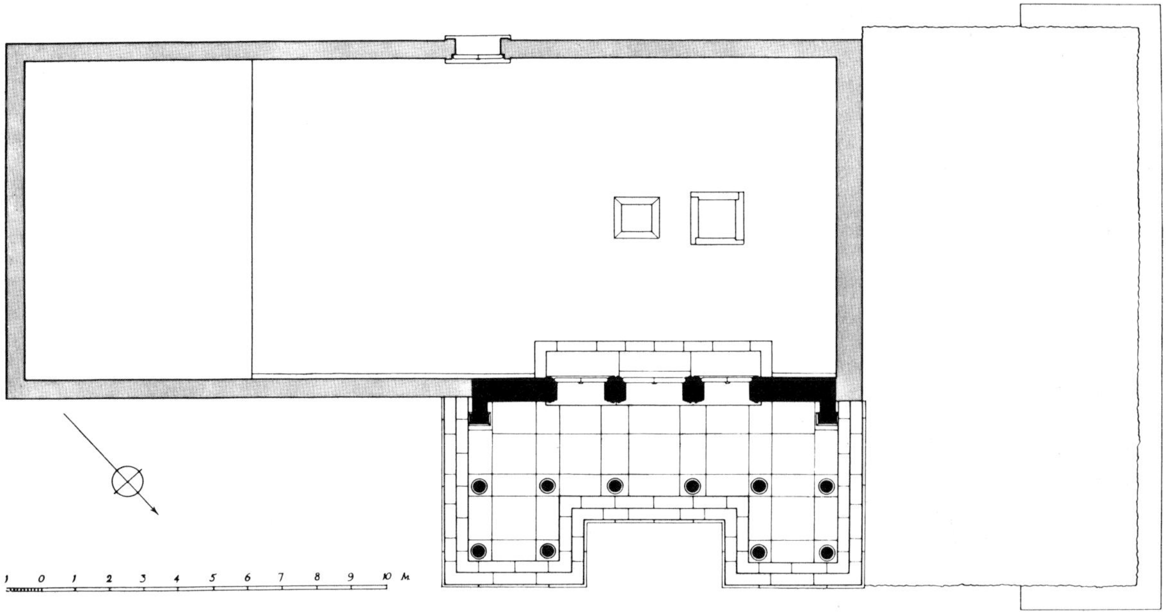

107 *Propylon des Temenos. Grundriß*

VERZEICHNIS DER WERKSTÜCKE DES PROPYLON

213
ECKBLOCK EINES GEISON MIT SIMA

Rechte oder linke Giebelecke einer der beiden Flügelhallen. Die Dachseite ist glatt mit zwei T-förmigen Dübellöchern für das Eckakroter. An der Ecke der fragmentierten horizontalen Sima Reste eines Löwenkopfs. Zum Rankenornament s. Kat.-Nr. 214.

Lit.: Samothrake I, S. 11, 14, 49, 76, Taf. 49; II, S. 13 f., 22; K. Lehmann, Hesperia 21, 1952, S. 27 Anm. 28
Maße: H (noch) 33 cm, B (noch) 68,8 cm, T (noch) 89,5 cm
Inv.: I 424 A

Vitrine V:

214
FRAGMENT DER SIMA MIT LÖWENKOPF-WASSERSPEIER

Der Löwenkopf wächst aus einem Akanthuskelch, aus dem sich eine kannelierte Ranke mit drei Spiralen entwickelt. Die Endspirale mit Knospe ist perspektivisch eingerollt; zwischen den Abzweigungen der Ranke Blüten (die Ranken waren gemalt).

Die dreigliedrige Ranke scheint hier in Samothrake zum ersten Mal auf und setzte sich durch: vgl. Kat.-Nr. 230, 249, 250, 265, 266. Drei weitere Fragmente (Inv. I 424 B 2–4) im Depot.

Lit.: Samothrake I, S. 76, Taf. 30,1; II, S. 24, Taf. 8, 3; 10; Voigtländer, S. 50, 53, 55 f.; Lehmann, Skopas S. 7, Figs. 26 f. (vgl. Fig. 14)
Maße: H (Löwenkopf) 15,5 cm, B (noch) 80 cm
Inv.: I 424 B 1

215 Abb. 108
STIRNZIEGEL

mit elfblättriger Palmette über Voluten.

108 *Kat.-Nr. 216, 215*

Die Voluten sind bis zum Hüllkelch kanneliert. Der Palmettenkern ist lanzettförmig, die Blätter haben erhöhte Mittelrippen.

Lit.: Samothrake I, S. 49, 76, Taf. 31, 2; II, S. 22 f., Taf. 10; M. Schede, Antikes Traufleisten-Ornament (1909), S. 85
Maße: H (der Palmette) 16,5 cm, B (noch) 10,2 cm, T (noch) 13 cm
Inv.: I 423 A

216 Abb. 108
STIRNZIEGEL

Römisches Ersatzstück?

Stimmt mit Kat.-Nr. 215 in Höhe und Profil überein, hat aber kräftigeres Relief und größere Voluten. Ansatz des Kalypters (Deckziegel) erhalten.

Lit.: Samothrace, Hieron I, S. 181, Fig. 136
FO: ohne genaue Angabe
Maße: H (der Palmette) 16,2 cm, B 14,5 cm, T (noch) 17,5 cm
Inv.: I 423 B

217
ECKFRAGMENT DES TÄNZERINNEN-FRIESES

Rechtes Ende eines Friesblocks. Erhalten sind die Unterschenkel einer auf den Zehenspitzen nach links schreitenden Tänzerin in feingefältel-tem Gewand.

Das noch kleinere Fragment Inv. I 1701 (Samothrake I, S. 10, Abb. 3) im Depot.

Lit.: Samothrake I, S. 10, Abb. 2; vgl. Lehmann, Skopas S. 10 ff., 35, Anm. 89, Figs. 11–14, 39, 41 f., 45
Maße: H (noch) 7,1 cm, B (noch) 4,5 cm, Reliefhöhe 1,4 cm
Inv.: I 1700

218 Abb. 110
KASSETTENPLATTE MIT JUGENDLICHEM KOPF

im Profil nach rechts. Linke Rahmenseite fehlt. Der Kopf zeigt eine Ähnlichkeit zum jugendlichen Alexander dem Großen. In den beiden Köpfen

Linke Seite oben:
109 *Propylon des Temenos. OW-Schnitt durch die Torhalle*

Linke Seite unten:
110 *Kat.-Nr. 218*

(Kat.-Nr. 218, 219) wurden die beiden männlichen Kabiren vermutet.

Die Kassetten hatten drei verschiedene Größen; alle bisher aufgefundenen Deckplattenfragmente (3 in Wien, 4 in Samothrake) gehören zur kleinsten Form.

Lit.: Samothrake I, S. 11, 28, 68 Anm. 1, Taf. 51 rechts; II, S. 14; Lehmann, Skopas S. 9 f., 14 Anm. 96, 27 f. Anm. 55 f., Fig. 51 (vgl. Figs. 14, 32–37)
Maße: H 21,8 cm, B (noch) 21,2 cm, Reliefhöhe 3,5 cm
Inv.: I 675

219
KASSETTENPLATTE MIT BÄRTIGEM KOPF

en face.

Kleines Fragment einer dritten Platte, Inv. I 1702 (Samothrake II, S. 14, 3), im Depot.

Lit.: Samothrake I, Taf. 51 links; Lehmann, Skopas Fig. 34 (sonst wie Kat.-Nr. 218)
Maße: H 21 cm, B (noch) 16 cm, Reliefhöhe 4 cm
Inv.: I 676

220–224 KLEINFUNDE

220
HORIZONTALHENKEL EINER HYDRIA

In der Mitte des kannelierten Griffs eine Tülle mit aufgesetztem Perlkranz. Auf den Attaschen Palmetten, die von S-förmigen Voluten ausgehen.
Griechisch, 5. Jh. v. Chr.

Vom zweiten Henkel sind zwei Bruchstücke im Depot vorhanden.

111 *Kat.-Nr. 221*

Lit.: Samothrake II, S. 11 f., 45, Taf. 48; D. v. Bothmer, Gnomon 37, 1965, S. 601
FO: 1875 im Tunnel unter dem Ptolemaion
Mat.: Bronze, gegossen
Maße: B 20,8 cm
Vgl.: E. Diehl, Die Hydria (1964), S. 25 ff., Taf. 7, 2 (Gruppe B 86–B 96)
Inv.: VI 2434

221 Abb. 111
EINSCHNAUZIGE ÖLLAMPE

Offener, plattgedrückter Behälter mit kantig abgesetzter Schulter. Schnauze röhrenförmig, Henkel in Form einer Schlinge mit Schlangenköpfen (Beziehung zum Mysterienkult?) als Daumenauflage.
Griechisch, 4.–3. Jh. v. Chr.

Lit.: Samothrake II, S. 12, 45, Taf. 48; Katalog des Kunsthistorischen Museums: Götter, Heroen, Menschen (1974), S. 68, Nr. 206, Taf. 34
FO: 1875 im Tunnel unter dem Ptolemaion
Mat.: Bronze, gegossen
Maße: B 19 cm, Dm 9,7 cm
Inv.: VI 2433

222
SILBERDIDRACHME

Vs. (links): Kopf der Athena. Rs. (rechts): thronende Kybele. Aufschrift: rechts ΣΑΜΟ, links ΜΗΤΡΩΝΑ. Münzstätte Samothrake. Um 280 v. Chr.

Lit.: unpubliziert
FO: unbekannt
Mat.: Silber (Original)
Maße: Dm 2,28 cm, Gew. 8,01 g
Vgl.: BMC Thrace S. 215, Nr. 1
Galvano (Original KhM/MK Inv.: 29424)

223
PRISMATISCHER DÜBEL VOM HIERON

aus Bronze mit Bleiverguß, an dem ein Stück von der Füllung des Gußkanals erhalten ist. Die senkrechtgestellten Dübel dienten der Verbindung von übereinanderliegenden Werkstücken. Nach Verbindung der beiden Werkstücke wurde das Dübelloch des unteren Blockes mittels eines Gußkanals vergossen.
Griechisch, 325–150 v. Chr.

Lit.: Samothrake I, S. 69 f., Abb. 25 (Mitte)
FO: 1873 beim Hieron
Mat.: Bronze (Dübel), Blei
Maße: H 8 cm
Inv.: VI 2430 a

224
KASTENARTIGE DÜBELHÜLSE VOM PTOLEMAION

aus Bronze, mit Bleiverguß. Bei dieser Art der Dübelung ersparte man sich die Anlegung eines Gußkanals: der Dübel wurde in die Hülse geschlagen und schon vor dem Aufsetzen des oberen Blockes mit Blei vergossen.
Griechisch, 285–280 v. Chr.

Lit.: Samothrake II, S. 42, Abb. 17; R. Martin, Manuel d'architecture Grecque I (1965), S. 286 Anm. 1
FO: 1875 beim Ptolemaion
Mat.: Bronze (Dübelhülse), Blei
Maße: H 6,6 cm
Inv.: VI 2430 b

225–246
HIERON

Das früher als „Neuer Tempel“ bekannte Bauwerk (Abb. 112) war seiner Funktion nach kein Tempel im Sinne eines Hauses für das Kultbild, vielmehr diente es der Einweihung in den höheren Grad der Mysterien (s. S. 45). Über den Resten zweier Vorgängerbauten aus dem 6. (Kat.-Nr. 255) und 5. Jh. wurde der Bau aus thasischem Marmor um 325 v. Chr. begonnen, jedoch aus unbekannten Gründen nach Errichtung der Cella unterbrochen. Die geplante Vorhalle unterblieb und wurde – in abgeänderter Form – erst zwischen 150 und 125 v. Chr. ausgeführt. Der gesamte Skulpturenschmuck (Giebelfiguren, Akrotere, Kassettenplatten des Pronaos: Kat.-Nr. 240–246, 238) gehört demnach erst dieser Bauphase an. Der Grundriß des nach Norden orientierten Gebäudes ist ein langgestrecktes Rechteck von 40 × 13 Metern (Abb. 113). Die tiefe Vorhalle springt seitlich etwas vor und wird von 14 dorischen Säulen gebildet: eine doppelte Reihe von 6 Säulen mit einer zusätzlichen Säule im Zwischenraum an den Langseiten. Die Proportionen der relativ gedrungenen Säulen (H mit Kapitell 5,66 m) und ihr Verhältnis zum Gebälk sind klassizistisch, ihre nächsten Parallelen finden sich in Bauten des 4. Jh. v. Chr. Die Innenwände der stützenlosen Cella waren nach Art des ersten pompejanischen Stils mit einem mehrfarbigen Stuckdekor ausgestaltet. Das eigentliche Adyton (Allerheiligste) bildete eine Apsis, die der südlichen Innenwand der Cella vorgeblendet und wohl während der Mysterienhandlungen durch Vorhänge abgeschlossen war.

In römischer Zeit wurden am Bau mehrfach Reparaturen und Veränderungen vorgenommen (Kat.-Nr. 233, 234, 239, 251); der endgültige Verfall wurde durch ein Erdbeben im 6. Jh. n. Chr., dem das gesamte Heiligtum zum Opfer fiel, verursacht.

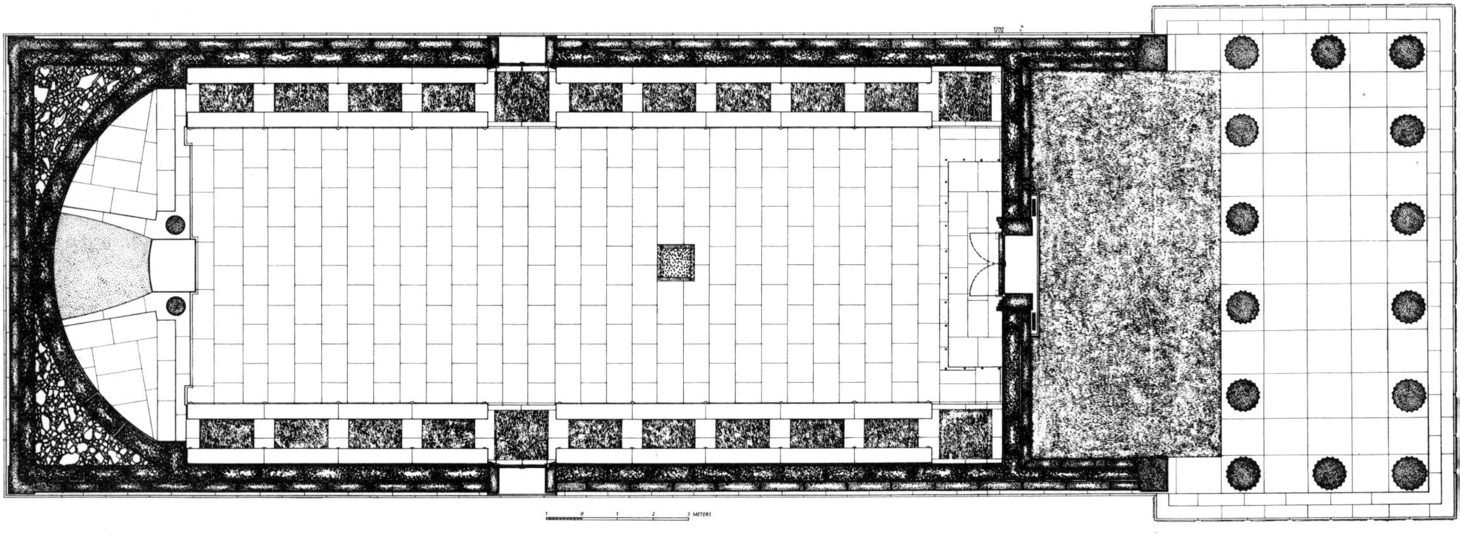

112 Linke Seite oben: *Perspektivische Rekonstruktion des Hierons, mit (rechts) der Halle der Votivgaben und der Stoa*

113 Linke Seite unten: *Hieron. Grundriß*

Lit.: Samothrake I, S. 9 ff., 45 ff., Abb. 15–29, Taf. 11–52, 69, 70; II, S. 9 f., 25 ff., Abb. 4–7, Taf. 11–16; Samothrace, Hieron I–III; Samothrace, Guide S. 36 ff., 66 ff., Figs. 31, 32, 44, 51
FO: 1873 bei der Hieron-Grabung (ausgenommen Kat.-Nr. 225)

225
GEISON-FRAGMENT

vom archaischen Vorgänger des Hieron? Von der ursprünglichen Bemalung sind noch rote Farbspuren zwischen den Hängeplatten erhalten. Die Tropfen waren gesondert gearbeitet und eingesetzt.
Griechisch, 2. Hälfte 6. Jh. v. Chr.

Lit.: Samothrace, Hieron II, S. 52 f., Fig. 364
FO: 1875 im Temenos
Mat.: Tuff
Maße: H 14,2 cm, B (noch) 68 cm, T (noch) 30 cm
Inv.: I 417

226–233 Abb. 114
ARCHITEKTURPROBE VON DER NO-ECKE DES HIERON

Der Aufbau beginnt mit einem Kapitell-Fragment (Kat.-Nr. 226). Der Säulenhals mit ursprünglich 20 Kanneluren ist durch 4 Ringe vom straff gespannten Echinus abgesetzt; darüber die quadratische Platte des Abakus. Vom Architrav (Kat.-Nr. 227) ist die Ecke mit der linken Stoßfuge und mit Tropfplättchen erhalten. Über dem Architrav ein Fragment vom Fries mit dem Ecktriglyphon und dem Rest einer Metope (Kat.-Nr. 228). Am weit vorragenden Kranzgesims (Geison) ist noch eine Hängeplatte mit 6 × 3 Tropfen ganz erhalten. Aus technischen Gründen ist der untere Teil des Schräggeisons mit dem horizontalen Geison aus einem Stück gearbeitet und bildet mit ihm zusammen die Giebelecke (Kat.-Nr. 229). Eine rechteckige Bettung auf der ansteigenden Fläche des Geisons diente gleichzeitig der Verankerung der Ecksima und des Seitenakroters in Form einer Nike (Kat.-Nr. 233). Über dem Geison der Langseite zwei Simafragmente (Kat.-Nr. 230; rechts Abguß von Kat.-Nr. 250) mit Rankenornament, das von einem Löwenkopf-Wasserspeier (Kat.-Nr. 231) ausgeht. Links über der Stoßfuge der Sima ein Stirnziegel, der als dachförmiger Deckziegel (Kalypter) die Fugen der flachen Dachziegel schloß (Kat.-Nr. 232).
Griechisch, 150–125 v. Chr. (ausgenommen Kat.-Nr. 233).

Die Gebälkstücke stammen von der NO-Ecke, die Nike von der SO-Ecke, bei den übrigen Stücken ist der genaue FO nicht bekannt. Das Eckkapitell Inv. I 346 A 1 (Samothrake I, Taf. 22, 2) wurde 1956 im Tauschweg an Griechenland abgegeben und bei der Wiederaufrichtung von 5 Säulen der Vorhalle in seiner originalen Position verwendet. – Lehmann (Samothrace, Hieron I, S. 101 f., Anm. 66, 103, Anm. 172, 106, Anm. 180) bezweifelt die Fundangaben Hausers („NO-Ecke": Samothrake I, S. 64 f.; vgl. S. 10) und bezieht diese Gebälkstücke auf die NW-Ecke. Dies ist jedoch unrichtig, da das Geison nur von der NO-Ecke stammen kann.

VERZEICHNIS DER WERKSTÜCKE

226
KAPITELL-FRAGMENT

Lit.: Samothrace, Hieron I, S. 97, Anm. 152
Maße: H 38,5 cm, B (Abakus) 101 cm
Inv.: I 346 A 2

227
FRAGMENT DES ECKARCHITRAVS

Lit.: Samothrace, Hieron I, S. 101 f., Anm. 166, Fig. 69
Maße: H 64 cm, B (noch) 102 cm, T 47 cm
Inv.: I 346 B

228
FRAGMENT DES ECKTRIGLYPHONS

Lit.: Samothrace, Hieron I, S. 103, Anm. 172, Fig. 69
Maße: H (noch) 74,5 cm, B (mit Metope noch) 66 cm
Inv.: I 346 C

114 *Hieron. Architekturprobe von der NO-Ecke*

229
FRAGMENT DES ECKGEISONS

Lit.: Samothrace, Hieron I, S. 106, Anm. 180; vgl. S. 72, Anm. 95 (Fragment Inv. I 346 D 1 im Depot)
Maße: H (mit Giebelschräge) 40 cm, B 150 cm
Inv.: I 346 D 1

230
SIMA-FRAGMENT

Links Abguß von Kat.-Nr. 250. Dreigliedrige, glatte Ranke mit ausgehöhlten Spiralen.

Vgl. Kat.-Nr. 249, 250; ein viertes Stück (Inv. I 345 I 1) im Depot

Lit.: Samothrace, Hieron I, S. 226, Anm. 198; vgl. S. 74 f., 170 ff.
Maße: H 19,5 cm, B (noch) 37 cm, T (noch) 15,5 cm
Inv.: I 346 I 3

231
LÖWENKOPF-WASSERSPEIER

mit Resten der Simaranke.

Gehört vielleicht zum abgegossenen Sima-Fragment (Kat.-Nr. 250), ohne jedoch im Bruch anzupassen. Vgl. Kat.-Nr. 253–254; zwei weitere Stücke (Inv. I 346 K 4–5) im Depot.

Lit.: Samothrace, Hieron I, S. 223, 226, Anm. 198, Fig. 176; vgl. S. 174 ff., Anm. 63
Maße: B (noch) 37 cm, T (noch) 20 cm
Inv.: I 346 K 1

232
STIRNZIEGEL

mit vollständig erhaltenem Kalypter.

Der Typus leitet sich vom Antefix des Hofaltares ab (vgl. Kat.-Nr. 247): wie dort eine schmale Basis, ausgehöhlte Blätter und ein lanzettförmiger Palmettenkern. Die Anzahl der Blätter ist allerdings auf 9 reduziert. Vgl. Kat.-Nr. 251, 252: vier weitere Stücke (Inv. I 346 L 4–7) im Depot.

Lit.: Samothrace, Hieron I, S. 180 ff., Anm. 78, S. 226, Anm. 200, Fig. 178 rechts
Maße: H (Palmette) 20 cm, T 69,5 cm
Inv.: I 346 L 1

115 *Kat.-Nr. 233*

233 Abb. 115
TORSO EINER NIKE, SEITENAKROTER VON DER SO-ECKE

Die Siegesgöttin trägt einen gegürteten Chiton, der in steilen Falten über dem rechten Standbein herabfällt, und darüber einen Mantel, der über die linke Schulter gelegt ist. Die erhobene Linke hielt einen Krug, die gesenkte Rechte eine Opferschale. Römisches Ersatzstück.
Römisch, 1. Hälfte 1. Jh. n. Chr.

Nach Samothrake I, S. 14, 27, 75 von der SW-Ecke. Doch wohl von der SO-Ecke, da ein zugehöriges Fragment des linken Armes dort gefunden wurde. – Das Flügelfragment einer Nike der SW-Ecke (Samothrace, Hieron II, Fig. 434; Inv. I 1712) im Depot.

Lit.: Samothrace, Hieron II, S. 113 ff., Figs. 431–433; Linfert, Kunstzentren, S. 127; vgl. Ph. W. Lehmann, Hesperia 41, 1972, S. 463 ff.
Maße: H (ohne Basis) 145 cm, H (Basis) 2,5–3 cm
Inv.: I 680

234–238 Abb. 116, 117
ARCHITEKTURPROBE VOM PRONAOS

Zuunterst ein Türsturz-Fragment (Kat.-Nr. 234) vom monumentalen Rahmen der Tür, die vom Pronaos in die Cella führte. Es stammt von einer Erneuerung und Erweiterung der hellenistischen Tür im ausgehenden 2. Jh. n. Chr. Unter einem Deckprofil ein Perlstab, darunter ein Mäanderband, das auch auf den Türstock herabgeführt ist. – In gleicher Höhe mit dem Außenarchitrav Kat.-Nr. 227 befand sich über der Torwand ein Zweifascienarchitrav mit lesbischem Kymation und einer Deckleiste als oberem Abschluß (Kat.-Nr. 235). Dieser Wandarchitrav trug die Deckbalken, auf denen in einem tiefen Falz über reich gegliedertem Profil (Kat.-Nr. 236) die Kassetten ruhten. Die Decke war durch Kassetten von drei verschiedenen Größen gegliedert. Unser Fragment (Kat.-Nr. 236) gehört zu 5 Kassetten des größten Typus mit einer lichten Weite zwischen den Deckbalken von 1,632 m. Die dreifach abgestuften Kassetten wurden von Deckplatten abgeschlossen, die mit

117 *Hieron. Teilschnitt durch den Pronaos*

116 *Hieron. Architekturprobe vom Pronaos*

Kentauren in Hochrelief geschmückt waren (Kat.-Nr. 238), wobei die Kassetten in einem Rechteck so angeordnet waren, daß 4 Kentauren einen fünften, sich aufbäumenden Kentauren in der Mitte umschritten. Griechisch, 325–150 v. Chr. (ausgenommen Kat.-Nr. 234).

Das Antenkapitell-Fragment (Samothrace, Hieron I, S. 99, Anm. 155; Inv. I 346 E 2) im Depot.

VERZEICHNIS DER WERKSTÜCKE

234
FRAGMENT DES TÜRSTURZES

Römisch, um 200 n. Chr.

Lit.: Samothrace, Hieron I, S. 58ff., 61, Anm. 59, Fig. 49; II, S. 126, Taf. 41
Maße: H (noch) 35 cm, B (noch) 117,5 cm, T (noch) 27 cm
Inv.: I 346 E 1

235
FRAGMENT DES INNENWAND-ARCHITRAVS

Das Fragment könnte auch von der Vorhalle stammen. Ein zweites Fragment (Inv. I 346 F 2) im Depot.

Lit.: Samothrace, Hieron I, S. 69, Anm. 86; vgl. Taf. 43; FiE VI, S. 185, Anm. 89, Abb. 151 (W. Alzinger)
Maße: H (noch) 35 cm, B (noch) 91,5 cm, T (noch) 21 cm
Inv.: I 346 F 1

118 *Kat.-Nr. 238*

236
FRAGMENT DES DECKBALKENS

Das Profil ist rechts auf Gehrung gearbeitet.
Lit.: Samothrace, Hieron I, S. 110, Anm. 188; vgl. Taf. 77–80, 101
Maße: H (noch) 20,5 cm, B (noch) 33 cm, T (noch) 9,5 cm
Inv.: I 346 G

237
FRAGMENT EINER KASSETTE

Lit.: Samothrace, Hieron I, S. 110 ff., Anm. 190; vgl. Taf. 81, 84, 85
Maße: T 51 cm
Inv.: I 346 H

238 Abb. 118
KASSETTENPLATTE MIT KENTAUR

Aus zahlreichen Fragmenten von K. Zumbusch zusammengesetzt und ergänzt. Der Kentaur schreitet mit erhobenem rechtem Vorderhuf nach rechts, in seinem Rücken flattert ein Mäntelchen. Zum Gesicht vgl. den Kopf des Kentauren aus der Herakles-Kentaurengruppe (Kat.-Nr. 141), der auch zeitlich nahesteht, wobei im Relief die geringere plastische Tiefe durch eine stark malerische Wirkung ersetzt ist. Vgl. auch die Kassettenplatten vom Propylon Kat.-Nr. 218, 219.

Die einzelnen Teile stammen wahrscheinlich nicht von einer einzigen Platte. Der Körper des Kentauren ist in der Rekonstruktion zu lang geraten: die zur Verfügung stehende quadratische Öffnung der Kassette beträgt nur 81,6 cm. 4 Fragmente von Kentaurenbeinen und das Fragment der rechten Hand eines Kentauren (Inv. I 1713–1717) im Depot.

Lit.: Samothrace, Hieron I, S. 237 ff., Figs. 187, 204; S. 241 f., Figs. 188–192 (Fragmente); P. C. Bol, Antike Plastik X, 1970, S. 89, Abb. 18
Maße: Platte 102 × 85 cm, Reliefhöhe (Kopf) 8,5 cm
Inv.: I 347

An der Wand gegenüber im Sektor C 6 (Plan Abb. 31):

239 Abb. 119
FRAGMENT VOM FIRSTAKROTER DER RÜCKSEITE

Zwei Reihen von je drei Akanthusblättern bilden einen Grundkelch, aus dem vier kannelierte Stämme hervorwachsen: die beiden inneren trugen die bekränzende Palmette, die äußeren Halbpalmetten. In den Zwikkeln Spiralen und Blüten. Römisches Ersatzstück des hellenistischen Originals, das es sehr getreu wiederholt. Römisch, 1. Hälfte 1. Jh. n. Chr.

Dazugehörig 48 weitere Fragmente (im Depot) und 7 in Samothrake, die von Ph. W. Lehmann und Ph. Oliver-Smith für die Rekonstruktion (Abb. 119) herangezogen wurden.

Lit.: Samothrace, Hieron I, S. 329, 346 ff., Fig. 300; II, S. 84 ff., Fig. 393; dazu S. 79, 81 ff., Figs. 392, 394–424, 426, 429, Taf. 115, 116
FO: vor der Mitte der S-Seite des Hieron
Maße: H (noch) 75,5 cm, B (Basis) 105,3 cm, T (Basis) 45 cm
Inv.: I 428

119 *Rekonstruktion von Kat.-Nr. 239*

120 *Hieron. Rekonstruktion des Nordgiebels. Die erhaltenen Partien sind durch dunklere Tönung hervorgehoben*

Sektor C 4 auf dem unteren Treppenabsatz (Plan Abb. 31):

240–246 GIEBELFIGUREN

Abb. 120

13 Figuren haben vermutlich den Skulpturenschmuck des Nordgiebels gebildet. Auf der Grundlage antiker literarischer Nachrichten über den Mysterienkult von Samothrake gelang Ph. W. Lehmann (s. u.) eine scharfsinnige Deutung der Thematik, die allerdings von der fraglichen Zugehörigkeit der Mittelfigur zum Giebel abhängt (s. Kat.-Nr. 240). Dargestellt war demnach ein wichtiger Augenblick in der Kindheit des Aetion, des Gründers der samothrakischen Mysterien: Dike (oder Themis, Eusebeia; Kat.-Nr. 240, Abb. 120, VII) überbringt den kleinen Aetion zur Erziehung in die Obhut der Horen (Kat.-Nr. 241, 244; IV–VI) in Anwesenheit der Chariten (oder Moiren; Kat.-Nr. 245, 246; VIII–X). Dieses Ereignis verfolgen von rechts Saon, erster Organisator politischen Lebens und Gesetzgeber auf Samothrake, und Saoke, der personifizierte Hauptberg der Insel (Kat.-Nr. 242, 243; XI–XII); von links wohl Okeanos und Tethys (III–II). In den Ecken die kleinen Geschwister des Aetion, Harmonia und Dardanos (I, XIII), beide ebenfalls eng mit dem Kult auf Samothrake verbunden.
Griechisch, 150–125 v. Chr.

Lit.: Samothrake I, S. 9 ff., 23 ff., 43 f., 74, Taf. 35–42; II, S. 75; Samothrace, Hieron I, S. 253 ff., Figs. 211 ff.

Die nicht ausgestellten Fragmente (Inv. I 1708 A–C – I 1711) im Depot. Die Datierung Lehmanns folgt im wesentlichen A. Schober, ÖJh 29, 1935, S. 1 ff.; vgl. Linfert, Kunstzentren, S. 126 ff. (kurz vor 265 v. Chr.)
FO: 1873 vor der N-Fassade des Hieron

121 *Kat.-Nr. 240*

240 TORSO EINER WEIBLICHEN FIGUR

Abb. 121

Unterkörper einer nach rechts eilenden Frau. Sie trägt über einem kreppartigen, durch Rieselfalten charakterisierten Chiton einen Mantel, dessen Enden um die Leibesmitte wulstartig zu einem Knoten gebunden sind. Die Figur könnte aufgrund ihrer Größe nur in der Giebelmitte gestanden haben, doch sprechen einige Kriterien eher für eine Verwendung als Mittelakroter: Stil, Charakter, Bewegtheit und räumliche Tiefe unterscheiden diese von allen übrigen Figuren des Giebels.

Die Fundlage vor der Mitte der N-Seite (Samothrake I, S. 24) läßt beide Deutungen zu. Mit einer Tiefe von über 60 cm hätte die Figur die Giebelvorderkante um etwa ein Viertel überragt (T des Giebelfeldes: 47 cm; erhaltene T der Figur: 57 cm). Die starke Verwitterung auch an der Hinterseite erklärt sich bei einer Akroterfigur von selbst und läßt sich – weil nur an dieser Figur feststellbar – nicht befriedigend durch lange Lagerung auf dem Boden erklären. Aufgrund der Fundlage ist eine Verteilung der Akrotere, wie Thompson (s. u.) sie vorschlägt, allerdings unmöglich. Doch fragt sich, ob die an der N-Seite gefundenen spärlichen Fragmente die Annahme eines pflanzlichen Firstakroters genügend beweisen (Samothrace, Hieron I, S. 342 ff.). Vgl. H. A. Thompson, Archaeology 26, 1973, S. 228 f.; P. C. Bol – F. Eckstein, Antike Plastik XV, 1975, S. 89, Anm. 31. – Die störende Steinkittfüllung hinter dem linken Fuß wurde entfernt. Die beiden nach Lehmann zugehörigen Fragmente und die rechte Hand des Aetion (Inv. I 1708 A–C) im Depot.

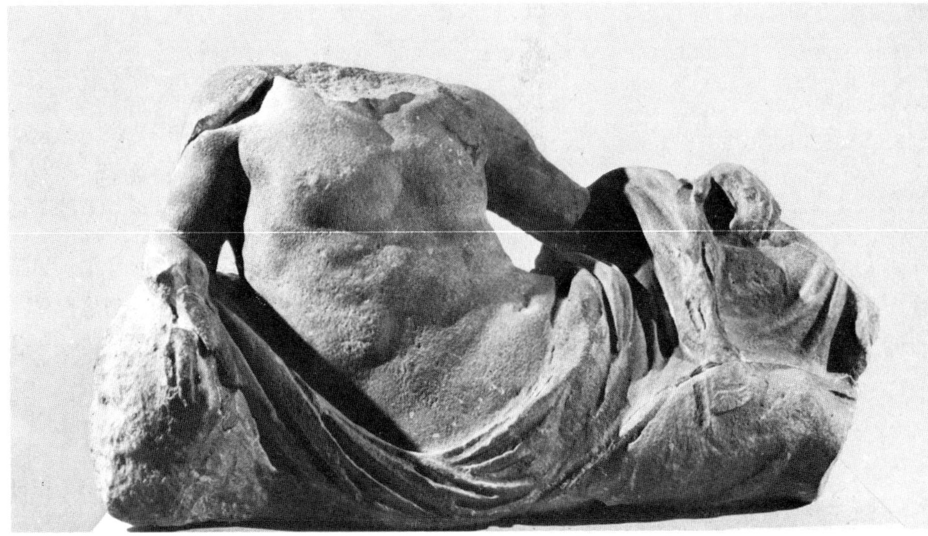

123 *Kat.-Nr. 242*

Lit.: Samothrace, Hieron I, S. 254 f., 280 ff., Figs. 213, 214, 253, 254
Maße: H (mit Basis noch) 95 cm, H (Basis) 5 cm, B (noch) 52 cm, T (noch) 57 cm
Inv.: I 345

241 Abb. 122
TORSO EINER SITZENDEN FRAU

Die weibliche Gestalt sitzt auf einem hohen Felsblock nach rechts und ist mit Chiton und Mantel bekleidet. Der linke Arm ist vorgestreckt und hält eine Traube. Der (fehlende) linke Fuß war angedübelt.

Die linke Hand wurde mit korrigierter Haltung neu angesetzt.

122 *Kat.-Nr. 241*

Lit.: Samothrace, Hieron I, S. 270 f., 289 ff., 300, Figs. 233, 256
Maße: H (noch) 78 cm, B (noch) 63 cm, T 37, 5 cm
Inv.: I 344

242 Abb. 123
TORSO EINES GELAGERTEN MANNES

Die auf einem Felsen nach links gelagerte männliche Gestalt stützt sich mit der Rechten auf. Der Mantel ist vom Oberkörper herabgeglitten und über die überkreuzten Beine gebreitet. Das Attribut in der linken Hand ist weggebrochen.

Lit.: Samothrace, Hieron I, S. 264 f., 296 ff., Figs. 228, 255
Maße: H (noch) 48 cm, B (noch) 87,5 cm, T 35 cm
Inv.: I 343

124, 125 *Kat.-Nr. 243*

243 Abb. 124, 125

GELAGERTE FRAU

Die nach links gelagerte weibliche Gestalt stützt sich mit der Rechten auf einen Felsblock. Der Kopf ist zur rechten Schulter gedreht und leicht gehoben. Ein Mantel bedeckt nur den Unterkörper mit den überkreuzten Beinen. Die linke Hand hielt ursprünglich ein Trinkhorn.

Lit.: Samothrace, Hieron I, S. 265 ff., 294 ff., Figs. 229, 257
Maße: H 58 cm, B (noch) 83 cm, T 31 cm
Inv.: I 342

Vitrine VI:

244

WEIBLICHER TORSO

bekleidet mit Chiton und Mantel.

Nach Lehmann zugehörig das Fragment eines rechten Fußes (Museumsdepot Samothrake).

Lit.: Samothrace, Hieron I, S. 268 ff., Fig. 231
Maße: H (noch) 52,5 cm
Inv.: I 696

245

LINKER ARM UND KOPFFRAGMENT EINER FRAU

Der Arm ist im Ellbogen abgewinkelt; vom Unterarm hängt ein Mantelzipfel herab. Das Fragment des gesondert gearbeiteten Kopfes (Hals und Unterkiefer erhalten) ist vermutlich zugehörig.

Lit.: Samothrace, Hieron I, S. 258 ff., Figs. 219–221
Maße: H (des Armes) 46 cm, H (des Kopfes) 12,2 cm
Inv.: I 1706 A, B

246

OBERKÖRPER- UND FUSSFRAGMENT EINER FRAU

nach links sitzend. Der feingefältelte Chiton ist unter der Brust gegürtet; der Halsausschnitt ist für den Einsatz eines gesondert gearbeiteten Kopfes zugerichtet. Zugehörig das Fragment des linken Fußes mit Sandale und Saum des Chitons.

Lit.: Samothrace, Hieron I, S. 260 ff., Figs. 222, 223
Maße: H (Torso) 27 cm, H (Fuß) 10 cm
Inv.: I 677, I 1707

247–259 DACHSCHMUCK VERSCHIEDENER BAUWERKE

247–248 VON DER UMFASSUNGSMAUER DES ALTARES

Abb. 126

Zum Hofaltar s. S. 45.
Griechisch, um 340–330 v. Chr.

Zugehörig auch das Fragment eines Eckarchitravs im Depot (Inv. I 1718; vgl. Samothrace, Altar Court, S. 36)

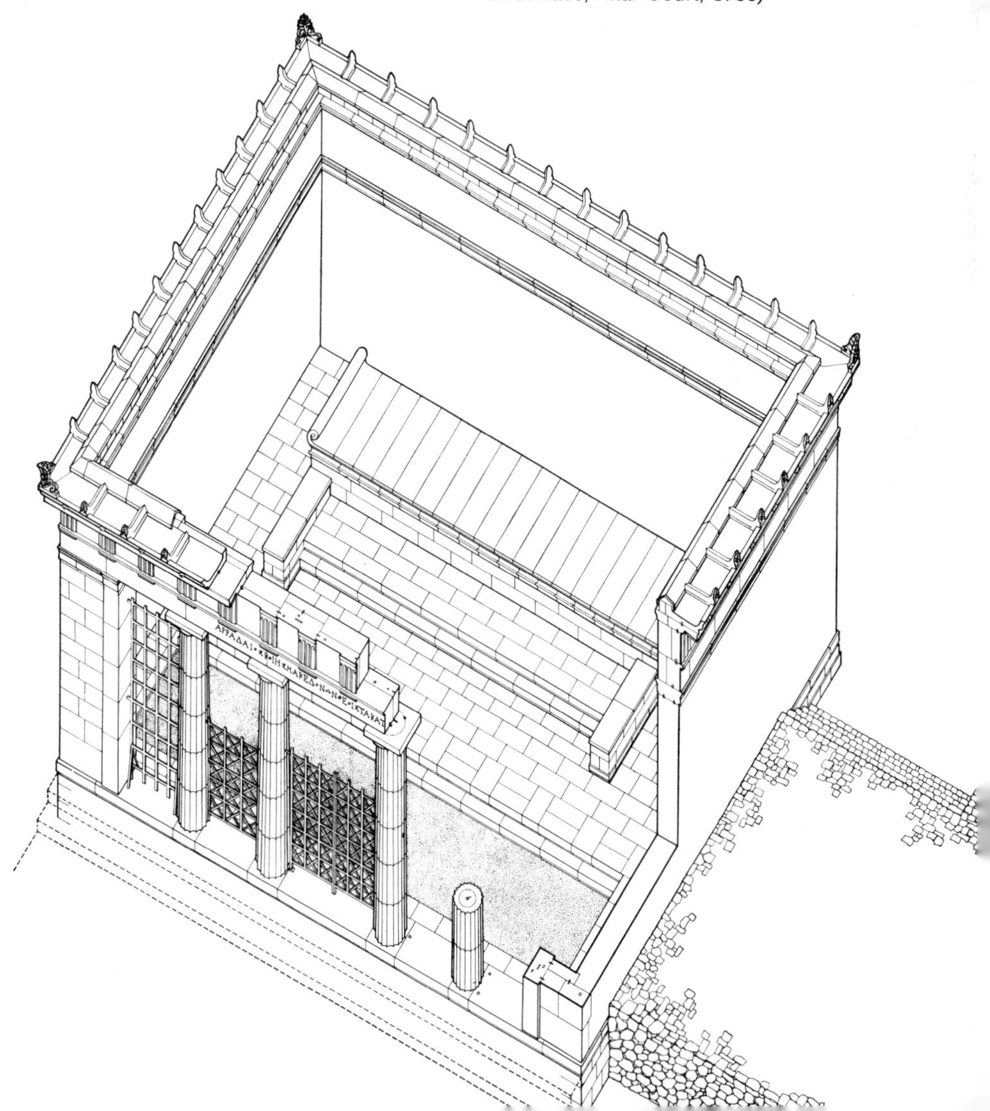

126 *Hofaltar. Axonometrische Rekonstruktion*

247
STIRNZIEGEL

Eine schmale Basis betont die Trennung von Sima und Antefix. Die Voluten sind wie die S-förmig geschwungenen Palmettenblätter tief ausgehöhlt. Im lanzettförmigen Palmettenkern vertikale Mittelrippe. Auf diesen Typus lassen sich die Antefixe des Hieron (Kat.-Nr. 232, 250, 251) und des Arsinoeion (Kat.-Nr. 267, 268) zurückführen.

Lit.: Samothrace, Altar Court, S. 42, 86 Anm. 105, Fig. 81; vgl. S. 86 ff., Figs. 52, 58, 80, Taf. 33
FO: ohne genaue Angabe
Maße: H 23 cm, B 16 cm
Inv.: I 1704

248
FRAGMENT EINES ECKAKROTERS

mit zweigliedriger Ranke. Auf beiden Seiten ausgearbeitet, da von der Hof- und Außenseite gleichermaßen sichtbar. Vermutlich von der SO-Ecke der Umfassungsmauer.

Vielleicht aber Ersatzstück aus römischer Zeit (Samothrace, Altar Court, S. 42)?

Lit.: Samothrake I, S. 75, Taf. 45 unten; Samothrace, Altar Court, S. 42, 56, 98 Anm. 126, 100 Anm. 128, Fig. 53, Taf. 34
FO: 1873 vor der S-Seite des Hieron
Maße: H 25 ,5 cm, B (noch) 58 cm
Inv.: I 1705

249–254 VOM HIERON

Zum Hieron s. S. 130 ff. und Kat.-Nr. 225–246.

FO: 1873 beim Hieron

249
SIMA-FRAGMENT

Vgl. Kat.-Nr. 230.
Griechisch, 150–125 v. Chr.

Maße: H 19,5 cm, B (noch) 32 cm
Inv.: I 346 I 4

250
SIMA-FRAGMENT

Dreigliedrige Ranke nach links; vgl. Kat.-Nr. 230 (mit Abguß dieses Stükkes).
Griechisch, 150–125 v. Chr.

Lit.: Samothrake I, Taf. 29 oben; Samothrace, Hieron I, S. 226 Anm. 198
Maße: H 20 cm, B (noch) 47 cm
Inv.: I 346 I 2

251
STIRNZIEGEL

Ersatzstück aus römischer Zeit. Zum Typus vgl. Kat.-Nr. 232.
Römische Kaiserzeit

Lit.: Samothrace, Hieron I, S. 181 Anm. 78
Maße: H (Palmette) 20,5 cm, B 17,5 cm
Inv.: I 346 L3

252
STIRNZIEGEL

mit einem Stück des Kalypters. Wie Kat.-Nr. 232 wahrscheinlich von der Vorhalle.
Griechisch, 150–125 v. Chr.

Lit.: Samothrace, Hieron I, S. 226, Fig. 178 links
Maße: H 33 cm, H (Palmette) 21 cm, B (noch) 33 cm
Inv.: I 346 L2

253
LÖWENKOPF-WASSERSPEIER

Original von der frühhellenistischen Bauphase. Unterscheidet sich von den Köpfen der Vorhalle (Kat.-Nr. 231, 254) und späteren Ersatzstücken durch Größe und plastische Modellierung.
Griechisch, um 325 v. Chr.

Lit.: Samothrace, Hieron I, S. 174 Anm. 63; vgl. Figs. 122–126
Maße: H (noch) 17,5 cm, B 22 cm
Inv.: I 346 K3

254
LÖWENKOPF-WASSERSPEIER

wie Kat.-Nr. 231 von der Vorhalle.
Griechisch, 150–125 v. Chr.

Lit.: Samothrake I, Taf. 30 rechts; Samothrace, Hieron I, S. 223 f., Fig. 175
Maße: H (noch) 18 cm, B 34 cm
Inv.: I 346 K2

255–259 VON DER STOA

Abb. 127

Zur Stoa, s. S. 45.
Griechisch, 1. Hälfte 3. Jh. v. Chr.

127 *Stoa. Rekonstruktion der SO-Ecke*

Lit.: J. R. McCredie, Hesperia 34, 1965, S. 108, Anm. 22, Fig. 30 c, d
Mat.: gebrannter Ton mit braunroten Farbspuren

255
SIMA-FRAGMENT

mit zweigliedriger Ranke nach rechts.

Lit.: Samothrake II, S. 6, 50, Taf. 58 unten; vgl. Abb. 23
FO: 1875 an der O-Seite der Stoa
Maße: H 15,4 cm, B (noch) 21,5 cm
Inv.: I 425 B

256
SIMA-FRAGMENT

wie Kat.-Nr. 255, doch Ranke nach links. Rechts Reste der Mähne des Löwenkopf-Wasserspeiers.

Zwei weitere Simen-Fragmente (Inv. I 425 C–D) im Depot.

Lit.: Samothrake I, S. 11, 76, Taf. 50, 3
FO: 1873 an der O-Seite des Hieron
Maße: H (noch) 14 cm, B (noch) 19,8 cm
Inv.: I 425 A

257
STIRNZIEGEL

mit besonders reichem, für Samothrake neuem Dekorschema: die neunteilige Palmette erhebt sich über Ranken mit zwei- und dreiteiligen Voluten und Zwickelblüten.

Palmette älterer Abguß eines zweiten, nicht anpassenden Exemplars (Inv. V 3256) im Depot.

Lit.: Samothrake I, S. 11, 76, Taf. 50, 2; II, S. 50; vgl. Samothrace, Altar Court, S. 98, Anm. 125, Fig. 98
FO: 1873 vor der O-Seite des Hieron
Maße: H 19,5 cm, B 16,8 cm
Inv.: V 3255

258
LÖWENKOPF-WASSERSPEIER

mit Resten der Sima.

Lit.: unpubliziert; vgl. Kat.-Nr. 259
FO: ohne genaue Angabe
Maße: H 20 cm, B 29 cm
Inv.: I 427 C

259
LÖWENKOPF-WASSERSPEIER

wie Kat.-Nr. 258.

Von 5 weiteren Exemplaren Fragmente (Inv. I 427 B, D–F, V 3257) im Depot.
Lit.: Samothrake II, S. 50, Taf. 58; vgl. Abb. 23
FO: 1875 vor der O-Seite der Stoa
Maße: H 19 cm, B 21,5 cm
Inv.: I 427 A

Sektor C 5 (Plan Abb. 31):

260–268 ARSINOEION (RUNDBAU DER ARSINOE)

Das nach seiner Stifterin Arsinoe benannte Bauwerk wurde in der Zeit ihrer Ehe mit König Lysimachos von Makedonien zwischen 289 und 281 v. Chr. errichtet (Abb. 128). Mit einem inneren Durchmesser von fast 17 Metern ist es der größte überdach-

128 *Arsinoeion. Gesamtrekonstruktion. Radierung von G. Niemann*

te griechische Rundbau. Von seinen Vorgängern im 4. Jh. v. Chr. (Delphi, Epidauros, Olympia) unterscheidet er sich durch den Verzicht auf innere und äußere Säulenstellung zugunsten eines möglichst großen Innenraumes. Über einem breiten Fundamentring aus Kalkstein erhob sich der Oberbau aus thasischem Marmor. Das untere Geschoß aus glatten Quadern wurde in einer Höhe von etwa 7 Metern von einem Gesims abgeschlossen, das innen und außen mit einem Lotos-Palmettenfries und lesbischem Kymation geschmückt war (Kat.-Nr. 260, 261). Das Obergeschoß war außen durch 44 dorische Pilaster (H 2,85 m) gegliedert, denen innen korinthische Halbsäulen entsprachen. Niedrige Sockelbänke in den Jochen waren außen mit je einer Rosette zwischen zwei Stierköpfen (Abb. 130; Kat.-Nr. 263) und innen mit je zwei Opferschalen oder Stierschädeln verziert (Abb. 129; Kat.-Nr. 262). In die Halbsäulen waren oberhalb der Sockelbänke dünne Marmorplatten eingefalzt, die die Intercolumnien in ganzer Höhe verschlossen. Auf dem dorischen Gebälk der Außenseite ruhte das kegelförmige Dach. Sein konischer, hohler Schlußstein diente vielleicht als Rauchabzug für die Opferhandlungen, die im Inneren vermutlich vorgenommen wurden. Auf dem Architrav über dem Eingang auf der Südseite befand sich die zweizeilige Inschrift der Stifterin: „Königin Arsinoe, Tochter des Königs Ptolemaios, Gattin des Königs Lysimachos, den Großen Göttern."

129 *Arsinoeion. Teilrekonstruktion der Innenwand*

131 *Kat.-Nr. 260*

Die letzten Untersuchungen der amerikanischen Ausgräber beschäftigten sich vor allem mit der Chronologie der Vorgängerbauten des Arsinoeion und ihrem Verhältnis zum Anaktoron: vgl. McCredie, Recent Investigations, S. 99 ff.

Lit.: Samothrake I, S. 8 f., 15 ff., 77 ff., Abb. 30–36, Taf. 39, 53–68; II, S. 8 f., 24 f., 111 f.; H. H. Büssing, Die griechische Halbsäule (1970), S. 18 f., Anm. 12, Abb. 2a; Samothrace, Guide S. 28, 54 ff., 97 f., Figs. 12, 25–27; FiE VI, S. 180, Abb. 144 (W. Alzinger). Zur Datierung und Weiheinschrift: Samothrace, Inscriptions on Stone, S. 48 ff. Nr. 10. – S. M. Shaw – G. Roux, The Rotunda of Arsinoe. Bollingen Series LX, Samothrace Vol. 7 (in Vorbereitung).
FO: 1873 beim Arsinoeion

260 Abb. 131

GESIMSBLOCK MIT LOTOS-PALMETTENFRIES

von der Innenseite. Zwischen Lotosblüten alternierend geschlossene (Si-

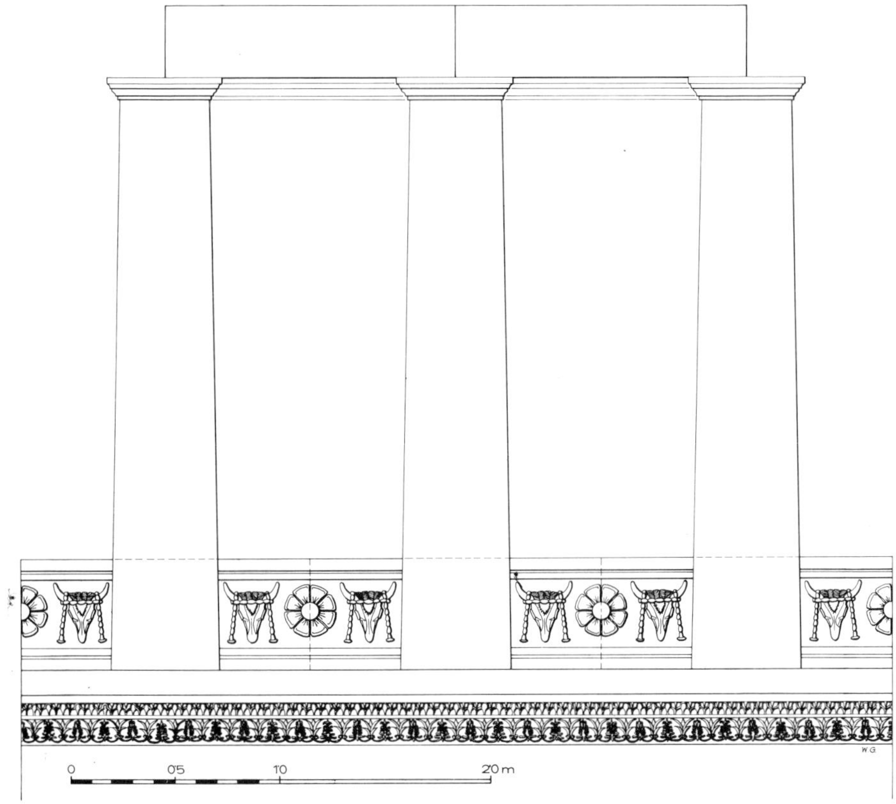

130 *Arsinoeion. Teilrekonstruktion der Außenwand*

chel-) und offene (geflammte) Palmetten. Unter der vorspringenden Gesimskante lesbisches Kymation. Konvexe Außenseite mit Fries weggebrochen.

Lit.: Samothrake II, S. 25, Taf. 37 unten; vgl. I, S. 80, 83, Taf. 61, 63; Voigtländer S. 48 f., Taf. 5, 3 (in Samothrake); W. Alzinger, Augusteische Architektur in Ephesos (1974), S. 121, Abb. 171a 23
Maße: H 36,5 cm, B 119 cm, T (noch) 39 cm
Inv.: I 697

261
GESIMSBLOCK MIT LOTOS-PALMETTENFRIES

wie Kat.-Nr. 260.

Lit.: unpubliziert
Maße: H 36,5 cm, B 117 cm, T (Auflager) 36 cm
Inv.: I 698

262
SOCKELBANK

von der Innenseite. In der Mitte die Basis mit einem Stück der Halbsäule, links und rechts auf den Sockeln ein Bukranion bzw. eine Opferschale. Konvexe Außenseite weggebrochen (vgl. Kat.-Nr. 263).
Bukranien und Opferschalen sind ein Hinweis auf die Funktion des Baues als Opferstätte.

Lit.: Samothrake I, S. 2, 81, Taf. 62 (vgl. Taf. 60 und Abb. 31).
Maße: H 53 cm, B 120 cm, T (noch) 48 cm
Inv.: I 348 A

263
FRAGMENT EINER SOCKELBANK

von der Außenseite. Erhalten ist der rechte Sockel mit Bukranion und Rosette, die von der Stoßfuge halbiert wird. Es fehlen der vorspringende Teil des Pilasters und der linke Sockel.

Lit.: unpubliziert
Maße: H 52,5 cm, B (noch) 48 cm, T (noch) 35,5 cm
Vgl.: Samothrake I, S. 81, Taf. 61; Samothrace, Guide Fig. 12
Inv.: I 348 B

264
FRAGMENT EINES LÖWENKOPF-WASSERSPEIERS

mit Resten der kannelierten Simaranke; vgl. Kat.-Nr. 265.

Lit.: Samothrace, Hieron I, S. 174f., Fig. 127
Maße: H (noch) 25 cm, B (noch) 48 cm
Inv.: I 348 D

132 *Kat.-Nr. 265, 267*

265 Abb. 132
SIMA-FRAGMENT

Rechts Stoßfuge, links Rest des Löwen-Unterkiefers. Die dreigliedrige, kannelierte Ranke entspringt einem Akanthuskelch. Vgl. Kat.-Nr. 230.

Lit.: Samothrake I, S. 80 f., Taf. 29 unten (vgl. Taf. 57, 1; 59, 1); Samothrace, Altar Court, S. 98, Fig. 96
Maße: H 27 cm, B (noch) 82 cm
Inv.: I 348 C1

266
SIMA-FRAGMENT

wie Kat.-Nr. 264, doch vor dem Löwenkopf Bruch.

Ein drittes Fragment (Inv. I 348 C3) im Depot.

Lit.: Samothrace, Hieron I, S. 172 f., Fig. 121
Maße: H 26 cm, B 61,5 cm
Inv.: I 348 C2

267 Abb. 132
STIRNZIEGEL

Elfblättrige Palmette über Voluten, die aus hochaufgerichteten Stengeln wachsen.

Zu den divergierenden Blattspitzen der Grundblätter und zur Mittelrippe des Palmettenkerns vgl. Kat.-Nr. 232.

Lit.: unpubliziert
Maße: H 36 cm, B (noch) 21,5 cm
Vgl.: Samothrake I, Taf. 57, 1
Inv.: I 348 E3

268
STIRNZIEGEL

wie Kat.-Nr. 267

Lit.: Samothrace, Altar Court, S. 98, Fig. 96
Maße: H 35,5 cm, B (noch) 21,5 cm
Inv.: I 348 E1

Sektor C 6 (Plan Abb. 31):

269–272 PTOLEMAION (PROPYLON PTOLEMAIOS' II.)

Zwischen den Jahren 285 und 280 v. Chr., also noch vor seiner Ehe mit Arsinoe II., ließ Ptolemaios II. Philadelphos den Torbau, durch den man auf dem Weg von der Stadt das Heiligtum betrat, aus thasischem Marmor errichten. Die vor allem bei den österreichischen Ausgrabungen 1875 zu Tage getretenen Baureste erlauben eine im wesentlichen gesicherte Rekonstruktion. Erhalten ist das Fundament aus örtlichem Kalkstein, welches einen schräg in Nord-Südrichtung verlaufenden Tunnel überwölbt. Dieser war notwendig als Durchlaß und zur Regulierung des östlichen Wasserlaufes. Das Propylon maß im Stylobat 11,46 x 17,20 m und war der Form nach ein Antentempel mit vorgestellter Säulenhalle von je sechs Säulen an beiden Fronten (Amphiprostylos). Die Säulen der Vorhalle und die reichverzierten Antenkapitelle auf der Stadtseite im Osten waren ionischer (Kat.-Nr. 269), jene der dem Heiligtum zugekehrten westlichen Seite korinthischer Ordnung; die Antenkapitelle waren hier mit Greifen, die über einen Hirsch herfallen, reliefiert. Der Dreifascienarchitrav trug auf beiden Seiten die gleichlautende Weiheinschrift an die Großen Götter: „König Ptolemaios, Sohn des Ptolemaios Soter (Retter) und der Berenike Soter, den Großen Göttern." Über dem Architrav folgten ein Bukranien-Rosettenfries (Kat.-Nr. 271), Zahnschnitt, Geison und eine schmucklose (bemalte?) Sima mit Löwenkopf-Wasserspeiern. Das eigentliche Tor befand sich in einer dicken Quermauer, die den Bau in zwei gleich große Hallen teilte. Der Stadtseite vorgelagert war eine Plattform mit Marmorpflasterung.

Linke Seite:
133 *Ptolemaion. Rekonstruktion der Westseite*

134 *Ptolemaion. Rekonstruktion der SW-Ecke*

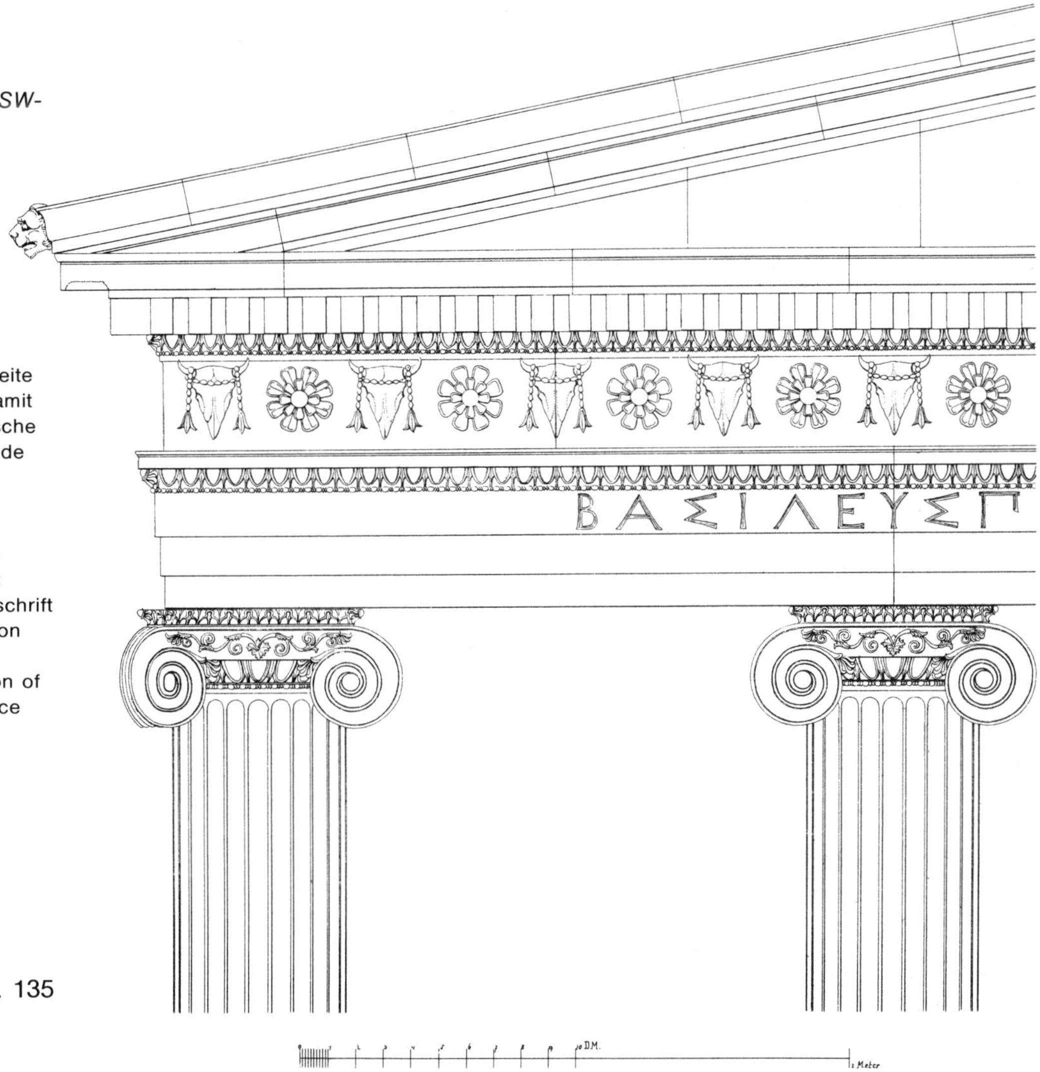

Die wesentliche Änderung in der neuen Rekonstruktion durch A. K. Frazer (Samothrace, Guide S. 89, Fig. 40; hier Abb. 133) gegenüber jener von Hauser (Samothrake II, S. 44, Abb. 20) besteht im Ersetzen der ionischen Säulen der Westseite durch korinthische. Das Ptolemaion ist damit der erste bekannte Bau, an dem korinthische Säulen in der Außenarchitektur freitragende Funktion erhielten.

Lit.: Samothrake II, S. 10 ff., 35 ff., 112, Abb. 9–20, Taf. 17–49; Samothrace, Guide S. 88 f., Figs. 40, 45, 48; McCredie, Recent Investigations S. 93 f., Fig. 3. Zur Weiheinschrift und Datierung: Samothrace, Inscriptions on Stone, S. 5 f. Anm. 19, S. 50 f., Nr. 11.
In Vorbereitung: A. K. Frazer, The Propylon of Ptolemy II. Bollingen Series LX, Samothrace Vol. 10
FO: 1875 beim Ptolemaion

VERZEICHNIS DER WERKSTÜCKE DES PTOLEMAIONS

269 Abb. 135
FRAGMENT EINES IONISCHEN KAPITELLS

mit dreifach gedrehter Volute und lesbischem Kymation auf der Deckplatte. Von der Ranke im Frontkanal ist nur die Endpalmette zum Teil erhalten. Das Polster ist mit Rundstäben, Ranken und Palmetten reich verziert. Im Volutenauge war vermutlich eine bronzene Rosette angebracht.

Lit.: Samothrake II, S. 38, Taf. 23–27; H. Bauer, AM Beih. 3, 1973, S. 113, Taf. 30, 3; Voigtländer, S. 57
FO: 1875 vor der Ostseite des Ptolemaion
Maße: H 38 cm, B (noch) 31 cm, T (noch) 51 cm
Inv.: I 420

270
FRAGMENT VOM INNENARCHITRAV

Zweifascienarchitrav mit lesbischem Kymation, darüber Deckleiste; links Stoßfuge. Außen- und Innenarchitrav waren aus einem Stück gearbeitet, unterschieden sich aber in Höhe und Gliederung.

Lit.: Samothrake II, S. 40, 112, Taf. 37 A (vgl. B, C und Taf. 34); FiE VI, S. 185, Abb. 153 (W. Alzinger)

Maße: H (noch) 24,5 cm, B (noch) 54 cm, T (noch) 14,5 cm
Inv.: I 421

271 Abb. 136
BUKRANIEN-ROSETTENFRIES

Bruchstück vom äußeren Fries einer Frontseite. Oben ionisches Kymation, darunter Perlstab.

Zum selben Fries gehörig das Eierstabfragment (Inv. I 419) im Depot.

272
STIRNZIEGEL

Neunblättrige Palmette über hochgezogenen Rankenstämmen. Zum Grundtypus vgl. Kat.-Nr. 257.

Lit.: Samothrake II, S. 42, Taf. 43, 3; Samothrace, Hieron I, S. 186
Maße: H 23,5 cm, B 14 cm
Inv.: I 422

Lit.: Samothrake II, S. 41, Taf. 39 (vgl. Taf. 38, 40); Ph. W. Lehmann, Samothracian Reflections (1973), S. 11 f., Anm. 18, Fig. 7; Voigtländer, S. 56, 63 ff. (stilistische Vergleiche)
Maße: H 42 cm, B (noch) 151,5 cm, T (noch) 21 cm
Inv.: I 418

135 *Kat. Nr. 269*

136 *Kat. Nr. 271*

ANHANG

ERKLÄRUNG DER FACHAUSDRÜCKE

Adorant – Betender
Akanthus – distelartige Staude, deren gezahnte Blätter als Schmuckmotiv überaus beliebt waren
Ante – Stirnpfeiler, pfeilerartiger Abschluß einer vorspringenden Mauer
Anthemion – Schmuckband
Attika – Aufsatz über dem Gebälk
Biga – Zweigespann
Bukranion – Rinderschädel, oft als Girlandenträger in dekorativer Verwendung
Calceus – bis über die Knöchel reichender Lederschuh
Caldarium – Warmwasserbad
Cella – abgeschlossener Innenraum des Tempels, in dem meist die Kultstatue stand
Chiton – kurzes oder langes, faltenreiches Gewand aus dünnem Stoff
chthonisch – mit Erde und Unterwelt verbunden
Cingulum – Gurt, Gürtel
Consecratio – s. Konsekration
Curvatur – feine Krümmung des Stylobats beim griechischen Tempel
Dipteros – griechischer Tempel mit doppeltem Säulenkranz
Divus – s. Konsekration
Dübel – Metall- oder Holzzapfen zur Verbindung übereinanderliegender Werkstücke
eponym – namengebend
Euthynterie – oberste Ausgleichsschicht des Fundaments
Fascie – waagrechte Abstufung am ionischen Architrav
Frigidarium – Kaltwasserbad
Genius – römische Schutzgottheit
Gerousie – Rat der Alten
Helices – sich zu Voluten einrollende Akanthusranken am korinthischen Kapitell
Horen – Göttinnen der Jahreszeiten, der Jugend und des Wachstums
Interkolumnium – Zwischenraum zwischen zwei Säulen
Joch – Abstand von Säulenachse zu Säulenachse
ithyphallisch – mit erigiertem Penis
Kandelaber – Lampenständer
Kanneluren – senkrechte Furchen des Säulenschaftes

137 *Dorische Ordnung*

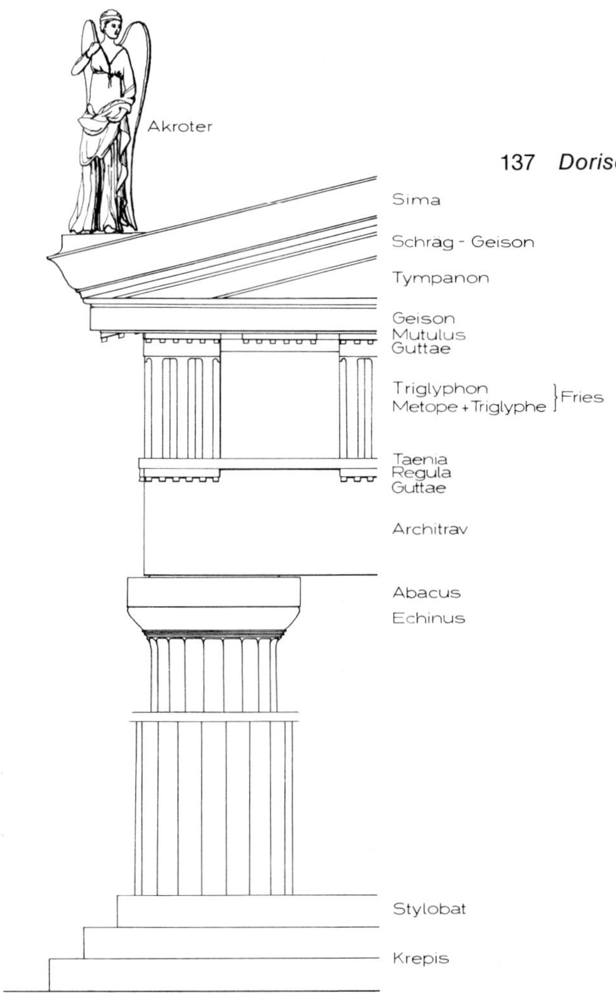

138 *Ionische Ordnung*

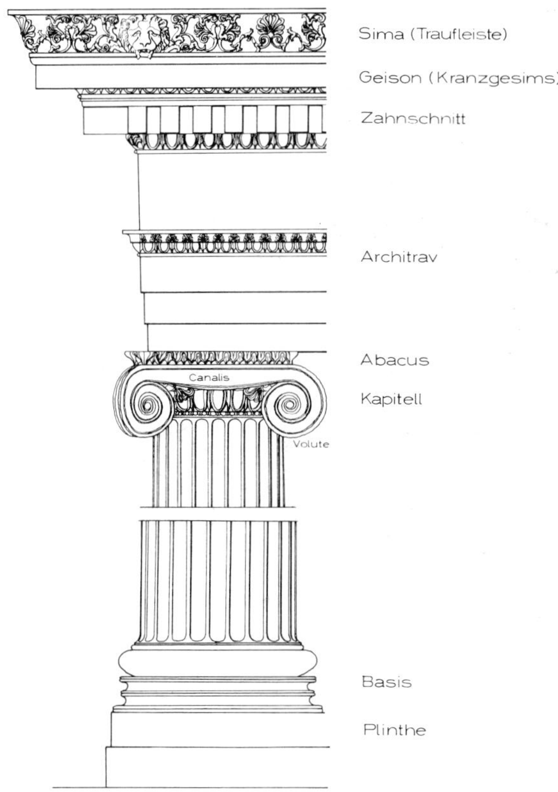

Kassetten – vertiefte Felder zwischen den sich kreuzenden Balken der Decke
Klammern – dienen der Verbindung nebeneinanderliegender Werkstücke
Kompositkapitell – aus Elementen ionischer und korinthischer Kapitelle gestaltete römische Kapitellform
Konsekration – die durch Senatsbeschluß erfolgte Vergöttlichung eines verstorbenen Kaisers; damit verbunden der Beiname Divus
Konsolen – vorkragende, meist ornamental gestaltete oder profilierte Träger von Architekturteilen
Konsul – höchster römischer Jahresbeamter; das Konsulat wurde stets von zwei Konsuln bekleidet
Korinthischer Helm – topfförmiger Helm mit starrem Wangenschutz
Modius – römisches Getreidemaß, Kopfbedeckung des Gottes Serapis
Moiren – Schicksalsgöttinnen, Töchter der Nacht
Monolith – aus einem Steinblock gearbeitetes Bauglied
Nekropole – antikes Gräberfeld
Orthostaten – hochkant stehende Mauerquader
Palladion – altertümliches, in starrer Haltung stehendes Kultbild der bewaffneten Athena
Paludamentum – Kriegsmantel der römischen Feldherren und Kaiser
Peplos – griechisches Frauengewand aus Wollstoff, ärmellos, mit Bausch oder Überschlag
Pilaster – in die Wand eingebundener Halbpfeiler
Plinthe – Standplatte der Basis des ionischen Kapitells oder einer Statue
Prokonsul – in der römischen Kaiserzeit Titel für Statthalter von Senatsprovinzen
Pronaos – Vorhalle des Tempels
Pteryges – Lederklappen am unteren Teil des Panzers
Stoßfuge – seitliche Anschlußflächen von Reliefs und Architekturgliedern
Tepidarium – Lauwasserbad
Toga – römisches Obergewand des Mannes
Tropaion – Siegesmal
Tunica – römisches Untergewand

ABKÜRZUNGS-VERZEICHNIS

ALLGEMEIN

Abb.	Abbildung
Anm.	Anmerkung
B	Breite
Beih.	Beiheft
D	Dicke
Dm	Durchmesser
Erg.-H.	Ergänzungsheft
Fig(s).	Figure(s)
FO	Fundort
Gew.	Gewicht
H	Höhe
Inv.	Inventarnummer
Jh.	Jahrhundert
Kat.-Nr.	Katalognummer
KhM/AS	Kunsthistorisches Museum Wien/Antikensammlung
KhM/MK	Kunsthistorisches Museum Wien/Münzkabinett
L	Länge
Lit.	Literatur
Mat.	Material
o. Dm	oberer Durchmesser
Rs.	Rückseite
s.	siehe
S.	Seite
Sp.	Spalte
T	Tiefe
Taf.	Tafel
u. Dm	unterer Durchmesser
vgl.	vergleiche
Vol.	Volume
Vs.	Vorderseite

ABKÜRZUNGS-VERZEICHNIS

LITERATUR

Außer den im Archäologischen Anzeiger des Deutschen Archäologischen Institutes 1977, S. 673 ff. genannten Sigeln und Abkürzungen werden hier die folgenden verwendet:

Ausstellung Belvedere: R. v. Schneider, Ausstellung von Fundstücken aus Ephesos im Unteren Belvedere (1905). J. Bankó, Ausstellung von Fundstücken aus Ephesos im Unteren Belvedere^{2} (1916); ^{3} (1919); ^{4} (1927).
Ausstellung Volksgarten: R. v. Schneider, Ausstellung von Fundstücken aus Ephesos im griechischen Tempel im Volksgarten (1901); ^{2} (1902).
Bonanno, Relief Portraiture: A. Bonanno, Portraits and other Heads on Roman Historical Relief up to the Age of Septimius Severus (1976).
Eichler, Zum Partherdenkmal: F. Eichler, Zum Partherdenkmal von Ephesos. ÖJh 49, 1971, Beih. S. 102–136.
Fleischer, Artemis: R. Fleischer, Artemis von Ephesos und verwandte Kultstatuen aus Anatolien und Syrien (1973).
Inan – Rosenbaum: J. Inan – E. Rosenbaum, Roman and early Byzantine portrait sculpture in Asia Minor (1970).
Lehmann: Ph. W. – K. Lehmann, Samothracian Reflections, Aspects of the Revival of the Antique (1973).
Lehmann, Skopas: Ph. W. Lehmann, Skopas in Samothrace (1973).
Linfert, Kunstzentren: A. Linfert, Kunstzentren hellenistischer Zeit. Studien an weiblichen Gewandfiguren (1976).
McCredie, Recent Investigations: J. R. McCredie, Recent Investigations in Samothrace. In: Neue Forschungen in griechischen Heiligtümern (1976), S. 91 ff.
Museum Führer Selçuk: A. Bammer – R. Fleischer – D. Knibbe, Führer durch das Archäologische Museum in Selçuk – Ephesos (1974).

Noll, Inschriften: R. Noll, Griechische und lateinische Inschriften der Wiener Antikensammlung (1962).
Pfuhl – Möbius, Grabreliefs: E. Pfuhl – H. Möbius, Die ostgriechischen Grabreliefs I (1977).
Samothrace, Altar Court: K. Lehmann – D. Spittle, The Altar Court. Samothrace, Excavations Conducted by the Institute of Fine Arts, New York University, Vol. 4, Part II (1964).
Samothrace, Guide: K. Lehmann, Samothrace. A Guide to the Excavations and the Museum[4] (1975).
Samothrace, Hieron: Ph. W. Lehmann, The Hieron. Samothrace, Excavations Conducted by the Institute of Fine Arts, New York University, Vol. 3 (1969).
Samothrace, Inscriptions on Stone: P. M. Fraser, The Inscriptions on Stone. Samothrace, Excavations Conducted by the Institute of Fine Arts, New York University, Vol. 2, Part I (1960).
Samothrake I: A. Conze – A. Hauser – G. Niemann, Archäologische Untersuchungen auf Samothrake (1875).
Samothrake II: A. Conze – A. Hauser – O. Benndorf, Neue archäologische Untersuchungen auf Samothrake (1880).
Voigtländer: W. Voigtländer, Der jüngste Apollontempel von Didyma. IstMitt Beih. 14 (1975).

LITERATURAUSWAHL

EPHESOS

Forschungen in Ephesos (FiE)

Bd. I: Beiträge von O. Benndorf, R. Heberdey, R. C. Kukula, G. Niemann, W. Wilberg (1906).
Bd. II: R. Heberdey – G. Niemann – W. Wilberg, Das Theater von Ephesos (1912).
Bd. III: Beiträge von Ph. Forchheimer, R. Heberdey, J. Keil, G. Niemann, W. Wilberg (1923).
Bd. IV, 1: E. Reisch – F. Knoll – J. Keil, Die Marienkirche (1932).
Bd. IV, 2: F. Miltner, Das Coemeterium der Sieben Schläfer (1937).
Bd. IV, 3: G. A. Sotiriu – H. Hörmann – J. Keil – F. Miltner, Die Johanneskirche (1951).
Bd. V, 1: W. Wilberg – M. Theuer – F. Eichler – J. Keil, Die Bibliothek (1944).
Bd. VI: M. Theuer – C. Praschniker, Das Mausoleum von Belevi. Mit Ergänzungen von R. Fleischer und V. Mitsopoulos sowie einem Beitrag von W. Alzinger (1978, im Druck).
Bd. VII: W. Alzinger – A. Bammer, Das Monument des C. Memmius (1971).
Bd. VIII, 1: V. M. Strocka, Die Wandmalerei der Hanghäuser in Ephesos (1977).
Bd. VIII, 2: W. Jobst, Römische Mosaiken aus Ephesos I. Die Hanghäuser des Embolos (1977).
Bd. IX, 1: D. Knibbe, Der Staatsmarkt. Prytaneion. Die Inschriften (Kureten). (1978, im Druck).

W. Alzinger, Die Stadt des siebenten Weltwunders. Die Wiederentdeckung von Ephesos (1962).
W. Alzinger, Ephesos, RE Suppl. XII, Sp. 1588 ff.
L. Bürchner, Ephesos. RE V, Sp. 2773 ff.
St. Karwiese, Ephesos, RE Suppl. XII, Sp. 297 ff.
J. Keil, Ephesos. Ein Führer durch die Ruinenstätte und ihre Geschichte[5] (1964).
D. Knibbe, Ephesos. RE Suppl. XII, Sp. 248 ff.
W. Oberleitner – E. Lessing, Ephesos, Weltstadt der Antike (1978).

SAMOTHRAKE

Österreichische Ausgrabungen:

A. Conze – A. Hauser – G. Niemann, Archäologische Untersuchungen auf Samothrake (1875).
A. Conze – A. Hauser – O. Benndorf, Neue archäologische Untersuchungen auf Samothrake (1880).

Grabungen der Universität New York:

Samothrace, Excavations Conducted by the Institute of Fine Arts, New York University (Bollingen Series LX).
Vol. 1: N. Lewis, The Literary Sources (1958).
Vol. 2, I: P. M. Fraser, The Inscriptions on Stone (1960).
Vol. 2, II: K. Lehmann, The Inscriptions on Ceramics and Minor Objects (1960).
Vol. 3: Ph. W. Lehmann, The Hieron, Bd. I–III (1969).
Vol. 4, I: K. Lehmann, The Hall of Votive Gifts (1962).
Vol. 4, II: K. Lehmann – D. Spittle, The Altar Court (1964).
Vol. 5: Ph. W. Lehmann – D. Spittle, The Temenos (im Druck).
Vol. 7: St. M. Shaw – G. Roux, The Rotunda of Arsinoe (in Vorbereitung).
Vol. 10: A. K. Frazer, The Propylon of Ptolemy II. (in Vorbereitung).

B. Hemberg, Die Kabiren (1950).
K. Lehmann, Samothrace. A Guide to the Excavations and the Museum[4] (1975).
Ph. W. Lehmann, Skopas in Samothrace (1973).
Ph. W. – K. Lehmann, Samothracian Reflections, Aspects of the Revival of the Antique (1973).
O. Rubensohn, Die Mysterienheiligtümer in Eleusis und Samothrake (1892).

KONKORDANZ DER INVENTAR- UND KATALOGNUMMERN

ANTIKENSAMMLUNG

Inv.	Kat.-Nr.
Steinobjekte:	
I 139	17
I 342	243
I 343	242
I 344	241
I 345	240
I 346 A2	226
I 346 B	227
I 346 C	228
I 346 D1	229
I 346 E1	234
I 346 F1	235
I 346 G	236
I 346 H	237
I 346 I2	250
I 346 I3	230
I 346 I4	249
I 346 K1	231
I 346 K2	254
I 346 K3	253
I 346 L1	232
I 346 L2	252
I 346 L3	251
I 347	238
I 348 A	262
I 348 B	263
I 348 C1	265
I 348 C2	266
I 348 D	264
I 348 E1	268
I 348 E3	267
I 417	225
I 418	271
I 420	269
I 421	270
I 422	272
I 423 A	215
I 423 B	216
I 424 A	213
I 424 B1	214
I 425 A	256
I 425 B	255
I 427 A	259
I 427 C	258
I 428	239
I 675	218
I 676	219
I 677	246
I 680	233
I 696	244
I 697	260
I 698	261
I 811	6
I 812	142
I 813	144
I 816	147
I 817	167
I 818	170
I 819	44
I 820	43
I 821	42
I 822	173
I 823	136
I 824	32
I 828	134
I 829	132
I 830	169
I 831	174
I 832	145
I 834	49
I 838	143
I 840	124
I 842	164
I 843	163
I 845 A–E	152
I 848	130
I 851	50
I 852	160
I 853	165
I 854	149
I 855	46
I 857	171
I 858	65
I 859	62
I 860	73
I 861	81
I 862	83
I 863	68
I 864	61
I 865	66
I 866	67
I 867	82
I 869	135
I 871	154
I 875	138
I 876	137
I 881	162
I 882	60
I 893	20
I 901	156
I 903	155
I 904	157
I 915	175
I 916	168
I 920	131
I 922	180
I 928	161
I 930	16
I 931	146
I 934	133
I 948	159
I 949	148
I 1026	84
I 1027	85
I 1113	18
I 1536	151
I 1538	45
I 1615	47
I 1616	48
I 1619	166
I 1627	125
I 1628	105
I 1629 A	40
I 1629 B	36
I 1629 C	39
I 1629 D	38
I 1629 E	37
I 1630	126
I 1631 A	53
I 1631 B1	54
I 1631 B2/3	55
I 1631 C	56
I 1631 D	52
I 1631 E	51
I 1631 F1/2	57
I 1631 G	34
I 1631 H	33

MÜNZKABINETT

Inv.:	Kat.-Nr.
4744	211
7568	212
17098	204
17114	205
17153	207
17185	209
29424	222
29839	27
29840	208
29841	26
30674	28
30811	29
34551	206
34586	203
35167	202
204154	210

BILDNACHWEIS

PHOTOS

Bildarchiv der Österr. Nationalbibliothek, Wien: 16
KhM/AS, Wien: 2, 3, 4, 17, 27, 28, 35, 42, 74, 77, 96
KhM/Repro-Abt., Wien: 18, 19, 20, 23, 24, 25, 37, 91, 94, 95, 105, 108, 110, 111, 115, 118, 121, 125, 131, 135
N. D. Ohly: 26
Österreichisches archäologisches Institut, Wien: 21, 22, 48
L. Ralbovsky, Wien: 9
Alle übrigen Photos E. Lessing, Wien

ZEICHNUNGEN UND PLÄNE

G. Cass: 112 (aus Samothrace, Hieron III, Taf. 110)
A. K. Frazer: 133
W. Graschopf, Wien: 5, 72, 73; 129–130 (nach Photos J. R. McCredie); 137, 138
A. Hauser: 134 (aus Samothrake II, Taf. 45)
M. R. Jones: 113 (aus Samothrace, Hieron III, Taf. 102); 117 (aus Ph. W. Lehmann, Pedimental Sculptures of the Hieron in Samothrace, 1962, Fig. 37)
J. Kurtich: 29 (aus Samothrace, Guide, Plate III)
A. Mladek, Wien: 50–56
G. Niemann: 40 (aus FiE III, Taf. IV); 128 (aus Samothrake I, Taf. 54)
N. D. Ohly: 127 (aus Samothrace, Guide, Fig. 37)
H. Puchhammer - G. Wawrik, Wien: 31, 33
Ph. Oliver Smith: 119 (aus Samothrace, Hieron III, Taf. 115); 120 (aus Ph. W. Lehmann, Pedimental Sculptures of the Hieron in Samothrace, 1962, Fig. 24)
D. Spittle: 106; 107 (aus Lehmann, Skopas, Fig. 8), 109; 126 (aus Samothrace, Altar Court, Frontispiz)
K. Traum, Wien: 15

INHALT

139 *Marmorstatue der Artemis Ephesia. 1. Hälfte 2. Jh. n. Chr. (Archäologisches Museum Selçuk)*